Comple
Julie Brake and
Christine Jones

For UK order enquiries: please contact Bookpoint Ltd,
130 Milton Park, Abingdon, Oxon, OX14 4SB.
Telephone: +44 (0) 1235 827720. *Fax:* +44 (0) 1235 400454.
Lines are open 09.00–17.00, Monday to Saturday, with a 24-hour
message answering service. Details about our titles and how to
order are available at www.teachyourself.com

For USA order enquiries: please contact McGraw-Hill
Customer Services, PO Box 545, Blacklick, OH 43004-0545, USA.
Telephone: 1-800-722-4726. *Fax:* 1-614-755-5645.

For Canada order enquiries: please contact McGraw-Hill
Ryerson Ltd, 300 Water St, Whitby, Ontario, L1N 9B6, Canada.
Telephone: 905 430 5000. *Fax:* 905 430 5020.

Long renowned as the authoritative source for self-guided
learning – with more than 50 million copies sold worldwide –
the *Teach Yourself* series includes over 500 titles in the fields of
languages, crafts, hobbies, business, computing and education.

British Library Cataloguing in Publication Data: a catalogue record
for this title is available from the British Library.

Library of Congress Catalog Card Number: on file.

First published in UK 2000 as Teach Yourself Welsh by Hodder
Education, part of Hachette UK, 338 Euston Road, London, NW1 3BH.

First published in US 2000 by The McGraw-Hill Companies, Inc.

This edition published 2010.

The *Teach Yourself* name is a registered trade mark of Hachette UK.

Typeset by MPS Limited, a Macmillan Company.

Printed in Great Britain for Hodder Education, an Hachette
UK Company, 338 Euston Road, London, NW1 3BH.

The publisher has used its best endeavours to ensure that the
URLs for external websites referred to in this book are correct and
active at the time of going to press. However, the publisher has no
responsibility for the websites and can give no guarantee that a site
will remain live or that the content is or will remain appropriate.

Hachette UK's policy is to use papers that are natural, renewable
and recyclable products and made from wood grown in sustainable
forests. The logging and manufacturing processes are expected to
conform to the environmental regulations of the country of origin.

Impression number   10 9 8 7 6 5 4 3 2 1
Year   2014 2013 2012 2011 2010

Contents

something belongs to you; the emphatic sentence,
answering an emphatic question, the emphatic
nominative clause, adverbial clauses

Credits

Front cover: © Tom Curtis/iStockphoto.com

Back cover and pack: © Jakub Semeniuk/iStockphoto.com,
© Royalty-Free/Corbis, © agencyby/iStockphoto.com, © Andy
Cook/iStockphoto.com, © Christopher Ewing/iStockphoto.com,
© zebicho – Fotolia.com, © Geoffrey Holman/iStockphoto.com,
© Photodisc/Getty Images, © James C. Pruitt/iStockphoto.com,
© Mohamed Saber – Fotolia.com

Pack: © Stockbyte/Getty Images

Meet the authors

Julie Brake is a senior lecturer in Welsh at Glyndŵr University, Wrexham where she is responsible for the foundation degree in Welsh translation as well as teaching Welsh and Welsh culture. She has been involved in teaching Welsh since 1987 and has published a range of books for adult learners, and Welsh for Adults tutors with Christine. She is joint editor and secretary of the Wrexham Welsh language community newspaper *Y Clawdd*. When not teaching or writing, her interests include hill walking, watching rugby and playing computer games. But not, unfortunately, in that order!

Christine Jones is head of the School of Welsh and Bilingual Studies at the University of Wales, Trinity Saint David. A former pro-vice-chancellor, she has over 22 years' teaching experience in the university sector and has taught Welsh to adults since 1984. As well as producing academic articles and books on applied linguistics, sociolinguistics and dialectology, she has edited a range of books for adult learners and tutors, many with Julie. Recent publications include **Essential Welsh Grammar** (Hodder Education, 2010) and **Speak Welsh with Confidence** (Hodder Education, 2010). She is also an external examiner for both Cardiff and Glyndŵr Universities and an adviser on publications for Welsh learners for the Welsh Assembly.

Only got a minute?

Over half a million people in Wales speak Welsh and many more outside of Wales too, particularly in the Chubut Province of Patagonia. Many of the 12% of Welsh speakers now living in Wales who were not born in Wales have learned Welsh either through self-study courses such as this one or by attending classes. Almost 20,000 adults now attend classes each year and, if you are attending such a course, you will find **Complete Welsh** a valuable revision source. If you have no previous knowledge of Welsh, however, you will also find this course a very useful and practical introduction to the language.

Our focus is very much on the language as it is spoken today and our aim is to help you interact with Welsh speakers in day-to-day situations such as talking about your family and your likes and dislikes, going out for a meal, asking for directions and arranging a holiday. Practice is graded so that exercises which require mainly recognition come first. As you learn more and become more confident, you will be encouraged to write and speak the language yourself. By the end of the course you will be able to handle realistic everyday events and happenings with ease, as well as having a basic understanding of the way Welsh works, so that you can adapt your knowledge to other appropriate situations.

Here are some basic words and phrases to start you on your way! **Sut mae?** (*Hello*); **Catrin dw i** (*I'm Catrin*); **Os gwelwch yn dda** (*Please*); **Diolch** (*Thanks*); **Gaf i baned o de?** (*Can I have a cup of tea?*); **Dim problem!** (*No worries!*); **Croeso** (*You're welcome*); **Faint yw'r coffi?** (*How much is the coffee?*). Welsh is an easy language to learn; it is phonetic and many words sound like English words. **Croeso i'r Gymraeg!** Welcome to Welsh!

5 Only got five minutes?

Is Welsh an easy language to learn? The answer to that question is yes – it is not nearly as difficult as it is sometimes made out to be, especially when you compare it with certain other languages.

One reason for this lies in the pronunciation. Unlike English, Welsh is generally a phonetic language, which means that you say something the way it looks. Once you have learned the basics of spelling and pronunciation, you should be able to deduce relatively easily how the majority of words are said. Just remember, 'c' is always pronounced as the English 'k', whilst 'dd' is as the English 'th'. Think of the Scottish word *loch* if you come across a word containing 'ch', and everyone's favourite 'll' is simply a case of placing the tongue to say the 'l' in the English word *land* and blowing! Finally, 'f' is as the English 'v' and 'ff' in Welsh is 'f' in English. Remember to roll your 'r's and in no time the longest place name in Britain, to be found on Anglesey and devised to attract tourists to the area during the Victorian era, will cause you no difficulty whatsoever:

Llanfairpwllgwyngyllgogerychwyrndrobwllllantysiliogoggoch

(the church of St Mary of the white hazel pool very near the fierce whirlpool in the parish of St Tysilio of the red cave.)

There are other reasons why Welsh should not be considered a difficult language to learn. There are no noun declensions, as in German for example, and only five irregular verbs, which are relatively regular within themselves. It is true that the mutations – in which the first consonant of a word changes under certain grammatical conditions – can appear daunting to some, but once again they follow regular patterns and if you do mismutate don't worry, you will still be understood. More complex vocabulary is also more accessible to the learner as, unlike English, Welsh does not borrow a lot of its more complicated words from Latin or Greek, but builds up simple compounds from native words. Of course a large number of English words have also been absorbed into Welsh vocabulary, and this too makes life easier for the learner. If you live in Wales you probably know some words already having seen them on signs or posters or through listening to friends or neighbours speaking. This awareness will help you considerably in the learning process.

Our focus in **Complete Welsh** is very much on the language as it is spoken today and our aim is to help you interact with Welsh speakers in day-to-day situations such as talking about your family and your likes and dislikes, going out for a meal, asking for directions and arranging a holiday. New language is usually presented in the forms of dialogues, on the recording and in the book or in reading passages. Assistance with vocabulary is given and you will find all the words listed in the back of the book. The language is presented in manageable chunks, building carefully on what you have learned in earlier units. Practice is graded so that exercises that require mainly recognition come first. As you learn more and become more confident, you will be encouraged to write and speak the language yourself. Don't forget that repetition is key and that you are in charge of your learning – it is said that we must use a word twenty times before we remember it.

By the end of the course you will be able to handle realistic everyday situations with ease, as well as having a basic understanding of the way Welsh works, so that you can adapt your knowledge to other appropriate events and happenings. Don't be daunted by grammar – help is given in a variety of ways, especially by means of the author insight boxes. All grammatical terms are defined within the relevant units.

If you live in Wales you will know that Welsh language usage is on the increase. The 2001 census revealed that around 28% of the population of three million have some knowledge of the language, with the number of speakers estimated to be at least 20.5% – the highest proportion since 1961. Although we traditionally link the language with the rural areas of West and North Wales, a high percentage of Welsh speakers live in urban areas such as Cardiff or Swansea. Welsh is now taught in every school in Wales and a quarter of Wales' primary schools are Welsh-medium schools. Welsh-medium secondary education is particularly popular in the anglicized south. Also on the increase is the number of Welsh speakers now living in Wales who were not born there. Many of the 12% of Welsh speakers who were not born in Wales have learned Welsh either through self-study courses such as this one or by attending classes.

The popular slogan, 'two languages twice the choice', is particularly true in a Welsh context, in that by learning the language you will be able to enjoy the Urdd and National Eisteddfods, and participate more fully in community events, whilst also enjoying **Radio Cymru and S4/C.** The public sector in Wales is legally bound to provide services in both Welsh and English and Welsh speakers are in particular demand in some employment areas. Learning the language therefore can help considerably with regard to employment opportunities. Welsh also has a particularly rich cultural heritage and is the oldest surviving language in Britain with a history and a literature extending over 15 centuries. Understanding and speaking Welsh can open many doors in relation to the social and cultural aspects of the language.

So give it a go! If you already know some Welsh you will find **Complete Welsh** a valuable revision aid. If on the other hand Welsh is totally new to you, you should find this course a useful, practical and pleasurable way of making that first contact with the language. **Mwynhewch!** *Enjoy!*

Introduction

Welcome to **Complete Welsh!** If you are an adult learner with no previous knowledge of the Welsh language and are studying on your own, then this is the course for you. If, however, you are already attending Welsh classes, you will find this book a useful aid and valuable revision source.

Developing your skills

The course covers the four basic skills – listening and speaking, reading and writing. If you are working on your own, the recorded material will be particularly important, as it will provide you with the essential opportunity to listen to Welsh spoken by native speakers and to speak the language within a controlled framework. If you do not have the recorded material you should try to obtain it.

Structure of this course

The course book contains 21 units, which are preceded by an alphabet and pronunciation guide, a mutation chart for quick reference and a map of Wales. Four progress tests, a glossary of grammatical terms, vocabularies and a more detailed reference section are included in the back of the book. Recordings and a comprehensive Welsh dictionary are available separately.

Each course unit contains most or all of the following:

▶ **Statement of aims**

   At the beginning of each unit there is a list of what you should be able to do in Welsh on completion of that unit.

▶ **Presentation of new language**

This is usually in the form of dialogues, on the recording and in the book or in reading passages. Assistance with vocabulary is also given. You will find all the words listed in the back of the book. The language is presented in manageable chunks, building carefully on what you have learned in earlier units.

▶ **Practice of new language**

Practice is graded so that exercises which require mainly recognition come first. As you learn more and grow in confidence, you will be encouraged to write and speak the language yourself.

▶ **Description of language forms**

Here you will learn about the forms of the language, so that you can construct your own sentences correctly. If you are daunted by grammar, assistance is given in a variety of ways, especially by means of the author insight boxes. All grammatical terms are defined within the relevant units.

▶ **Information sections**

Here you will find information on various aspects of Welsh life and culture – from the history of David, the sixth-century patron saint of Wales, to the establishment of the National Assembly for Wales in 1999.

The reference section contains four progress tests, a short description of regional differences, a summary of the forms of 'yes' and 'no', a key to the exercises, a glossary of grammatical terms, a Welsh–English vocabulary, an English–Welsh vocabulary and a taking it further section.

How to use this course

At the beginning of each unit make sure that you are clear about what you can expect to have learned by the end of it. Read any background information that is provided, then listen to the first dialogue on the recording. Try to get a basic understanding of what is being said before you look at the printed text. Refer to the book and the selected vocabulary in order to study the language in more detail.

You will notice that all nouns have either (m.) or (f.) after them in the vocabulary listings. There is no Welsh word for 'it'. All nouns are referred to as 'he' or 'she' and are masculine or feminine. Unfortunately, there are few rules that can determine whether a noun is masculine or feminine, except that nouns denoting males are usually masculine and those denoting females are usually feminine:

mab (m.)   *son*
merch (f.)   *daughter*

Most nouns in Welsh are either singular or plural. When one thing is spoken of, the noun is singular, when two or more things are referred to, the noun is plural. Welsh does not have one way of forming plural nouns. In this course, the plural is given alongside the singular in the vocabulary listings. Try to learn the plural form of the noun at the same time as the singular:

dysgwr (m.) **dysgwyr**   *learner*
cwrs (m.) **cyrsiau**   *course*

If the plural is formed by adding a particular ending to the original singular noun, then this is noted as follows:

cath (f.) **-od**   *cat*
siop (f.) **-au**   *shop*

That is, **cathod** is the plural of *cat* and **siopau** is the plural of *shop*.

One characteristic feature of the Welsh language is mutation or initial letter change. If a word causes a mutation this is also noted in the vocabulary:

o (SM)	*of; from*
â (AM)	*as; with*
yn (NM)	*in*

The three different mutations in Welsh – soft, nasal and aspirate – are detailed in a chart following this introduction. Once again try to learn the rules of mutation as you make your way through the units.

Emphasis in this book is on spoken rather than written forms. The final 'f' in words in Welsh is usually silent; e.g.:

cyntaf	*pronounc0ed*	**cynta'**
tref	*pronounced*	**tre'**

Don't fall into the trap of thinking you have 'done that' when you have listened to the recording a couple of times and worked through the dialogues in the book. You may recognize what you hear and read, but you most certainly still have some way to go before you can produce the language of the dialogues correctly and fluently. This is why we recommend that you keep listening to the recording at every opportunity – sitting in a train or bus, waiting at the doctor's or stuck in a traffic jam in the car – using what would otherwise be dead time. Of course, you must also be digesting what you hear and making sense of it – playing it in the background without really paying attention is not enough!

We hope that you enjoy working your way through **Complete Welsh**. Don't get discouraged. Mastering a new language takes time and perseverance and sometimes things can seem just too difficult. But then you'll come back another day and things will begin to make more sense again. Take as your motto the Welsh proverb **Dyfal donc a dyr y garreg** which literally translated would be *Steady tapping breaks the stone*, that is, if you're diligent you'll succeed. If you live in Wales do make every effort to speak the language to others as much as possible. Remember that language learning is a bit like jogging – you need to do it regularly for it to do any good!

Alphabet and pronunciation guide

◄) **CD1, TR 1, 00:50**

The 29 letters of the Welsh alphabet are:
a, b, c, ch, d, dd, e, f, ff, g, ng, h, i, j, l, ll, m, n, o, p, ph,
r, rh, s, t, th, u, w, y

The letters **b, d, j, l, m, n, p, s, t** and **th** are pronounced as in
English. Some of the letters which are pronounced differently from
English include:

c	always a hard sound, pronounced as in the English word 'car'. Example: **coleg** (*college*)
ch	as in the Scottish lo**ch**. Example: **chwech** (*six*)
dd	as in the English word 'the'. Example: **ddoe** (*yesterday*)
f	as in the English 'violin'. Example: **fel** (*like*)
ff	as in the English word 'off'. Example: **ffa** (*beans*)
g	as in the English word 'grand'. Example: **gwaith** (*work*)
ng	as in the English word 'gang'. Example: **rhwng** (*between*)
ll	place tongue to say the 'l' in the English word 'land' and then blow. Example: **llaeth** (*milk*)
ph	as in the English word 'physical'. Example: **ei phen** (*her head*)
r	as in the English red but rolled more. Example: **roced** (*rocket*)
rh	place tongue to say the 'r' in the English word 'red' and blow. Example: **rhif** (*number*)

As in English, vowels – **a, e, i, o, u, w, y** – can be either long or
short:

a	short as in the English word 'cat'
	long as in the English word 'car'
e	short as in the English word 'met'
	long as in the English word 'pear'
i	short as in the English word 'bit'
	long as in the English word 'feel'

o   short as in the English word 'hot'
    long as in the English word 'bore'
u   short as in the English word 'bin'
    long as in the ee in 'seen'
w   usually pronounced as in the English word 'moon', following
    g it is usually pronounced as in the English word 'went'
y   has two sounds 'ee' or 'i' in the final syllable or in words of
    one syllable and 'uh' in the preceding syllables: **dyn** (*man*)
    pronounced deen; **mynydd** (*mountain*) pronounced muhnithe;
    dynion (*men*) pronounced duhneeon.

Long vowels are sometimes marked by the accent ^.

Vowel combinations

🔊 **CD1, TR 1, 03:26**

ae, ai and **au** are pronounced as in the English word 'aisle'.
Examples: **Cymraeg** (*Welsh*), **Llundain** (*London*), **mwynhau**
(*to enjoy*)

ei and **eu** are pronounced as in the English word 'way'. Examples:
eithaf (*quite*), **neu** (*or*)

oe, oi and **ou** are pronounced as in the English word 'boy'.
Examples: **poeth** (*hot*), **rhoi** (*to give/to put*), **cyffrous** (*exciting*)

ew is pronounced 'eh-oo'. Example: **tew** (*fat*)

aw is pronounced like the 'ou' in the English word 'cloud'.
Example: **llawn** (*full*)

ow is pronounced as in the English 'oh'. Example: **brown** (*brown*)

Emphasis in Welsh words is usually placed on the penultimate
syllable.

Mutation chart

Mutatable letter	Soft mutation (SM)	Nasal mutation (NM)	Aspirate mutation (AM)
p	b	mh	ph
t	d	nh	th
c	g	ngh	ch
b	f	m	
d	dd	n	
g	disappears	ng	
m	f		
ll	l		
rh	r		

How to use the chart

As noted in the introduction, certain consonants are subject to change at the beginning of words. Only nine letters in Welsh are subject to these letter changes, known as mutations. You will see these nine letters listed in the chart in the mutatable letter column. As you can see from the chart, **p** changes to **b** when mutated softly. The Welsh word for 'of' and 'from' is **o**, which causes the soft mutation, therefore **Powys** will become **Bowys** after **o**. The letter **g** disappears when mutated softly, therefore *from Gwynedd* in Welsh is **o Wynedd**. The mutation system might appear daunting at first, but is usually quickly mastered.

Map of Wales

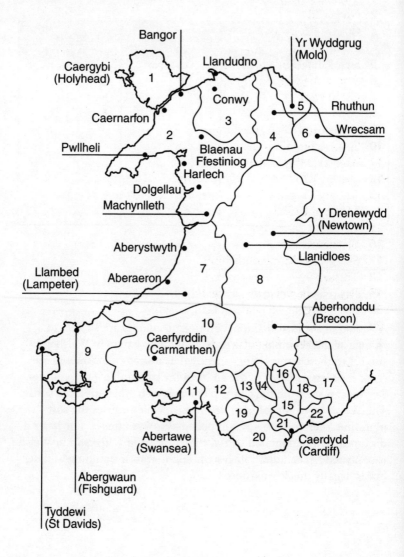

Key to map
The counties of Wales

 1 Ynys Môn (Anglesey)
 2 Gwynedd
 3 Conwy (Conway)
 4 Sir Ddinbych
 5 Sir y Fflint (Flintshire)
 6 Wrecsam (Wrexham)
 7 Ceredigion
 8 Powys
 9 Sir Benfro (Pembrokeshire)
10 Sir Gaerfyrddin (Carmarthenshire)
11 Abertawe (Swansea)
12 Castell Nedd Port Talbot (Neath Port Talbot)
13 Rhondda Cynon Taf
14 Merthyr Tudful
15 Caerffili (Caerphilly)
16 Blaenau Gwent
17 Sir Fynwy (Monmouthshire)
18 Torfaen
19 Pen-y-Bont ar Ogwr (Bridgend)
20 Bro Morgannwg (Vale of Glamorgan)
21 Caerdydd (Cardiff)
22 Casnewydd (Newport)

1

Cyfarchion
Greetings

In this unit you will learn
* *greetings for different times of the day*
* *how to ask how someone is*
* *how to exchange basic personal details*
* *how to ask for something in a café*

Deialog 1 Pwy dych chi? *Who are you?*

Jayne, Tom and Matthew have enrolled on a residential Welsh course in Lampeter over the summer. Matthew has been learning Welsh on his own for a few months and has decided to go on the course to improve his knowledge of the language. On the first morning he is wandering around the college when he meets someone.

Matthew	Bore da.
Elen	Bore da, pwy dych chi?
Matthew	Matthew ydw i.
Elen	Sut mae? Elen ydw i, tiwtor y cwrs Cymraeg.
Matthew	Dysgwr ydw i, dysgwr nerfus iawn!
Elen	Croeso i Lambed Matthew. Peidiwch â bod yn nerfus, bydd popeth yn iawn.

CD1, TR 1, 04:23

1 How does Elen say: 'the tutor of the Welsh course'?
2 How does Matthew say: 'I'm a learner'?
3 Which word does Matthew use to describe how he feels?

tiwtor (m.) **-iaid** *tutor*
cwrs (m.) **cyrsiau** *course*
Cymraeg *Welsh*
dysgwr (m.) **dysgwyr** *learner*
nerfus *nervous*
iawn *very*
Croeso i Lambed *Welcome to Lampeter*
Peidiwch â bod yn nerfus *Don't be nervous*
Bydd popeth yn iawn *Everything will be all right*

---

1 Cyfarchion *Greetings*

Matthew greets Elen by saying **Bore da**, *Good morning*. Here are some other ways of greeting people in Welsh:

Prynhawn da	*Good afternoon*
Noswaith dda	*Good evening*
Sut mae?	*Hiya, Hello*

Exercise 1

How would you greet someone at:

a 10.00 a.m. **b** 2.00 p.m. **c** 8.15 a.m. **d** 6.00 p.m. **e** 3.20 p.m.
f 7.00 p.m. **g** 7.30 a.m. **h** 5.30 p.m. **i** 1.00 p.m.

---

2 Pwy dych chi? *Who are you?*

John ydw i	*I'm John*
Ann ydw i	*I'm Ann*

Author insight

There is no Welsh word for 'a'; **dysgwr** means a learner as well as learner and **dysgwr ydw i** means I am a learner.

Dysgwr nerfus! Adjectives usually follow the words they are describing in Welsh. Look at the position of the adjectives **nerfus** and **da** (*good*):

Noun	*Adjective*
dysgwr	**nerfus**
bore	**da**
prynhawn	**da iawn**

Adjectives following feminine singular nouns mutate softly: **noswaith dda**. (See the mutation chart at the beginning of the book.)

---

3 Sut dych chi?/Sut rwyt ti? *How are you?*

As in many other European languages, there are two ways of saying *you* in Welsh. Welsh speakers use **ti** with close friends, relatives of the same age or younger and children. **Chi** is used with strangers, older relatives and those in positions of authority such as doctors or clergy. **Chi** is also used when talking to groups of people – a teacher in a school would ask the whole class **sut dych chi?** but use **sut rwyt ti** for an individual child. The children would, of course, use **chi** when speaking to the teacher. Familiar forms are noted (fam.) in this book. If in doubt as to which form to use, use **chi**; the person to whom you are speaking will tell you if they would prefer you used **ti** when addressing them.

Sut dych chi?	**da iawn**	*very well*
	eithaf da	*quite good*
Sut rwyt ti?	**iawn**	*OK*
	dim yn dda	*not good*

Exercise 2

🔊 CD1, TR 1, 05:40

Remembering that **chi** is the formal form and **ti** the familiar, ask the following people how they are:

a your grandmother **b** your best friend **c** the vicar **d** a shopkeeper **e** the little boy from across the road **f** your doctor **g** your cousin **h** your best friends **i** your boss **j** your husband/wife

Exercise 3

Listen to the recording if you have it and fill in the grid.

Name	Time of day	Feels
Matthew		
Jayne		
Tom		
Elen		

Exercise 4

How would these people respond to the question **Sut dych chi?**

a   b   c   d

4

Deialog 2 O ble dych chi'n dod? *Where do you come from?*

Having spoken to Elen, Matthew makes his way to the classroom where he meets two fellow students.

CD1, TR 1, 06:27

Matthew	Sut mae? Matthew ydw i.
Jayne	Sut mae? Jayne ydw i a dyma Tom.
Matthew	O ble dych chi'n dod Jayne?
Jayne	Americanes ydw i, dw i'n dod o Ohio ond mae Tom yn dod o Gymru.
Matthew	Helo Tom, Cymro ydw i hefyd. Dw i'n dod o Aberystwyth ond dw i'n byw yn Llundain ers pum mlynedd nawr.

1 What country does Jayne come from?
2 Where does Tom come from?
3 Which town does Matthew come from?

a (AM) **ac** (before vowel) *and*
dyma (SM) *this is, here is*
o (SM) *from, of*
ble? *where?*
dod *to come*
Americanes (f.) **-au** *American woman*
ond *but*
mae Tom yn dod … *Tom comes …*
Cymru *Wales*
Cymro (m.) **Cymry** *Welshman*
hefyd *as well; too*
byw *to live*
yn (NM) *in*
Llundain *London*
ers pum mlynedd *for five years*
nawr *now* (you will hear **rŵan** in North Wales)

QUICK VOCAB

Exercise 5

As you can see from Deialog 2, o causes the soft mutation: o Gymru. In the case of place names however, only Welsh words mutate. Fill in the blanks with the word in brackets; don't forget to mutate!

1 O ble dych chi'n dod? Dw i'n dod o _____. (Pontypridd)
Dw i'n dod o _____. (Caerdydd)
Dw i'n dod o _____. (Dinbych)
2 O ble mae e'n dod? *Where does he come from?*
Mae e'n dod o _____. (Rhydlewis)
Mae e'n dod o _____. (Tonypandy)
Mae e'n dod o _____. (Llanelli)
3 O ble mae hi'n dod? *Where does she come from?*
Mae hi'n dod o _____. (Gwent)
Mae hi'n dod o _____. (Bedwas)
Mae hi'n dod o _____. (Machynlleth)

Deialog 3 Amser coffi *Coffee time*

The first lesson is over and it's coffee time.

CD1, TR 1, 07:14

Tom	Wel, dyna'r dosbarth cyntaf drosodd! Dych chi'n hapus?
Jayne	Ydw, ond mae'n waith caled.
Tom	Ydy, ond mae'n amser coffi nawr. Dych chi eisiau coffi?
Jayne	Nac ydw, te os gwelwch yn dda – llaeth ond dim siwgr.
Tom	Ydy Matthew yn dod am baned?
Jayne	Nac ydy.

1 How does Tom ask Jayne whether or not she is happy?
2 How do you say please in Welsh?

dyna (SM) *that is*
dosbarth (m.) **-iadau** *class*
cyntaf *first*
drosodd *over* (adverb)

dych chi? *are you?, do you?*
hapus *happy*
ydw *yes (I am)*
gwaith (m.) *work*
caled *hard*
ydy *yes (he/she/it is)*
amser (m.) *time*
eisiau *to want*
te (m.) *tea*
os gwelwch yn dda *please*
os gweli di'n dda *please* (fam.)
llaeth (m.) *milk*
dim *no*
siwgr (m.) *sugar*
ydy? *is?*
am (SM) *for*
paned (m.) **paneidiau** *a cuppa*
nac ydy *no (he's not)*

Author insight

The verb usually comes first in a Welsh sentence. **Yn** links the verb–noun or adjective to the subject and sometimes corresponds to *'ing'* in English. After a vowel, **yn** is reduced to **'n**. Adjectives and nouns, except those beginning with 'll' and 'rh', mutate softly after the link word **yn** or **'n**. Look at the grid below:

Verb	Subject	Yn	Verb–noun/adjective	Meaning
mae	Gethin	yn	hapus	*Gethin is happy*
mae	e	'n	llawn	*It/he is full*
dw	i	'n	cerdded	*I am walking*
mae	hi	'n	araf	*She is slow*

The word order can be quite tricky if you are not used to beginning sentences with a verb. Practise by replacing the words in the grid with other words from the unit e.g. *she is walking*; *Sioned is coming*, etc. Don't be afraid of using words from the mini dictionary at the end of the book.

There is no one word for 'yes' or 'no' in Welsh. A question is usually answered by mirroring the verb used to ask the question. This 'mirroring' is a feature of some dialects of English: Q: 'Are you going?' A: 'I am' Q: 'Are they at home?' A: 'They are'.

Q Ydy hi'n nerfus?   *Is she nervous?*
A Ydy.   *Yes, she is.*

The answer to a question beginning **Dych chi?** is **Ydw**:

Q Dych chi'n hapus?   *Are you happy?*
A Ydw.   *Yes, I am.*

To say 'no', the word **nac** is placed in front of the answer:

Q Ydy hi'n dod o Lanelli?   *Does she come from Llanelli?*
A Nac ydy (pronounced nag ydy).   *No, she doesn't.*

Q Dych chi'n byw yn Rhydlewis?   *Do you live in Rhydlewis?*
A Nac ydw.   *No, I don't.*

A summary of answer forms in Welsh can be found at Appendix 2.

Exercise 6

How would you reply to the following questions?

1 Dych chi'n nerfus? (✗)
2 Ydy e'n eithaf da? (✓)
3 Dych chi'n dod o Fedwas? (✓)
4 Ydy hi'n dod o Ohio? (✓)
5 Ydy e'n byw yn Aberafan? (✓)
6 Dych chi'n dod nawr? (✓)
7 Ydy hi'n byw yn Llandrindod hefyd? (✗)
8 Ydy e'n cerdded? (✗)

Deialog 4 Gaf i? *May I?*

Matthew meanwhile is chatting to Elen.

CD1, TR 1, 07:50

Elen	Sut mae, Matthew?
Matthew	Sut dych chi?
Elen	Da iawn, diolch. A chi?
Matthew	Dw i ddim yn nerfus nawr.
Elen	Gaf i eistedd yma?
Matthew	Cewch, wrth gwrs.
Elen	Diolch yn fawr. Dych chi'n mwynhau'r cwrs?
Matthew	Ydw, diolch. Mae'r gwaith yn ddiddorol ond mae'n anodd.
Elen	Ydy, o bosib. Ond cofiwch, dyfal donc a dyr y garreg.

1 Is Matthew enjoying the course so far?
2 Does Elen agree with his opinion of the course?

QUICK VOCAB

diolch *thank you*
diolch yn fawr *thank you very much*
dw i ddim *I'm not*
Gaf i? (SM) *May I?*
eistedd *to sit*
yma *here*
cewch *yes, you may*
wrth gwrs *of course*
mwynhau *to enjoy*
diddorol *interesting*
anodd *difficult*
o bosib *possibly*
cofiwch! *remember!*
dyfal donc a dyr y garreg *steady tapping breaks the stone*
  (perseverance pays)

Deialog 5

Some of the course members are sitting in the refectory. One of the refectory staff comes to ask what they want.

Tom	Gaf i baned o goffi du cryf, tatws, pys a ham os gwelwch yn dda? Mae eisiau bwyd arna i.
Jayne	Hoffwn i gael te a salad, dw i ar ddeiet.
Matthew	Hoffwn i gael coffi a sglodion os gwelwch yn dda.
Elen	Gaf i goffi mawr heb siwgr, a lasagne, os gwelwch yn dda.

1 What two ways are used to ask for something?
2 What sort of coffee does Elen want?

QUICK VOCAB

du *black*
cryf *strong*
taten (f.) **tatws** *potato*
pysen (f.) **pys** *pea*
mae eisiau bwyd arna i *I'm hungry*
hoffwn i (SM) *I would like*
cael *to get, to have*
ar ddeiet *on a diet*
sglodyn (m.) **sglodion** *chip*
mawr *big, large*
heb (SM) *without*

Author insight

Everyone learns in a different way. Some people learn by connecting language with actions, for example miming some words when saying them e.g. walking when saying **cerdded**. Although only Welsh words mutate, one way of remembering the soft mutation after **o** is to mutate non-Welsh place names, saying **Dw i'n dod o Dunbridge Wells** is a good way of remembering that **T** becomes **D** after **o**.

4 Ffarwelio *Saying goodbye*

hwyl	*goodbye*
da boch	*goodbye*
nos da	*goodnight*
gwela i chi	*I'll see you*

Learning Welsh

The teaching of Welsh for adults in Wales is co-ordinated through six dedicated language centres in Cardiff and the Vale of Glamorgan, Gwent, Glamorgan, South West, Mid and North Wales. The language centres work with local partners to ensure a comprehensive programme of classes in their respective areas. They are financed directly by the Welsh Assembly Government and also arrange extra-mural learning events in order to provide opportunities for learners to practise their Welsh in an informal environment. The national Welsh Language and Heritage Centre, Nant Gwrtheyrn, located in a former quarrying village on the Llŷn Peninsula, specialises in residential courses for adults at all levels of learning. All providers divide the various language levels into entry, foundation, intermediate, advanced and proficiency, and also organise 'Welsh in the Workplace' classes.

Test yourself

How would you do the following:

1 Greet someone in the morning, afternoon and evening
2 Say you are a good tutor
3 Ask one of your friends how they are
4 Say 'Quite well/good'
5 Ask someone where they come from
6 Say you come from Rhydlewis
7 Answer yes/no to the question: Ydy e'n hapus?
8 Ask for a cup of tea without sugar
9 Say please to a group of people
10 Wish someone goodnight

2

Mwy amdanoch chi
More about yourself

In this unit you will learn how to
- *count in Welsh*
- *exchange telephone numbers and addresses*
- *ask about someone's job*
- *talk about languages you can speak*

Deialog 1

At coffee time, Elen decides to try to get her class members to practise their Welsh.

CD1, TR 2

Elen	Mae'n braf cwrdd â chi i gyd. Pam dych chi'n dysgu Cymraeg?
Jayne	Dw i'n hoffi pethau Celtaidd, dw i'n siarad Gwyddeleg yn rhugl.
Tom	Mae fy mam yn siarad Cymraeg a hoffwn i siarad â hi yn ei mamiaith.
Matthew	Hoffwn i ddysgu Gwyddeleg hefyd, dw i'n siarad dwy iaith arall yn barod, Almaeneg a Sbaeneg.
Elen	Beth am y gweddill ohonoch chi? Dych chi'n siarad iaith arall? Dw i'n siarad tipyn bach o Ffrangeg ond dw i'n siarad Eidaleg yn rhugl.
Tom	Mae Eidaleg yn anodd, dw i'n dysgu Eidaleg mewn dosbarth nos.

1 How does Jayne say 'I speak Irish fluently'?
2 Why does Tom want to learn Welsh?
3 Where is Tom learning Italian?

braf *nice*
cwrdd â (AM) *to meet*
i gyd *all*
pam? *why?*
dysgu *to learn, to teach*
hoffi *to like*
peth (m.) **-au** *thing*
Celtaidd *Celtic*
siarad (â) (AM) *to speak (to)*
Gwyddeleg (f.) *Irish (language)*
rhugl *fluent*
fy (NM) *my*
ei (AM) *her*
mamiaith (f.) *mother tongue*
dwy (SM) *two* (with feminine nouns)
iaith (f.) **ieithoedd** *language*
arall *other, else, another*
yn barod *already*
Almaeneg (f.) *German (language)*
Sbaeneg (f.) *Spanish (language)*
beth? *what?*
y, yr (before vowel), **'r** (after vowel) *the*
gweddill *rest, remainder*
ohonoch chi *of you*
tipyn bach *a little*
Ffrangeg (f.) *French (language)*
Eidaleg (f.) *Italian (language)*
mewn *in a*
dosbarth nos (m.) *evening class*

Author insight

In front of consonants, **yr** (*the*) becomes **y**: **y dosbarth**. After vowels, **yr** becomes **'r** : **o'r coleg** (*from the college*). **Yr** is

(Contd)

used if a vowel or the letter 'h' follows: **yr eliffant**, *the elephant*, **yr wy**, *the egg*, **yr haf**, *the summer*. All feminine singular nouns mutate softly after **y**: **y ferch**, *the girl*.

Dw i'n siarad Gwyddeleg yn rhugl. Yn is used in the same way as *-ly* in English to form an adverb from an adjective. An adverb describes the way in which something is done: *quickly, slowly, loudly*. In the example **Dych chi'n siarad Cymraeg yn dda** *You speak Welsh well*, **yn dda** describes the way in which you speak Welsh.

---

1 Rhifau ffôn *Phone numbers*

Welsh numbers 1–10:

0	dim	6	chwech
1	un	7	saith
2	dau	8	wyth
3	tri	9	naw
4	pedwar	10	deg
5	pump		

Exercise 1

◀) **CD1, TR 2, 00:55**

Say the following telephone numbers out loud. Check your answers with the recording.

1 01222 786345
2 01239 634921
3 01570 483721
4 01970 621354
5 01384 294738

2 Beth yw'ch rhif ffôn chi?
What is your phone number?

The familiar **ti** form is:

Beth yw dy rif ffôn di?   *What is your phone number?*

You can use the same pattern to ask someone what their name is:

Beth yw'ch enw chi?   *What is your name?*
Beth yw dy enw di?   *What is your name?*

Exercise 2

David wishes to speak to Mr John Evans, the organizer for
Welsh classes in West Wales. Mr Evans' secretary has answered
the phone. Read the following passage aloud until you are happy
that you understand everything and then answer the questions.

Ysgrifenyddes	Bore da, Canolfan Dysgu Cymraeg.
David	Bore da, David James sy'n siarad.
Ysgrifenyddes	Beth yw'ch enw chi eto?
David	David James. Dw i'n byw yn Abertawe a dw i'n dysgu Cymraeg mewn dosbarth nos. Hoffwn i ddod ar gwrs Cymraeg yn yr haf. Gaf i'r manylion os gwelwch yn dda?
Ysgrifenyddes	Wrth gwrs, ond mae Mr Evans, y trefnydd, yn brysur nawr, gaf i'ch rhif ffôn chi? Bydd Mr Evans yn ffonio ar ôl un.
David	Diolch. Dyma'r rhif, 01249 349865.
Ysgrifenyddes	01249 349865. Ydy'r rhif yn iawn?
David	Ydy. Diolch yn fawr.
Ysgrifenyddes	Hwyl.

How would you say the following in Welsh:

1 I'm learning Welsh at college.
2 Mr Evans, the organiser, is having dinner now.
3 I would like to come on a course at the centre.
4 Brenda Smith speaking.
5 Are the details correct?

QUICK VOCAB

canolfan (m.) **-nau** *centre*
sy'n siarad *speaking*
eto *again*
ar (SM) *on*
yr haf (m.) **-au** *summer*
manylion *details*
trefnydd (m.) **-ion** *organizer*
prysur *busy*
bydd Mr Evans *Mr Evans will*
ar ôl *after*
rhif (m.) **-au** *number*
iawn *correct*
coleg (m.) **-au** *college*
cinio (m.) **ciniawau** *dinner*
gweithio *to work*

Exercise 3

	Cymraeg	Saesneg	Eidaleg	Ffrangeg	Almaeneg
Ifan	✓	✗	✗	✓	✗
Morys	✓	✓	✓	✗	✗
Gwenda	✗	✓	✓	✗	✓
Glyn	✓	✓	✓	✓	✓
Ann	✗	✗	✗	✓	✓

Match the names to the statement.

a Dw i'n siarad Cymraeg, Saesneg, Eidaleg, Ffrangeg ac Almaeneg.

b Dw i'n siarad dwy iaith.
c Dw i ddim yn siarad Saesneg, Eidaleg nac Almaeneg ond dw i'n siarad Cymraeg a Ffrangeg.
d Dw i ddim yn siarad Ffrangeg nac Almaeneg.
e Dw i ddim yn siarad Ffrangeg a hoffwn i ddysgu Cymraeg.

Some useful phrases for talking about which languages you speak

Dw i'n dysgu Cymraeg gyda llyfr a thâp.	*I am learning Welsh with a book and tape.*
Pa ieithoedd dych chi'n eu siarad?	*Which languages do you speak?*
Pa mor dda dych chi'n siarad Ffrangeg?	*How well do you speak French?*
Ble dych chi'n dysgu Cymraeg?	*Where are you learning Welsh?*
Dw i'n dysgu fy hunan.	*I am teaching myself.*

··

Author insight

Unlike English, numbers are followed by a singular noun in Welsh:

pedwar mab	*four sons*
wyth merch	*eight daughters*
un cwrs	*one course*

In Deialog 1, you will have noticed that Matthew says that he speaks 'dwy iaith arall'. The numbers **dau**, **tri** and **pedwar** have feminine forms. These forms, **dwy** (2), **tair** (3) and **pedair** (4) are used with feminine nouns. **Dwy** is used with the word **iaith**, because **iaith** is a feminine noun. The feminine form of the number is not used in telephone numbers:

dwy Americanes	*two American women*
tair merch	*three daughters*
pedair brechdan	*four sandwiches*

(Contd)

Both **dau** and **dwy** cause a soft mutation:

dau fab	**dwy ferch**
dau gwrs	**dwy frechdan**

Pump and **chwech** become **pum** and **chwe** before nouns.
You will often hear the full forms, especially in South Wales:

pum mab	**chwe merch**
pum cwrs	**chwe bore**
pum paned	**chwe wy**

Both **tri** and **chwe** cause an aspirate mutation. This is often omitted in everyday speech.

tri Chymro	**chwe chwrs**
tri phaned	**chwe phaned**
tri thiwtor	**chwe thiwtor**

---

3 Rhifo 10+ *Counting higher than 10*

11	un deg un	22	dau ddeg dau	65	chwe deg pump
12	un deg dau	30	tri deg	70	saith deg
13	un deg tri	32	tri deg dau	78	saith deg wyth
14	un deg pedwar	40	pedwar deg	80	wyth deg
15	un deg pump	50	pum deg	90	naw deg
20	dau ddeg	53	pum deg tri	99	naw deg naw
21	dau ddeg un	60	chwe deg	100	cant

There are two systems of counting in Welsh, a traditional system, based on the number 20, and a decimal system. The newer decimal system is now used in schools with the traditional system reserved for the time (Unit 19) and dates (Unit 13). As you can see from the numbers just given, counting in Welsh is easy once you know the numbers 1–10.

Exercise 4

◀) **CD1, TR 2, 01:56**

Check the bingo card numbers on the recording to see if you have won a line.

4 Beth yw'ch cyfeiriad chi? *What is your address?*

Dw i'n byw yn 11, Stryd y Bont.	*I live at 11, Bridge Street.*
Dw i'n byw yn 25, Heol y Dŵr.	*I live at 25, Water Road.*
Dw i'n byw yn 5, Heol yr Orsaf.	*I live at 5, Station Road.*
Dw i'n byw yn 58, Y Stryd Fawr.	*I live at 58, High Street.*

Welsh place names

If you have been to Wales, you may have noticed that a lot of Welsh place names start with the word 'llan'. Originally, the 'llan' meant 'the area around the church' and, later, the church itself. Llan is usually followed by the name of a saint, e.g. Llanbedr (the Church of Saint Peter), although this is not always the case, e.g. Llandaf is formed from llan + Taf, the name of the river on whose banks it stands. 'Aber' means 'the mouth of the river' or 'the place where two rivers join'. The Welsh name for Swansea is 'Abertawe' which means 'the mouth of the river Tawe'. Another common element in Welsh place names is 'caer' which means 'fort' or 'castle'. The Welsh name for Holyhead is Caergybi; Cybi was an early Welsh saint.

Deialog 2

Matthew talks to Tom about his work.

CD1, TR 2, 02:52

Matthew	Ble dych chi'n gweithio Tom?
Tom	Dw i'n gweithio fel cyfreithiwr yng Nghaerdydd.
Matthew	Dych chi'n hoffi eich gwaith chi?
Tom	Ydw, mae'n ddiddorol iawn ond dyn ni'n brysur iawn yn y swyddfa ar hyn o bryd.
Matthew	Ble mae eich swyddfa chi?
Tom	16, Heol Walter.
Matthew	Ydy hi'n swyddfa fawr?
Tom	Ydy, mae 13 o bobl yn gweithio yno. Beth amdanoch chi? Dych chi'n gweithio?
Matthew	Nac ydw, ddim ar hyn o bryd, dw i'n chwilio am waith yng Nghymru. Hoffwn i symud o Lundain. Dw i wedi cael manylion tair swydd heddiw.
Tom	Wel pob lwc gyda'r chwilio.
Matthew	Diolch.

fel *as, like*
cyfreithiwr (m.) **cyfreithwyr** *solicitor, lawyer*
yng Nghaerdydd *in Cardiff*
dyn ni *we are*

ar hyn o bryd *at the moment*
pobl (f.) *people*
amdanoch chi *about you*
chwilio am (SM) *to look for*
symud *to move*
heddiw *today*
pob lwc *good luck*
gyda (AM) *with*

1 Where does Tom work?
2 Does he enjoy his work?
3 Where is his office?
4 What would Matthew like to do?

5 Dych chi'n gweithio? *Do you work?*

As you saw in Deialog 1 in Unit 1, if you are stating what
something or someone is, the pattern is as follows:

Noun	Verb
Cymro Cigydd Dyn tân	ydw i
Athro Meddyg Plismon	yw e (*he is/it is*)
Athrawes Plismones Ysgrifenyddes	yw hi (*she is/it is*)
Piano Bag	yw e yw e
Opera Record	yw hi yw hi

In this table, **piano** and **bag** are both masculine nouns and therefore **yw e** (*he is*) is used. **Opera** and **record** are both feminine nouns and therefore **yw hi** is used.

Exercise 5

Connect the sentences with the correct picture.

1 Cigydd yw e.
2 Optegydd yw hi.
3 Meddyg yw hi.
4 Dyn tân yw e.
5 Athro yw e.
6 Ficer yw hi.
7 Ysgrifenyddes yw hi.

cigydd (m.) **-ion** *butcher*
optegydd (m.) **-ion** *optician*
meddyg (m.) **-on** *doctor*
dyn tân (m.) **dynion tân** *fireman*
athro (m.) **athrawon** *teacher*
athrawes (f.) **-au** *teacher*

---

6 Ble dych chi'n gweithio? *Where do you work?*

Dw i'n gweithio mewn ffatri.	*I work in a factory.*
Dw i'n gweithio mewn swyddfa.	*I work in an office.*
Dw i'n gweithio mewn ysgol gynradd.	*I work in a primary school.*
Dw i'n gweithio mewn ysgol uwchradd.	*I work in a secondary school.*
Dw i'n gweithio ar fferm.	*I work on a farm.*

Some other useful words for saying where you work can be found below.

ysbyty (m.) **ysbytai** *hospital*
banc (m.) **-iau** *bank*
bwyty (m.) **bwytai** *restaurant*
garej (m.) **-ys** *garage*
i (SM) *for, to*
swydd (f.) **-i** *job*
siop (f.) **-au** *shop*
cyfrifol am (SM) *responsible for*

Other useful phrases:

Dw i'n ddi-waith.	*I am unemployed.*
Dw i wedi ymddeol.	*I have retired.*
Dw i'n gweithio gartref.	*I work at home.*
Dw i'n gyfrifol am redeg y swyddfa.	*I'm responsible for running the office.*
Dw i'n gweithio i Jones & Evans.	*I work for Jones & Evans.*
Dw i'n gweithio fel optegydd yn yr ysbyty.	*I work as an optician at the hospital.*

| Dw i'n hoffi fy ngwaith yn fawr iawn. | *I like my work very much.* |
| Dw i ddim yn ei hoffi e o gwbl. | *I don't like it at all.* |

Describing your work:

Mae'n ddiflas.	*It's boring.*
Mae'n waith caled.	*It's hard work.*
Mae'n talu'n dda iawn.	*It pays very well.*
Mae'r cyflog yn isel iawn.	*The pay is very low.*
Dw i'n gweithio llawn amser.	*I work full time.*
Dw i'n gweithio rhan amser.	*I work part time.*

Exercise 6

◀ **CD1, TR 2, 03:45**

Listen to the recording. Rhiannon is talking about what she does for a living. Five of the statements are false. Can you spot which?

1 Mae Rhiannon yn hoffi gweithio.
2 Mae hi'n gweithio mewn banc.
3 Athrawes yw hi.
4 Mae'r gwaith yn ddiflas.
5 Mae'r gwaith yn ddiddorol.
6 Mae hi'n gweithio llawn amser.
7 Mae hi'n gweithio rhan amser.
8 Mae hi'n gweithio yn Abertawe.
9 Mae hi'n gweithio yn Llandudno.
10 Mae hi'n brysur iawn ar hyn o bryd.

The National Assembly for Wales

Wales has had a National Assembly since May 1999 and is made up of 60 elected Assembly Members (AMs) with elections being held every four years. Of the 60 AMs, 40 are elected from the constituencies with another 20 regional AMs being elected by proportional representation. The Assembly has powers to pass Welsh laws, known as Assembly Measures, within devolved areas including culture, education and training, health and health services, and economic development. Following each election, the Assembly elects one AM to serve as Presiding Officer. The executive arm of the Assembly – the Welsh Assembly Government – is led by the First Minister, supported by a Cabinet. The environmentally friendly Assembly building in Cardiff Bay made extensive use of traditional Welsh materials and was designed around the concepts of openness and transparency.

Test yourself

How would you do the following:

1 Write the following phone number 01978 293645 in words
2 Ask for someone's phone number
3 Say, 'Andrew Morgan speaking'
4 Tell someone you speak German fluently
5 Say you would like to learn Welsh
6 Ask for someone's address
7 Write the following in full 45 89 24 13 67
8 Ask where someone works
9 Say, 'She is a doctor'
10 Tell someone you work in an office

3

Siarad am eich teulu
Talking about your family

In this unit you will learn how to
- *enquire about someone's family*
- *talk about someone's marital status*
- *say you possess something*
- *ask someone's age*
- *ask how many or how much of something someone has*
- *talk about things you collect*

Deialog 1

Elen, Jayne and Matthew discuss their families.

♦ CD1, TR 3

Jayne	Oes plant 'da chi, Elen?
Elen	Oes, mae dwy ferch 'da fi o'r enw Heledd a Siwan ond dw i eisiau rhagor o blant. Dw i'n dod o deulu mawr a hoffwn i gael teulu mawr hefyd. Mae Heledd yn bedair oed ac mae Siwan yn saith.
Jayne	Mae un ferch 'da fi o'r enw Haf. Mae Haf yn un deg naw oed, mae hi'n gweithio mewn ysgol feithrin. Mae Haf yn hoffi ei gwaith yn fawr ond dyw'r gwaith ddim yn talu'n dda iawn.
Matthew	Faint o frodyr a chwiorydd sy 'da chi Elen?

1 How old are Elen's children?
2 Why does she want more children?
3 What is the disadvantage of Haf's work?
4 Does Matthew have any brothers or sisters?

o'r enw *called*
rhagor o (SM) *more*
teulu (m.) -oedd *family*
ysgol feithrin (f.) ysgolion meithrin *nursery school*
brawd (m.) brodyr *brother*
chwaer (f.) chwiorydd *sister*
unig blentyn *an only child*

....

Author insight

The pattern used to say you have something in Welsh is:

Mae _____ 'da fi *I have a* _____ **Mae ffôn 'da fi.** *I have a phone.*

'da is the shortened form of **gyda. Mae ffôn 'da fi** literally means *There is a phone with me.*

To say 'he has', 'she has', 'we have', etc., **fi** (*me*) is changed for the appropriate personal pronoun.

Personal pronouns

fi *me*	**fe** *he*	**ni** *we*	**nhw** *they*
ti *you* (fam.)	**hi** *she*	**chi** *you*	

Mae ffôn 'da fi.	*I have a phone.*
Mae fideo 'da ti.	*You have a video. (fam.)*
Mae paned o de 'da fe.	*He has a cup of tea.*

(Contd)

Mae'r manylion 'da hi.	*She has the details.*
Mae mab 'da ni.	*We have a son.*
Mae enw diddorol 'da chi.	*You have an interesting name.*
Mae dwy ferch 'da nhw.	*They have two daughters.*

Exercise 1

Compose sentences based on the pictures. e.g. Fi

Mae llyfr 'da fi.

fi

ti

fe

hi

ni

chi

nhw

ci (m.) **cŵn** *dog*
cath (f.) **-od** *cat*
arian (m.) *money*
beic (m.) **-iau** *bike*

28

1 Asking if someone has something

To ask if someone has something, **oes** takes the place of **mae**:

Oes llyfr 'da chi?	*Have you got a book?*
Oes ci 'da fe?	*Has he got a dog?*
Oes arian 'da John?	*Has John got any money?*

Exercise 2

Look again at the pictures in Exercise 1. Compose questions based on the pictures, e.g. **Oes llyfr 'da fi?**

2 To say you have not got something

Does dim is used to say you have not got something:

Does dim arian 'da fe.	*He hasn't got any money.*
Does dim ci 'da hi.	*She hasn't got a dog.*
Does dim plant 'da nhw.	*They haven't got any children.*

Author insight

As you saw in Unit 1, there is no one word for either yes or no in Welsh. Questions beginning with **oes** are answered by saying either **Oes** (*yes*) or **Nac oes** (*no*):

Oes plant 'da chi?	*Have you got any children?*
Oes, mae dau fab 'da fi.	*Yes, I have two sons.*
Oes tŷ 'da fe?	*Has he got a house?*
Oes, mae tŷ mawr 'da fe.	*Yes, he has a big house.*
Oes ci 'da fe?	*Has he got a dog?*
Nac oes, does dim ci 'da fe.	*No, he hasn't got a dog.*

There is no Welsh word for *any* or *some* in phrases like *have you got any children?*, *Do you want some milk?*

Exercise 3

Answer the following questions.

e.g. Oes car ’da’r plant? (✓)   Oes, mae car ’da nhw.
Oes tŷ ’da hi? (✗)   Nac oes, does dim tŷ ’da hi.

1 Oes car ’da nhw? (✓)
2 Oes ci ’da ti? (✗)
3 Oes arian ’da ni? (✓)
4 Oes cath ’da John? (✓)
5 Oes plant ’da chi? (✗)
6 Oes llyfr ’da hi? (✗)

Exercise 4

	Bob	Gwenda	David	Lisa	Y plant
Ci	✓	✗	✗	✓	✓
Cath	✗	✓	✓	✓	✗
Tŷ mawr	✓	✓	✗	✗	✓

Check from the table whether the following statements are true or false.

1 Mae ci ’da Bob.
2 Does dim cath ’da David.
3 Mae tŷ mawr ’da’r plant.
4 Does dim tŷ mawr ’da Gwenda.
5 Does dim ci ’da’r plant.
6 Mae cath ’da Lisa.
7 Mae cath ’da’r plant.
8 Does dim cath ’da Bob.
9 Does dim ci ’da Lisa.
10 Mae tŷ mawr ’da Bob.

Author insight

Note the following useful expressions which use **gyda/'da**:

Mae'n ddrwg 'da fi.	*I'm sorry.*
Mae'n dda 'da fi.	*I'm pleased.*
Does dim ots 'da fe.	*He doesn't mind.* (often shortened to **'sdim ots**)
Does dim syniad 'da fi.	*I've no idea.*

Gen i In some areas of Wales, especially in the North, you will hear these forms in place of **gyda/'da**:

gen i	gynnon ni
gen ti	gynnoch chi
gynno fo	gynnyn nhw
gynni hi	

Mae gen i ddwy ferch.	*I have two daughters.*
Mae gynno fo dri mab.	*He has three sons.*
Mae gynnon ni dŷ mawr.	*We have a big house.*

As you can see from these examples, **gen i** etc. is placed straight after **mae**. When used in this position, **gen i, gen ti** etc. are followed by a soft mutation. Regional differences are discussed in more detail in Appendix 1.

Deialog 2

Tom and Matthew are talking over coffee in the leisure centre café. They have been playing squash.

Tom	Dw i ddim eisiau bod yn rhy hir Matthew. Hoffwn i ffonio fy mab, Steffan, mae e wedi dyweddïo dros y penwythnos.
Matthew	Beth yw oedran Steffan?
	(Contd)

🎧 CD1, TR 3, 01:00

Tom	Dau ddeg pedair oed. Mae cariad Steffan yn ferch hyfryd iawn, mae hi'n ddau ddeg pump oed ac yn gweithio i'r un cwmni â fe.
Matthew	Jiw jiw, Tom, dych chi ddim yn edrych yn ddigon hen i fod yn dad i fachgen dau ddeg pedair oed!
Tom	Wel, diolch ond bydda i'n bum deg cyn hir. Dw i siŵr o fod yn ddigon hen i fod yn dad i chi Matthew.
Matthew	Wel, dw i'n ddau ddeg wyth oed ond dw i'n teimlo'n bum deg wyth nawr ar ôl y gêm.

1 Why does Tom want to phone his son?
2 Does Tom like Steffan's girlfriend?
3 How old is Matthew?

bod *to be*
rhy (SM) *too*
mae e wedi dyweddïo *he has got engaged*
dros (SM) *over*
penwythnos (m.) **-au** *weekend*
oedran (m.) **-nau** *age*
cariad (m.) **-on** *sweetheart*
hyfryd *lovely*
yr un *the same*
cwmni (m.) **cwmnïau** *company*
â (AM) *as*
jiw jiw! *good God!*
edrych *to look*
digon *enough*
hen *old*
bachgen (m.) **bechgyn** *boy*
bydda i *I will be*
siŵr o fod *probably*
teimlo *to feel*

3 Beth yw'ch oedran chi? *How old are you?*

Beth yw dy oedran di? *How old are you? (fam.)*

As you can see from the dialogues, the feminine forms of 2, 3 and 4 are used when referring to age:

Dw i'n dri deg tair oed.   *I am 33 years old.*
Mae Ann yn un deg pedair oed. *Ann is 14 years old.*

Exercise 5

Write the ages of the following people in full.

e.g. Sandra (32) **Mae Sandra'n dri deg dwy oed.**

Sally (42), Bob (13), Gwyn (3), Gwenda (98), Tony (64), Alan (73), Lisa (27), Sam (59)

Exercise 6 Coeden achau/*family tree*

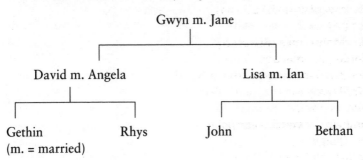

(m. = married)

....

Author insight

In Welsh, phrases such as 'Elen's house', 'Gwennie's dog' and 'Elen's phone number', 'the… of…' are expressed by placing the thing which is possessed in front of the possessor:

tŷ Elen **ci Gwennie** **rhif ffôn Elen**

Remember the rule: 'What is it?' and 'Who has it?'

What is it? *Who has it?*
gwraig Steffan *Steffan's wife*

(Contd)

Maer Califfornia	The mayor of California
rhif ffôn y canolfan	The phone number of the centre
festri 'r capel	The chapel vestry/the vestry of the chapel

pwy yw? *who is?*
tad (m.) **-au** *father*
mam-gu (f.) *grandmother*
modryb (f.) **-edd** *aunt*
ewythr (m.) **-edd** *uncle*
gŵr (m.) **gwŷr** *husband*
gwraig (f.) **gwragedd** *wife*
tad-cu (m.) *grandfather*

Answer the questions based on the family tree.

1 Pwy yw tad David?
2 Pwy yw chwaer John?
3 Pwy yw mam Rhys?
4 Pwy yw mam-gu Bethan?
5 Pwy yw modryb Gethin a Rhys?
6 Pwy yw ewythr John a Bethan?
7 Pwy yw gŵr Angela?
8 Pwy yw gwraig Ian?
9 Oes gwraig 'da Gwyn?
10 Oes chwaer 'da Rhys?
11 Oes modryb 'da John?
12 Oes plant 'da Angela?
13 Oes dau fab 'da Gwyn a Jane?
14 Oes plant 'da Bethan?
15 Oes plant 'da David?

4 Dw i'n briod *I'm married*

| Dw i ddim yn briod. | I am not married. |
| Dw i'n sengl. | I'm single. |

Dw i wedi gwahanu.	*I'm separated.*
Gŵr gweddw ydw i.	*I'm a widower.*
Gwraig weddw ydw i.	*I'm a widow.*
Dw i wedi cael ysgariad.	*I am divorced.*

Exercise 7

🔊 **CD1, TR 3, 01:58**

Listen to the recording. You will hear four people being described; fill in the grid.

Name	Married	Single	Divorced	Widowed	Son	Daughter

---

5 Faint o... sy 'da chi?
How many/much... have you got?
Sawl... sy 'da chi?
How many... have you got?

Faint o and **sawl** both mean *how many?* **Faint o** is used with plural nouns (**faint o lyfrau?** *how many books?*) and **sawl** with singular nouns (**sawl llyfr?** *how many books?*). **Faint o** is usually used when you expect a large number in the answer or if the answer cannot be counted: **Faint o Gymraeg?** *How much Welsh?*

Faint o Gymraeg sy 'da chi?	*How much Welsh do you speak?*
Faint o sglodion sydd ar y plât?	*How many chips are on the plate?*

Faint o laeth sy yn y coffi?	*How much milk is in the coffee?*
Faint o waith sy 'da chi?	*How much work have you got?*

Sawl is applied only to nouns that can be counted and is followed by a singular noun:

Sawl dysgwr sy yn y dosbarth?	*How many learners are in the class?*
Sawl tiwtor sy ar y cwrs?	*How many tutors are on the course?*
Sawl wy?	*How many eggs?*
Sawl brechdan?	*How many sandwiches?*

Author insight

Sy is a form of the present tense of **bod**. **Sy** is used after **pwy**, **beth**, **faint o**, **sawl**, **pa**, and **pa fath o** when it is followed by a verb-noun, an adjective or a preposition: **Pwy sy'n gweithio? Faint sy'n dod? Beth sy'n ddiddorol? Sawl tiwtor sy ar y cwrs. Sy'n** can also mean *who is*, *which is*. **Sy** is the shortened version of **sydd**.

Deialog 3

Tom is excited after buying a new model ship to add to his collection. He asks his friends whether they collect anything.

☎ CD1, TR 3, 02:33

Tom	Dych chi'n casglu unrhywbeth Jayne?
Jayne	Ydw, dw i'n casglu dreigiau.
Tom	Faint o ddreigiau sy 'da chi?
Jayne	Mae dros ddau ddeg o ddreigiau 'da fi erbyn hyn. Maen nhw dros y tŷ i gyd, ac mae'r casgliad yn tyfu drwy'r amser.
Tom	Mae llawer o fodelau 'da fi – modelau o longau o bob cyfnod.
Matthew	Wel, dw i ddim yn casglu dim byd. Dw i ddim eisiau llenwi fy fflat â phethau twp fel dreigiau a llongau!

1 What does Jayne collect and how many does she have?
2 Does Matthew collect anything?
3 What does Matthew think about collecting things?

QUICK VOCAB

casglu *to collect*
unrhywbeth *anything*
draig (f.) **dreigiau** *dragon*
coch *red*
erbyn hyn *by now*
dros y tŷ i gyd *all over the house*
casgliad (m.) **-au** *collection*
tyfu *to grow*
drwy'r amser *all the time*
llawer o (SM) *lots of*
llong (f.) **-au** *ship*
pob *every*
cyfnod (m.) **-au** *period*
dim byd *nothing, anything*
twp *silly*
llenwi *to fill*

Exercise 8

Answer the questions that follow according to the example. The questions are based on the grid of Gwyn, Tina, Clare and John's collections.

Faint o recordiau sy 'da Gwyn? Mae tri deg chwech o recordiau 'da Gwyn.

	Recordiau	Llyfrau	Stampiau	Llongau
Gwyn	36	23	64	31
Tina	21	90	55	89
Clare	78	45	87	47
John	52	14	99	66

1 Faint o lyfrau sy 'da Clare?
2 Faint o stampiau sy 'da John?

3 Faint o recordiau sy 'da Tina?
4 Faint o longau sy 'da Gwyn?
5 Faint o stampiau sy 'da Clare?
6 Faint o lyfrau sy 'da Tina?

Exercise 9

Many of the class members also have pets. Form questions and answers based on the following pictures. Remember that **sawl** is followed by a singular noun. An example is given below.

Alison

Sawl cath sy 'da Alison? **Mae dwy gath 'da hi.**

Sarah

Megan

Linda

cwningen (f.) **cwningod** *rabbit*
ceffyl (m.) **-au** *horse*

Welsh names

There is a variety of Welsh first names, reflecting the many aspects of Welsh history, religion and culture. Many are the names of kings and queens, poets and saints and are between 1,000 and 2,000 years old. Others reflect aspects of nature and the Welsh countryside, while many of the most popular names today can be traced to the *Four Branches of the Mabinogi*, some of the oldest Welsh folktales.

It is also becoming increasingly popular to give children Welsh last names. One way is to reverse an anglicized surname to its Welsh form, for example *Griffiths* > **Gruffudd**. Another way is to use the father's first name after **ap-** (*son*) (or **ab** in the case of a vowel) or **ferch** (*daughter*). For example, **Gethin ap Phylip**. Yet another alternative is to use the father's first name as a last name, for example, **Gwenllïan Owen**. The last name can be omitted altogether or the name of a district can be used.

Test yourself

How would you do the following:

1 Ask someone whether they have any children
2 Say you have three children: one son and two daughters
3 Say she hasn't got a dog
4 Say you are sorry
5 Ask a child how old they are
6 Tell someone you are forty-three
7 Say, 'Gwennie's dog'
8 Say, 'Who is Ian's wife?'
9 Ask how many chips are on the plate
10 Ask how many cats Alison has

4

Siarad am eich hoffterau a'ch anhoffterau

Talking about your likes and dislikes

In this unit you will learn how to
- *say what you and others like doing*
- *use the present tense*
- *talk about your likes, dislikes and preferences*
- *talk about what you do on different days of the week*
- *describe someone*

Deialog 1

Elen and Jayne discuss what they do in their spare time.

● CD1, TR 4

Elen	Beth dych chi'n hoffi ei wneud yn eich amser hamdden Jayne?
Jayne	Dw i'n hoffi darllen a dw i'n hoffi coginio. Dw i'n mynd i nofio bob wythnos hefyd.
Elen	Dw i ddim yn hoffi'r dŵr ond mae fy ngŵr Rob a'r plant yn nofio'n aml.
Jayne	Pa mor aml maen nhw'n mynd i'r pwll?
Elen	Wel, mae Rob yn mynd â'r plant dair gwaith yr wythnos. Mae e'n hoffi cadw'n heini.

Jayne	Pa fath o bethau dych chi'n eu gwneud yn eich amser rhydd?
Elen	Dw i'n hoffi chwarae tennis a dw i'n gwneud pethau gyda'r plant. Dyn ni'n merlota bob penwythnos.
Jayne	Oes ceffyl 'da nhw?
Elen	Nac oes, ond maen nhw'n gofyn am un bob dydd.

1 How often does Jayne swim?
2 Who does Rob take to the swimming pool?
3 Have the children got a horse?

hamdden (f.) *leisure*
darllen *to read*
coginio *to cook*
nofio *to swim*
wythnos (f.) **-au** *week*
aml *often*
pwll (m.) **pyllau** *pool*
mynd â (AM) *to take*
tair gwaith *three times*
cadw'n heini *to keep fit*
pa fath o (SM) *what sort of*
gwneud *to do, to make*
rhydd *free*
chwarae *to play*
merlota *to pony trek*
gofyn am (SM) *to ask for*

Author insight

In this unit we will be using the following verb to talk about people and their interests:

dw i *(I am)*	**ydw i?** *(am I?)*	**dw i ddim** *(I'm not)*
rwyt ti *(you are)*	**wyt ti?** *(are you?)*	**dwyt ti ddim** *(you're not)*
mae e *(he is)*	**ydy e?** *(is he?)*	**dyw e ddim** *(he's not)*

(Contd)

mae hi *(she is)*	**ydy hi?** *(is she?)*	**dyw hi ddim** *(she's not)*
dyn ni *(we are)*	**dyn ni?** *(are we?)*	**dyn ni ddim** *(we're not)*
dych chi *(you are)*	**dych chi?** *(are you?)*	**dych chi ddim** *(you're not)*
maen nhw *(they are)*	**dyn nhw?** *(are they?)*	**dyn nhw ddim** *(they're not)*

In English, there are three ways of expressing the present tense, i.e. *I read, I am reading, I do read*. In Welsh, these are all expressed in the same way: **Dw i'n darllen.**

Dych chi'n darllen? *Do you read? Are you reading?*

You will also have noticed **yw** in sentences such as **Beth yw'ch rhif ffôn chi? Pwy yw tad David? Yw** is used when two nouns refer to the same thing or have the same identity: **Ysgrifenyddes yw hi.** You might also hear **ydy: Beth ydy'ch rhif ffôn chi? Beth ydy'ch enw chi? Ysgrifenyddes ydy hi.**

Even when the subject of a sentence is plural (**Mae'r plant yn merlota; mae'r dysgwyr yn y dosbarth**), the verb used is **mae**, the third person singular.

----

1 Finding out what someone likes doing in their spare time

Beth dych chi'n hoffi ei wneud yn eich amser hamdden?
Dw i'n hoffi coginio.   **Dw i ddim yn hoffi chwarae pêl-droed.**

Beth mae e'n hoffi ei wneud yn ei amser hamdden?
Mae e'n hoffi chwarae criced.   **Dyw e ddim yn hoffi merlota o gwbl.**

Beth mae hi'n hoffi ei wneud yn ei hamser hamdden?

Mae hi'n hoffi mynd i'r sinema.   Dyw hi ddim yn hoffi mynd i'r
dafarn.

Beth maen nhw'n hoffi ei wneud yn eu hamser hamdden?

Maen nhw'n hoffi mynd i'r   Dyn nhw ddim yn hoffi
theatr.   chwaraeon o gwbl.

pêl-droed (f.) *football (soccer)*
ei (SM) *his*
i'r *to the*
tafarn (f.) **-au** *pub*
eu *their*
chwaraeon *sport*

QUICK VOCAB

Author insight

You will have noticed the different letter changes after the
pronouns in the last examples. (We look at pronouns again in
Unit 10.) Both **ei** (*her*) and **eu** (*their*) cause the letter 'h' to be
placed in front of a vowel: **ei horen hi** (*her orange*); **eu horen
nhw** (*their orange*).

Exercise 1

How would you say the following sentences in Welsh?

1 I like sugar and strong black coffee.
2 He is very interesting.
3 They aren't busy.
4 Are we playing football tomorrow?
5 Are they learning Welsh in an evening class?
6 Is he nervous?
7 You are not going to the cinema again! (fam.)
8 We like sports.
9 He doesn't collect ships.
10 Are they enjoying the swimming?

2 Saying how often someone does their hobby

Pa mor aml dych chi'n sgïo?	*How often do you ski?*
Dw i'n rhedeg yn aml.	*I run often.*
Dw i'n merlota nawr ac yn y man.	*I go pony trekking now and again.*
Mae e'n cadw'n heini ddwywaith yr wythnos.	*He keeps fit twice a week.*
Mae hi'n nofio yn yr haf.	*She swims in summer.*
Maen nhw'n sgïo yn y gaeaf.	*They ski in winter.*

Author insight

As well as meaning *work*, **gwaith** can also mean *time*. Although it is masculine when meaning *work*, it is feminine when it means *time* and therefore uses the feminine numbers **dwy**, **tair** and **pedair**. Adverbs which denote time mutate softly.

bob dydd Iau	*every Thursday*
bob penwythnos	*every weekend*
ddwywaith yr wythnos	*twice a week*

Exercise 2

◆) CD1, TR 4, 00:56

Listen to the recording and fill in the table.

	Diddordeb	*Pa mor aml*
1		
2		
3		
4		

3 Pa fath o raglenni teledu dych chi'n eu hoffi?

Dw i'n hoffi rhaglenni natur.
Dyn ni'n hoffi rhaglenni ffugwyddonol.

Pa fath o raglenni teledu mae Phyl yn eu hoffi?	Mae e'n hoffi rhaglenni dogfen.
Pa fath o raglenni maen nhw'n eu hoffi?	Maen nhw'n hoffi dramâu.

QUICK VOCAB

rhaglen (f.) **-ni** *programme*
natur (f.) *nature*
ffugwyddonol *science fiction*
rhaglen ddogfen (f.) **rhaglenni dogfen** (f.) *documentary*
drama (f.) **dramâu** *plays*

Deialog 2

Matthew is a keen cricket fan and wants to know if Tom would like to watch the game between England and Australia on his television.

Matthew	Dych chi'n dod i wylio'r gêm, Tom? Mae teledu symudol 'da fi yn fy ystafell.
Tom	Pa gêm?
Matthew	Yr un rhwng Lloegr ac Awstralia wrth gwrs. Does dim diddordeb 'da chi mewn criced 'te?
Tom	Oes, mae tipyn bach o ddiddordeb 'da fi, ond mae'n well 'da fi snwcer. Dw i'n mynd i chwarae yn y dafarn nawr ac yn y man.
Matthew	Dw i'n hoff o chwarae snwcer hefyd.
Elen	Mae'n gas 'da fi griced ond mae Rob yn hoffi'r gêm yn fawr iawn. Fe yw capten tîm y dref.
Tom	Mae mwy o ddiddordeb 'da fi mewn rygbi. Dw i'n mynd i wylio fy nhîm rygbi lleol bob wythnos yn y gaeaf.

CD1, TR 4, 01:26

1 Does Tom like cricket?
2 What sport does Elen's husband play?
3 What team does Tom follow every week?

gwylio *to watch*
symudol *portable, mobile*
ystafell (f.) **-oedd** *room*
pa? (SM) *which?*
rhwng *between*
Lloegr (f.) *England*
'te *then*
hoff o (SM) *fond of*
mwy o (SM) *more*
lleol *local*

4 How to ask if someone is interested in something

The **gyda** construction introduced in Unit 3 can also be used when talking about interests and preferences:

Oes diddordeb 'da chi mewn hanes?	*Are you interested in history?*
Oes diddordeb 'da chi mewn llenyddiaeth?	*Are you interested in literature?*
Oes diddordeb 'da chi yn y theatr?	*Are you interested in the theatre?*
Nac oes, dw i'n credu ei fod e'n ddiflas.	*No, I think it is boring.*
Mae diddordeb mawr 'da fi ynddo fe.	*I have a great interest in it.*
Does dim diddordeb 'da fi ynddo fe o gwbl.	*I am not interested in it at all.*

The **gyda** construction is also used to express a hatred of something:

Mae'n gas 'da ni ffilmiau arswyd.	*We hate horror films.*
Mae'n gas 'da hi goginio.	*She hates cooking.*

You could also say:

Dyn ni'n casáu ffilmiau arswyd. *We hate horror films.*
Mae hi'n casáu coginio. *She hates cooking.*

Preferences are also expressed using **gyda**:

Mae'n well 'da fe nofio. *He prefers swimming.*

Author insight

Mewn as you saw in Unit 1 means 'in' and is followed by an indefinite noun:

Oes diddordeb 'da ti mewn criced? (in general)
Yn is used with definite nouns:
Oes diddordeb 'da ti yn y criced? (i.e. a particular match)

Definite: a word preceded by either **y**, a proper name (Cardiff, Sam), a pronoun (me, her) or a possessive pronoun (my, her).

A soft mutation follows the construction: **mae'n gas 'da fi** and **mae'n well 'da fi**:

Mae'n gas 'da fi griced. *I hate cricket.*
Mae'n well 'da hi ferlota. *She prefers pony trekking.*

Exercise 3

The grid shows how different people (Sonia, Byron and Catrin) rate different activities.

	Sonia	Byron	Catrin
operâu sebon	5/10	10/10	10/10
rhaglenni cwis	10/10	0/10	2/10
y newyddion	0/10	5/10	3/10
rhaglenni chwaraeon	1/10	8/10	4/10

opera sebon (f.) **operâu sebon** *soap opera*
newyddion *news*

Using the grid, fill in the blanks in the sentences.

1 Mae'n well 'da Sonia _____.
2 Mae'n gas 'da Byron _____.
3 Mae Catrin yn eithaf hoff o _____.
4 Dyw Sonia ddim yn hoffi _____ na _____.
5 Mae'n gas 'da Catrin _____.
6 Mae Byron yn eithaf hoff o'r newyddion, ond mae'n well 'da
fe _____.
7 Dyw Catrin ddim yn hoffi'r newyddion o gwbl, mae'n well 'da
hi _____.

_____

5 Dyddiau'r wythnos *Days of the week*

dydd Sul	*Sunday*	**nos Sul**	*Sunday evening/night*
dydd Llun	*Monday*	**nos Lun**	*Monday evening/night*
dydd Mawrth	*Tuesday*	**nos Fawrth**	*Tuesday evening/ night*
dydd Mercher	*Wednesday*	**nos Fercher**	*Wednesday evening/ night*
dydd Iau	*Thursday*	**nos Iau**	*Thursday evening/ night*
dydd Gwener	*Friday*	**nos Wener**	*Friday evening/night*
dydd Sadwrn	*Saturday*	**nos Sadwrn**	*Saturday evening/ night*

_____

6 How to find out where someone is going

Ble dych chi'n mynd?	**Dw i'n mynd i'r theatr.**
Pryd dych chi'n mynd?	**Dw i'n mynd dydd Iau.**
Sut dych chi'n mynd?	**Dw i'n mynd ar y bws.**
Pam dych chi'n mynd?	**Dw i'n mynd i weld drama.**

mewn awyren	*in an aeroplane*
ar long	*on a ship*
mewn tacsi	*in a taxi*

Author insight

Sometimes you say 'to the' in Welsh where you say only 'to…' in English. The main examples are: **i'r ysgol**, *to school*, **i'r eglwys**, *to church*, **i'r capel**, *to chapel*, **i'r dref**, *to town*, **i'r dosbarth**, *to class*, **i'r gwely**, *to bed*, **i'r ysbyty**, *to hospital*.

Y is also used when you would normally say 'in' in English. You would use **yn y** rather than just **yn** with the words just listed: **yn yr ysgol**, *at school*, **yn yr eglwys**, *in church* etc.

Deialog 3

After the cricket game has finished, Matthew rejoins his friends who are discussing clubs and societies.

CD1, TR 4, 02:23

Matthew	Dw i'n hoffi canu hefyd, dw i'n aelod o gôr y capel yn Llundain. Dyn ni'n ymarfer bob nos Fercher ac yn canu yn y gwasanaeth bore dydd Sul.
Elen	Dych chi'n cystadlu mewn eisteddfodau?
Matthew	Ydyn, gwaetha'r modd. Dyn ni'n cystadlu yn yr eisteddfodau yn Llundain ond dyn ni ddim yn ennill yn aml. Dw i ddim yn rhy hoff o eisteddfodau a chystadlu.
Elen	Oes rhywun arall yn aelod o gôr neu gymdeithas? Dw i'n aelod o Merched y Wawr, dyn ni'n cwrdd bob mis yn festri'r capel.
Tom	Dw i'n aelod o'r gymdeithas hanes lleol yn y dref.
Jayne	Mae diddordeb 'da fi mewn hanes, ond dw i ddim yn aelod o unrhyw gymdeithas hanes. Dw i'n aelod o'r clwb golff.

1 Does Matthew practise every Friday night?
2 Is Matthew's choir successful?
3 Is Jayne a member of a history society?

canu *to sing*
aelod (m.) **-au** *member*
côr (m.) **corau** *choir*
gwasanaeth (m.) **-au** *service*
cystadlu *to compete*
eisteddfod (f.) **-au** *literary and music festival*
gwaetha'r modd *worse luck*
ennill *to win*
rhywun *anyone, someone*
neu (SM) *or*
cymdeithas (f.) **-au** *society*
mis (m.) **-oedd** *month*
festri (f.) **festrïoedd** *vestry*

Author insight

In Welsh, if you are talking about a particular day, there is no need to use the word **ar** (*on*):

Ble dych chi'n mynd ddydd Llun?   *Where are you going on Monday?* (on a *specific* Monday)

By putting **ar** in front of a day of the week, you are saying that you go somewhere or do something on that day every week: **ar ddydd Llun** (*on Mondays*):

Dw i'n mynd i nofio ar ddydd Gwener.   *I go swimming on Fridays.*

---

7 Beth yw'ch hoff ffilm chi? *What is your favourite film?*

The Welsh word for favourite is **hoff**. **Hoff** belongs to a special group of adjectives that come before the noun. All adjectives coming before the noun they describe cause a soft mutation:

Beth yw'ch hoff lyfr chi?	*What is your favourite book?*
Beth yw'ch hoff fwyd chi?	*What is your favourite food?*
Fy hoff lyfr i yw The Hobbit.	*My favourite book is The Hobbit.*
Fy hoff ffilm i yw StarWars.	*My favourite film is Star Wars.*
Fy hoff fwyd yw bananas.	*My favourite food is bananas.*

Author insight

The other main adjectives that come before the noun are **hen** (*old*), **unig** (*only*) and **prif** (*main*): **hen lyfr**, *an old book;* **unig ddiddordeb**, *only interest;* **prif ddiddordeb**, *main hobby, main interest.*

8 Describing someone

You will remember the pattern used in Unit 3 to say that you possess something: **Mae car 'da fi.** We use the same pattern to describe someone's physical features:

Mae gwallt du 'da fe.	*He has black hair.*
Mae clustiau mawr 'da nhw.	*They have big ears.*
Mae llygaid gwyrdd 'da hi.	*She has green eyes.*

Exercise 4 Elen a'i dosbarth *Elen and her class*

Mae Elen yn ferch bert iawn. Mae gwallt cyrliog du 'da hi. Mae ei gwallt yn fyr iawn. Mae hi'n denau ac yn fyr. Mae llygaid brown 'da hi. Mae Tom yn dal iawn ac mae trwyn hir 'da fe. Mae gwallt brown syth 'da fe a barf drwchus. Mae mwstas 'da fe hefyd. Dyw Matthew ddim yn benfoel eto ond mae e'n dechrau colli ei wallt. Mae e'n olygus ac mae llygaid glas 'da fe a gwallt coch. Mae Jayne yn hapus ac yn gwenu trwy'r amser. Mae gwallt hir melyn 'da hi a wyneb crwn. Mae llygaid glas 'da hi.

QUICK VOCAB

llygad (f.) **llygaid** *eye*
pert *pretty*
cyrliog *curly*
byr *short*
tenau *thin*
tal *tall*
trwyn (m.) **-au** *nose*
syth *straight*
barf (f.) **-au** *beard*
trwchus *thick*
mwstas (m.) **mwstashis** *moustache*
penfoel *bald*
eto *yet*
colli (coll-) *to lose, to miss*
golygus *handsome*
glas *blue*
gwenu (gwen-) *to smile*
melyn *yellow*
wyneb (m.) **-au** *face*
crwn *round*

Answer the following questions.

1 Is Tom taller than Elen?
2 Has Matthew got blue eyes?
3 Who has red hair?
4 Who has curly hair?
5 What is the colour of Jayne's hair?
6 Has Jayne got short hair?

Author insight

When using more than one adjective to describe something, it is usual to refer to size first: **llygaid mawr gwyrdd** *large green eyes*.

9 Asking someone if they can do something

Dych chi'n gallu gyrru car?	*Can you drive a car?*
Dych chi'n gallu defnyddio cyfrifiadur?	*Can you use a computer?*
Dych chi'n gallu chwarae offeryn cerddorol?	*Can you play a musical instrument?*

Asking how easy or how difficult something is

Pa mor hawdd yw hi?	*How easy is it?*
Pa mor anodd yw hi?	*How difficult is it?*
Mae hi'n anodd.	*It is difficult.*
Mae hi'n eithaf anodd.	*It is quite difficult.*
Mae'n ddigon hawdd.	*It is easy enough.*
Mae'n rhy anodd.	*It is too difficult.*

Asking how someone is getting on at something

Sut dych chi'n dod ymlaen?	*How are you getting on?*
Dw i'n gwneud yn dda iawn.	*I'm doing very well.*
Dw i ddim yn gwneud yn dda.	*I'm not doing well.*
Dw i'n anobeithiol.	*I'm hopeless.*

Asking how often someone has lessons

Pa mor aml dych chi'n cael gwersi?	*How often do you have lessons?*
Dw i'n cael gwers bob nos Lun.	*I have a lesson every Monday night.*

Welsh societies

There are many different societies in Wales operating in the Welsh language. **Urdd Gobaith Cymru**, a voluntary youth movement founded in 1922, organizes activities such as quizzes, sports and trips locally, nationally and regionally. There are two Urdd activity centres at Llangrannog and Glanllyn near Bala, where Urdd members can experience a wide range of outdoor activities. The Urdd organizes an annual eisteddfod held at the end of May which is believed to be the largest youth festival in Europe.

Merched y Wawr is a Welsh social movement for women which was founded in 1967. It has branches throughout Wales and organizes an annual eisteddfod and publishes a quarterly magazine entitled *Y Wawr*. A sister organization, **Gwawr**, was recently founded with the aim of attracting younger members to the movement.

Cymdeithas Edward Llwyd is a society for anyone who is interested in nature and the history of Wales, its main activity being organized walks which are held weekly. Study sessions and workshops are held at regular intervals and a magazine entitled *Y Naturiaethwr* is printed annually.

Test yourself

How would you do the following:

1 Say, 'They like going to playing football'
2 Say, 'The children like pony trekking now and again'
3 Ask someone you know well, 'How often do you swim?'
4 Ask a group which television programmes they like
5 Tell someone you hate nature programmes
6 Ask someone if they are interested in cooking
7 Say you are going in a taxi on Friday
8 Tell someone your favourite food is chips
9 Describe someone [she] as having black hair and green eyes
10 Ask someone whether they can drive a car

5

Estyn a derbyn gwahoddiad
Extending and accepting an invitation

In this unit you will learn how to
- *extend, accept and refuse an invitation*
- *apologize to someone*
- *ask someone what they are doing at a particular time*
- *arrange to meet someone*
- *answer questions in the present tense*
- *talk about the weather*

Deialog 1

Elen invites some of her group to go to the local eisteddfod with her.

Elen	Mae hi'n ŵyl y banc y penwythnos 'ma a bydd eisteddfod yn Neuadd y Dref. Hoffech chi ddod? Mae tocynnau 'da fi i'r cyngerdd nos Sadwrn hefyd.	CD1, TR 5
Matthew	Na hoffwn, dw i'n mynd i lawer o eisteddfodau yn Llundain. Mae'n gas 'da fi edrych ar blant yn perfformio!	
Jayne	Mae diddordeb 'da fi mewn mynd, dw i eisiau cael y cyfle i glywed Cymraeg ac i ymarfer yr iaith. Dyn ni ddim yn cael digon o gyfle i siarad â Chymry Cymraeg ar y	
	(Contd)	

	cwrs, does dim digon o amser 'da ni. Maen nhw'n siarad yn gyflym iawn yn yr ardal 'ma.
Tom	Hoffwn i ddod hefyd, mae'n gas 'da fi eisteddfodau ond hoffwn i ymarfer fy Nghymraeg.
Elen	Dych chi eisiau tocyn i'r cyngerdd?
Jayne	Ydw, os gwelwch yn dda.
Matthew	Dim diolch – ych a fi.
Tom	Gaf i bedwar tocyn, os gwelwch yn dda. Mae fy ngwraig, fy mab a'i gariad yn dod i ymweld â fi'r penwythnos 'ma.
Jayne	Ydyn nhw'n siarad Cymraeg?
Tom	Nac ydyn, ond mae tipyn bach o Gymraeg 'da Jenny, cariad Steffan. Mae hi'n mynd i ddosbarth bob nos Lun mewn tafarn yn y dref.

1 Does Matthew want to go to the eisteddfod?
2 How many people are coming to stay with Tom?
3 Where is Jenny learning Welsh?

gŵyl y banc (f.) **gwyliau'r banc** *bank holiday*
neuadd y dref (f.) **neuaddau tref** *town hall*
tocyn (m.) **-nau** *ticket*
cyngerdd (m.) **cyngherddau** *concert*
edrych ar (SM) *to look at*
cyfle (m.) **-oedd** *opportunity*
clywed *to hear*
ymarfer *to practise*
cyflym *fast*
ardal (f.) **-oedd** *area*
ych a fi! *yuk!*

1 Extending invitations

| **Hoffech chi…?** | *Would you like…?* |
| **Dych chi eisiau…?** | *Do you want…?* |

Hoffech chi ymuno â ni heno?	*Would you like to join us tonight?*
Dych chi eisiau dod i'r parti?	*Do you want to come to the party?*

2 Accepting and refusing an invitation

Hoffwn, hoffwn i ddod yn fawr iawn.	*Yes, I would like to come very much.*
Na hoffwn, mae gormod o waith 'da fi.	*No, I have too much work.*
Pam lai, dw i ddim yn brysur heddiw.	*Why not, I'm not busy today.*
Alla i ddim, mae'n ddrwg 'da fi.	*I'm sorry, I can't.*
Nac ydw, mae'n well i fi aros i mewn heno.	*No, I'd better stay in tonight.*
Ydw, dw i'n hoffi cwrdd â phobl newydd.	*Yes, I like meeting new people.*

3 Ways of saying you're sorry

Mae'n ddrwg 'da fi.	*I'm sorry.*
Mae'n ddrwg calon 'da fi.	*I'm really sorry.*
Mae'n rhaid i fi ymddiheuro.	*I have to apologize.*

4 Giving excuses

Mae'n rhaid i fi edrych ar ôl y plant.	*I have to look after the children.*
Dw i'n mynd i gael cinio gyda fy rhieni.	*I'm going to have dinner with my parents.*
Dw i wedi addo mynd allan gyda John.	*I have promised to go out with John.*
Mae hi'n rhy oer i nofio.	*It's too cold to swim.*

Exercise 1

Look at these seven sentences based on Deialog 1. Are they true or false?

1 Bydd yr eisteddfod yn y dafarn.
2 Does dim tocynnau 'da Elen.
3 Mae Matthew'n hoffi gweld plant yn perfformio.
4 Mae Jayne yn siarad â Chymry Cymraeg bob dydd.
5 Mae'n gas 'da Tom eisteddfodau.
6 Dyw Matthew ddim eisiau tocyn.
7 Mae mab Tom yn mynd i ddosbarth.

Exercise 2

◄) CD1, TR 5, 01:33

Listen to the recording and then answer the questions. Three flatmates are discussing what they are doing that evening.

1 What is the invitation for?
2 Why doesn't Ceri want to go?
3 How many go in the end?

_____

5 Asking someone what they will be doing

| **Beth dych chi'n ei wneud nos yfory?** | *What are you doing tomorrow night?* |

Beth dych chi'n ei wneud y prynhawn 'ma?	*What are you doing this afternoon?*
Dw i ddim yn gwneud dim byd.	*I'm not doing anything.*
Dw i'n rhydd nos yfory.	*I'm free tomorrow night.*

---

6 Question and answer forms

As you saw in Unit 1, there is no one word in Welsh for 'yes' or 'no'. Here are the answer forms for the present tense:

Ydw	*Yes (I am)*	**Nac ydw**	*No (I'm not)*
Wyt	*Yes (you are)*	**Nac wyt**	*No (you're not) (fam.)*
Ydy	*Yes (he/she is)*	**Nac ydy**	*No (he's/she's not)*
Ydyn	*Yes (we are)*	**Nac ydyn**	*No (we're not)*
Ydych	*Yes (you are)*	**Nac ydych**	*No (you're not)*
Ydyn	*Yes (they are)*	**Nac ydyn**	*No (they're not)*

Dych chi'n dod o Gymru?	**Ydw.**
Dyn nhw'n nerfus?	**Nac ydyn.**
Dych chi'n hoffi merlota?	**Ydyn** *(yes, we do)*

Exercise 3

Answer the following questions according to the example.

Ydyn nhw eisiau mynd i ferlota? (✓)   **Ydyn**

1 Ydy Elen eisiau dod i'r dafarn nos Wener? (✗)
2 Dych chi eisiau chwarae criced heno? (✓)
3 Hoffech chi weld y ffilm? (✓)
4 Ydyn ni'n cwrdd nos Wener? (✗)
5 Oes chwaer 'da hi? (✗)
6 Ydw i'n ennill? (✓)
7 Hoffech chi gystadlu yn yr eisteddfod? (✗)
8 Gaf i'r manylion os gwelwch yn dda? (✓)
9 Oes sinema yn y dref? (✓)
10 Gaf i ddod gyda chi i'r clwb heno? (✗)

Exercise 4 Rhagolygon y tywydd *Weather forecast*

On Sunday morning the farming forecast on **Radio Cymru** summarizes the weather for the following week:

Os dych chi'n teithio fore dydd Llun, mae rhybudd o rew i Gymru gyfan. Bydd hi'n sych a heulog yn y bore ond bydd glaw'n dod o'r gorllewin a bydd hi'n wlyb iawn erbyn y prynhawn. Bydd hi'n rhewi unwaith eto yn y nos, a bydd hi'n niwlog iawn yn y de.

Bydd hi'n sych bore dydd Mawrth ond bydd hi'n mynd yn gymylog iawn a bydd cawodydd trwm yn y prynhawn. Bydd y tymheredd yn naw gradd Celsius, pedwar deg naw gradd Fahrenheit. Bydd gwyntoedd yn chwythu'n gryf o'r de-orllewin.

Ddydd Mercher bydd y tywydd yn fwyn ond yn wyntog ac yn bwrw glaw yn y gogledd. Bydd y tymheredd yn un deg tair gradd Celsius, pum deg chwech gradd Fahrenheit.

Bydd hi'n wyntog iawn ddydd Iau a bydd y gwyntoedd cryf a'r glaw trwm yn gwneud gyrru'n anodd. Bydd y tywydd yn naw gradd Celsius, pedwar deg naw gradd Fahrenheit.

Bydd y tywydd yn well y penwythnos nesaf. Bydd hi'n heulog ac yn sych ddydd Gwener a dydd Sadwrn. Bydd y tymheredd yn un deg wyth gradd Celsius, chwe deg pedair gradd fahrenheit.

1 Will it be dry on Monday afternoon?
2 What will the temperature be on Tuesday?
3 Will it rain in South Wales on Wednesday?
4 What will make driving conditions difficult on Thursday?
5 Is the weather likely to improve over the weekend?

QUICK VOCAB

teithio *to travel*
rhybudd (m.) **-ion** *warning*
rhew (m.) *ice, frost*
cyfan *whole*
bydd hi *it will be*

sych *dry*
heulog *sunny*
glaw (m.) *rain*
gwlyb *wet*
erbyn *by*
rhewi *to freeze*
unwaith *once*
niwlog *foggy, misty*
cymylog *cloudy*
cawod (m.) **-ydd** *shower*
trwm *heavy*
tymheredd (m.) *temperature*
gradd (f.) **-au** *degree*
gwynt (m.) **-oedd** *wind*
chwythu *to blow*
mwyn *mild*
gwyntog *windy*
bwrw glaw *to rain*
gyrru *to drive*

....
Author insight

When discussing the weather the feminine forms of the verb bod are used:

Mae hi'n stormus heddiw. *It is stormy today.*
Bydd hi'n oer yfory. *It will be cold tomorrow.*

Mae hi'n is often contracted to **mae'n**: **Mae'n stormus heddiw.**

Yr/y precedes the names of the seasons in Welsh:

yr haf	*summer*	**yr hydref**	*autumn*
y gaeaf	*winter*	**y gwanwyn**	*spring*

(Contd)

In conversational Welsh you are likely to hear people using the immediate future:

Mae'n mynd i fwrw glaw.   *It is going to rain.*
Mae'n mynd i fwrw cesair.   *It is going to hail.*

Exercise 5 Points of the compass

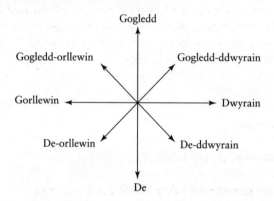

Look at the map of Wales in the front of this book and locate the following places, e.g. Mae Pwllheli yn y gogledd-orllewin.

Pwllheli, Tyddewi, Aberystwyth, Harlech, Caerdydd, Wrecsam, Abertawe, Conwy.

Author insight
Nasal mutation

Yn (*in*) causes the nasal mutation. There is an example of this when Tom says in Unit 2 that he is a solicitor, **yng Nghaerdydd**. Look at the letter changes on the mutation chart at the beginning of the book. The preposition **yn** (*in*) is never shortened. **Yn** itself changes its sound before **m, mh, ng** and **ngh** to be like the sound it creates:

Portmeirion	ym **Mh**ortmeirion	Caerfyrddin	yng **Ngh**aerfyrddin
Bangor	ym **M**angor	Gwynedd	yng **N**gwynedd
Tywyn	yn **Nh**ywyn	Dolgellau	yn **N**olgellau

The National Eisteddfod

The National Eisteddfod is the main cultural festival in Wales. It is held annually during the first full week in August and the location alternates between North and South Wales.

There are three main ceremonies during Eisteddfod week – the Crowning ceremony to honour the best free verse poet, the Prose Medal Ceremony and the Chairing ceremony for the best ode written in strict metres. Around the main pavilion where these ceremonies are held, there are various stalls including the visual arts, crafts, learners, drama, science, etc.

Test yourself

How would you do the following:

1 Ask someone would they like to come to a concert
2 Tell someone you would like to join them tonight
3 Tell someone you can't, you are too busy
4 Tell someone that you have to look after the children
5 Ask someone what they are doing tomorrow night
6 Give the correct yes/no response to the question: Ydy hi'n nerfus?
7 Say it is sunny in the north-east
8 Say it freezes in winter
9 Say it will be cold in Dolgellau tomorrow
10 Say it is going to rain

Now turn to the Progress tests unit and try progress test 1.

6

Gaf i'ch helpu chi?
May I help you?

In this unit you will learn how to
- *ask someone for something in a shop*
- *compare different things*
- *say how much something costs*
- *express an opinion on something*
- *say you have done something*
- *describe something*

Deialog 1

Elen goes shopping after receiving an invitation to a wedding party.

◉ CD1, TR 6

Siopwr	Bore da. Gaf i'ch helpu chi?
Elen	Bore da. Dw i'n chwilio am esgidiau maint pump.
Siopwr	Pa fath o esgidiau dych chi eu heisiau?
Elen	'Sdim ots, ond dw i eisiau eu gwisgo nhw gyda ffrog. Dw i wedi cael gwahoddiad i barti priodas nos Sadwrn nesaf.
Siopwr	Unrhyw liw arbennig?
Elen	Mae'r ffrog yn las ond mae'n gas 'da fi esgidiau gwyn neu ddu.
Siopwr	Af i i weld beth sy 'da ni.

1 What shoe size is Elen?
2 When is the wedding party?
3 What colour is Elen's dress?

siopwr (m.) **siopwyr** *shopkeeper*
esgid (f.) **-iau** *shoe*
maint (m.) **meintiau** *size*
gwisgo *to wear*
ffrog (f.) **-iau** *dress*
gwahoddiad (m.) **-au** *invitation*
priodas (f.) **-au** *wedding*
nesaf *next*
lliw (m.) **-iau** *colour*
arbennig *special, particular*
gwyn *white*
af i *I'll go*
gweld *to see*
beth sy 'da ni *what we have*

QUICK VOCAB

1 Offering assistance

Gaf i'ch helpu chi?	*May I help you?*
Alla i'ch helpu chi?	*Can I help you?*
Dych chi'n chwilio am rywbeth arbennig?	*Are you looking for something in particular?*
Beth dych chi ei eisiau?	*What do you want?*

2 Asking for something in a shop

You already know **gaf i?** (*may I have?*) and **hoffwn i** (*I would like*). Here are some other useful phrases for asking for something in a shop.

Dw i'n chwilio am ____	*I'm looking for* ____
Oes ____ **'da chi?**	*Have you any* ____?

Dych chi'n gwerthu ___?	Do you sell ___?
Dw i eisiau ___	I want ___
Ble mae'r ___ os gwelwch yn dda?	Where is the ___ please?
Alla i gael ___?	Can I have ___?

Author insight

The verb **mae** (*is*) follows **ble, pam, pryd** and **sut** but after **beth** and **pwy, ydy** is normally used: **Ble mae'r ystafell?** but **Pwy ydy'r tiwtor?**

Exercise 1

a Using the phrase **Dw i'n chwilio am ___** tell the shop assistant that you are looking for the following items (see pictures). Remember that **am** causes a soft mutation.

b Repeat exercise **a**, this time using the phrase **Alla i gael ___?**

3 Lliwiau *Colours*

oren *orange*   **gwyrdd** *green*   **porffor** *purple*
llwyd *grey*   **brown** *brown*   **coch** *red*
glas tywyll *dark blue*   **glas golau** *light blue*

Exercise 2

Complete the sentences using the items in brackets in the sentence (remember to mutate if necessary).

a Dw i'n chwilio am _____ _____. (black trousers)
b Oes _____ _____ 'da chi? (blue eyes)
c Dych chi'n gwerthu _____ _____? (wedding invitations)
d Alla i gael _____ _____? (a cheese sandwich)
e Gaf i _____ _____ _____? (fresh orange juice)
f Ble mae fy _____ _____? (brown suit)

trowsus (m.) **-au** *trousers*
caws (m.) *cheese*
ffres *fresh*

Exercise 3

You go to a clothes shop to buy a suit. Complete your side of the dialogue.

Siopwr	Dych chi'n chwilio am rywbeth arbennig?
Chi	*Say yes, you want a dark suit for a wedding.*
Siopwr	Dych chi wedi gweld rhywbeth dych chi'n ei hoffi?
Chi	*Say no, ask if they have more suits.*
Siopwr	Nac oes, ond byddwn ni'n cael rhagor dydd Mercher. Pryd mae'r briodas?
Chi	*Tell him it's next Saturday.*
Siopwr	Does dim llawer o amser 'da chi. Dych chi'n gallu dod i'r siop dydd Mercher?
Chi	*Say yes, and thank him.*

siwt (f.) **-iau** *suit*
byddwn ni *we will be*

Deialog 2

Elen is not the only person shopping for the wedding party…

CD1, TR 6, 00:47

Cwsmer	Ydy hi'n bosib i fi drïo hon?
Siopwr	Ydy, wrth gwrs. Mae'r ystafell newid ar y chwith.
Cwsmer	Diolch.
(She goes to try the dress on.)	
Cwsmer	Mae'n rhy dynn, a dyw'r lliw ddim yn fy siwtio i. Oes rhai mwy 'da chi?
Siopwr	Oes, mae digon o ddewis 'da ni. Mae llawer o liwiau a meintiau eraill 'da ni. Pa liw hoffech chi?
Cwsmer	Oes rhai du 'da chi? Mae'n well 'da fi ffrogiau hir hefyd.

1 Where is the changing room?
2 What is wrong with the dress?
3 What colour does the customer ask for?

QUICK VOCAB

cwsmer (m.) **-iaid** *customer*
posib *possible*
trïo *to try* (you will also hear **ceisio**)
hon *this*
ystafell newid (f.) **ystafelloedd newid** *changing room*

chwith *left*
tynn *tight*
siwtio *to suit*
rhai *ones, some*
mwy *bigger*
dewis (m.) **-iadau** *choice, also to choose*

---

4 Asking for more detail about something you want to buy

Oes rhai eraill 'da chi?	*Have you got any others?*
Pa liwiau sy 'da chi?	*Which colours have you got?*

Dych chi'n gwerthu mathau eraill?	*Do you sell other types?*
Pa fath o gameras sy'da chi?	*What types of camera do you have?*
Pa mor ddrud dyn nhw?	*How expensive are they?*
Oes rhagor o'r rhain 'da chi?	*Have you got more of these?*

Author insight

arall/eraill. Both these words mean *other*. **Arall** is used with singular nouns and **eraill** with plural nouns:

y lliw arall *the other colour*	**y lliwiau eraill** *the other colours*
ffrog arall *another dress*	**ffrogiau eraill** *other dresses*

As you can see from the above, **arall** can also have the meaning *another*.

You have already seen **pa mor** in Unit 4, meaning *how*. It is only used with adjectives. **Pa mor** causes a soft mutation: **pa mor gryf, pa mor fawr, pa mor dywyll.**

Pa means *which*, although you will sometimes hear 'what' in corresponding English sentences: **Pa ieithoedd eraill dych chi'n eu siarad?** *What other languages do you speak?*

Other useful phrases using **pa** include: **pa fath?** (*what type?*) **pa liw?** (*which colour?*) **pa rai?** (*which ones?*) **pa un?** (*which one?*).

5 Asking the price of something

Faint yw'r gwin 'ma?	*How much is this wine?*
Beth yw pris y bara 'ma?	*What is the price of this bread?*
Faint sy arna i?	*How much do I owe?*

Asking what the total price is

Faint yw hynny i gyd?	*How much is all that?*

6 Giving the price of something

You are familiar with the feminine and masculine forms of the numbers 2, 3 and 4. The words **ceiniog** (*penny*) and **punt** (*pound*) are both feminine, and therefore the feminine forms **dwy**, **tair** and **pedair** are used. **Cant** (100) is masculine and like **pump** and **chwech**, drops the last consonant before a noun. **Mil** (1,000), like **ceiniog** and **punt**, is feminine in South Wales, and therefore uses the feminine forms of numbers.

Note the following examples:

51c	pum deg un geiniog
73c	saith deg tair ceiniog

£2.64	dwy bunt chwe deg pedair ceiniog
£4.50	pedair punt pum deg ceiniog
£18.14	un deg wyth punt un deg pedair ceiniog
£322	tri chant dau ddeg dwy bunt
£500	pum can punt
£1,000	mil o bunnau
£2,000	dwy fil o bunnau

It is common to use the phrase **o bunnau** (*of pounds*), instead of **punt** when dealing with large amounts of money.

Exercise 4

You are working as a shop assistant and customers are asking what various items cost. Answer their questions.

1 Pa mor ddrud yw'r esgidiau 'ma? (£35.00)
2 Faint yw'r ffrog 'ma? (£56.99)
3 Faint mae'r car 'ma'n ei gostio? (£6,580)
4 Beth yw pris y siwt 'ma? (£258.82)
5 Faint yw'r sgert 'ma? (£16.25)
6 Beth yw pris y tŷ 'na? (£65,458)
7 Pa mor ddrud yw'r te 'ma? (32c)
8 Faint mae'r ceffyl 'na'n ei gostio? (£1,043)

Deialog 3

Tom is keen to add another model ship to his collection and goes to a specialist shop to find one.

Tom	Esgusodwch fi. Faint yw hwn?
Siopwr	£38.99.
Tom	Mae'n rhy ddrud i fi. Dw i ddim eisiau talu cymaint â hynny. Oes rhai rhatach 'da chi?
	(Contd)

CD1, TR 6, 01:32

Siopwr	Oes. Beth am hwn? Mae e'n costio £21.50. Mae hynny'n rhesymol iawn.
Tom	Ydy, cymera i hwnna 'te. Dyma bedwar deg punt. Oes newid 'da chi?
Siopwr	Oes, mae digon o newid 'da fi.
Tom	Diolch am eich help.

1 How does Tom say 'I don't want to pay as much as that'?
2 How much does Tom give the assistant?
3 Has the assistant got enough change?

QUICK VOCAB

esgusodwch fi *excuse me*
drud *expensive*
cymaint â (AM) *as much as*
rhatach *cheaper*
rhad *cheap*

costio *to cost*
rhesymol *reasonable*
cymera i *I will take*
newid (m.) **-iadau** *change*

Author insight

Earlier in this unit we introduced the pattern **y____'ma** to express 'this _____'. **Hwn** and **hon** also mean *this* in Welsh. **Hwn** is used with masculine nouns and **hon** is used with feminine nouns: **y tocyn hwn**, *this ticket*, **y rhaglen hon**, *this programme*. Unlike the pattern **y _____ 'ma**, **hwn** and **hon** can be used without referring to the name of the object:

Faint yw hwn?	*How much is this?*
Faint yw hon?	*How much is this?*
Mae hwn yn dda.	*This is good.*

Hwnna/honna. To say 'that one' the words **hwnna** and **honna** are used. **Hwnna** is used with masculine nouns and **honna** with feminine nouns.

The words **hyn** (*this*) and **hynny** (*that*) are used when referring to something abstract, such as news, events and sayings:

Ydy e wedi gwneud hynny?	*Has he done that?*
Beth rwyt ti'n ei feddwl am hyn?	*What do you think about this?*

Y rhain means 'these' and is used when you do not name the object:

Faint yw'r rhain?   *How much are these?*

Y rheina means 'those' and is also used when you do not name the object:

Faint yw'r rheina?   *How much are those?*

Exercise 5

🔊 **CD1, TR 6, 02:36**

Listen to the recording and fill in the grid.

Item	Cost	Comment

Deialog 4

Matthew goes shopping at the local grocer.

Matthew	Dw i eisiau tatws newydd os gwelwch yn dda.	
Groser	Sawl cilo dych chi ei eisiau? Tatws lleol dyn nhw.	
Matthew	Faint maen nhw'n ei gostio?	
Groser	Dau ddeg pum ceiniog y cilo.	
Matthew	Gaf i bum cilo os gwelwch yn dda?	
Groser	Dyna chi. Dych chi eisiau rhywbeth arall?	
Matthew	Ydw. Dych chi'n gwerthu wyau?	

(Contd)

CD1, TR 6, 03:35

Groser	Ydyn. Mae wyau clos 'da ni os dych chi eisiau, maen nhw'n costio £1.50 y dwsin. Mae'r wyau eraill yn £1.15 y dwsin.
Matthew	Cymera i'r wyau clos, os gwelwch yn dda. A hoffwn i flodfresychen hefyd.
Groser	Mae'n ddrwg 'da fi, does dim ar ôl 'da ni.
Matthew	O wel, diolch yn fawr beth bynnag. Oes bresych 'da chi?
Groser	Oes, maen nhw'n 53c yr un.
Matthew	Dyna'r cwbl diolch.

1 What's special about the new potatoes that Matthew buys?
2 Does the grocer sell eggs?
3 Does Matthew buy a cauliflower?

dyna chi *there you are*
wy clos (m.) **wyau clos** *free range egg*
dwsin (m.) **-au** *dozen*
blodfresychen (f.) **blodfresych** *cauliflower*
ar ôl *left, remaining*
beth bynnag *anyway*
bresych *cabbage*
yr un *each*
cwbl *everything*

Author insight

In expressions of price/quantity, **y** is used where English requires 'a':

y dwsin	*a dozen*	**y cilo**	*a kilo*
y bag/paced	*a bag/packet*	**y pwys**	*a pound*
y botel	*a bottle*	**y litr**	*a litre*
y bocs	*a box*	**y peint**	*a pint*

For example, **53c y botel**, *53p a bottle*, **78c y litr**, *78p a litre*

Exercise 6

Give the appropriate answers to the following questions.

1 Faint yw'r wyau? *(£1.84 a dozen)*
2 Beth yw cost yr orennau? *(15p each)*
3 Faint yw'r tatws? *(£2.68 a bag)*
4 Faint yw'r gwin? *(£3.89 a bottle)*
5 Faint mae'r afalau'n eu costio? *(63p a kilo)*

oren (m.) **-au** *orange*
afal (m.) **-au** *apple*
winwnsyn (m.) **winwns** *onion* (NW: nionyn (m.) nionod)

Exercise 7

◄» **CD1, TR 6, 04:41**

Listen to the recording. It is Tom's turn to cook supper. Listen to his conversation in the greengrocer and complete the grid.

Item	Price

7 Mae'n rhatach *It's cheaper*

There are two ways of expressing the comparative degree (-er) in Welsh.

By adding -ach to the adjective

hir → hirach	**Dw i eisiau un hirach.**
	I want a longer one.
twym → twymach	**Mae'n dwymach heddiw.**
	It is warmer today.

By using the word mwy

niwlog → mwy niwlog	**Mae hi'n fwy niwlog heddiw.**
	It is foggier today.
rhesymol → mwy rhesymol	**Mae'r gwin 'ma'n fwy rhesymol.**
	This wine is more reasonable.

However, there are certain irregular adjectives which do not follow either of these patterns:

da → gwell	**Mae honna'n fy siwtio i'n well.**
	This one suits me better.
drwg → gwaeth	**Does dim byd gwaeth na hynny.**
	There's nothing worse than that.
mawr → mwy	**Hoffwn i gar mwy.**
	I would like a bigger car.
bach → llai	**Mae'r crys 'ma'n llai na hwnna.**
	This shirt is smaller than that one.
uchel → uwch	**Mae Eferest yn uwch na'r Wyddfa.**
	Everest is higher than Snowdon.
isel → is	**Mae lefel y dŵr yn is heddiw.**
	The level of the water is lower today.

mawr *big, great*	**uchel** *high, loud*
bach *small*	**isel** *low*

Author insight

Na (*than*) becomes **nag** before vowels: **Mae Tom yn dalach nag Elen**, *Tom is taller than Elen*. **Na** causes an aspirate mutation: **Mae cathod yn llai na chŵn**, *Cats are smaller than dogs*.

As you saw in the word **rhatach**, if an adjective ends in 'd', the 'd' becomes 't' when you add **ach** to it: **rhad** → **rhatach**, **drud** → **drutach** (*dear* → *dearer*). If an adjective ends in 'g', the 'g' becomes a 'c' and if it ends in 'b', the 'b' becomes a 'p'. For example:

gwlyb → **gwlypach**   *wet* → *wetter*
teg → **tecach**   *fair* → *fairer*

Exercise 8

Enw'r siop	Bara	Caws	Llaeth	Tatws
Greens	68c	4.50c y cilo	32c y peint	50c y cilo
Murreys	89c	3.75c y cilo	35c y peint	72c y cilo
FreshFood	98c	5.70c y cilo	42c y peint	35c y cilo
Evans	46c	3.09c y cilo	39c y peint	45c y·cilo

Are the following statements true or false?

1 Mae bara Greens yn ddrutach na bara FreshFood.
2 Mae caws Evans yn rhatach na chaws Greens.
3 Mae llaeth Murreys yn ddrutach na llaeth Evans.
4 Mae tatws Murreys yn ddrutach na thatws Greens.

8 Dw i wedi prynu gormod o bethau *I have bought too many things*

You will remember the phrase **Dw i wedi cael gwahoddiad** from Deialog 1 in this unit. To say you have done something in Welsh, **wedi** is used with the forms of the present tense. **Wedi** replaces **yn**: **Dw i'n siopa** (*I am shopping*), **dw i wedi siopa** (*I have shopped*), **mae hi'n gwisgo** (*she is dressing*), **mae hi wedi gwisgo** (*she has dressed/she has got dressed*).

Deialog 5

A local radio reporter has come to interview some of the students from Elen's class about the course. Tom, Matthew and Jayne have volunteered to take part and are talking to the reporter after their meal.

Gohebydd	Peidiwch â bod yn nerfus. Dych chi wedi bod ar y radio o'r blaen?
Jayne	Dw i wedi bod ar y radio sawl gwaith yn America.
Gohebydd	Pam?
Jayne	Dw i'n gweithio fel swyddog y wasg i gwmni rhyngwladol mawr; mae siarad ar y radio'n rhan o fy swydd i.
Tom	Dw i ddim wedi bod ar y radio ond dw i wedi bod ar y teledu ar ôl achosion llys.
Gohebydd	Mae'r tri ohonoch chi wedi dysgu Cymraeg yn dda iawn. Dych chi wedi cael y cyfle i weld llawer o'r ardal leol?
Jayne	Dw i wedi teithio tipyn. Dw i wedi ymweld â'r gogledd ddwywaith a dyn ni i gyd yn edrych ymlaen at fynd i Dyddewi ddydd Mawrth.
Gohebydd	Dych chi'n dawel iawn Matthew. Dw i wedi clywed eich bod chi wedi cwrdd â rhywun enwog iawn yr wythnos diwethaf.
Matthew	Daeth y Prif Weinidog i ymweld â'r dref, cwrddais i â fe bryd hynny.

1 How many of the class have been on the radio before?
2 When has Tom been on the television?
3 Why are the class looking forward to Tuesday?
4 Who came to town last week?

QUICK VOCAB

gohebydd (m.) **gohebwyr** *reporter*
o'r blaen *before*
sawl gwaith *several times*
swyddog y wasg (m.) **swyddogion y wasg** *press officer*
rhyngwladol *international*
achos llys (m.) **achosion llys** *court case*

78

ymweld â (AM) *to visit*
edrych ymlaen at (SM) *to look forward to*
tawel *quiet*
eich bod chi *that you*
enwog *famous*
yr wythnos diwethaf *last week*
daeth *came*
prif weinidog (m.) **prif weinidogion** *prime minister*

Rugby

Rugby union football is generally regarded as the national sport of Wales, although in fact more people follow association football or soccer.

At national level, Wales has had varying success, with perhaps the 1970s being remembered as the golden era, when Wales won the Grand Slam twice and the Triple Crown four times in a row.

National Lottery funding was secured to build the Millennium Stadium in Cardiff in order to host the 1999 Rugby World Cup Final. The new stadium has a capacity of 75,000, together with a sliding roof, which is used when events such as rock concerts are held there.

Test yourself

How would you do the following:

1 Offer help to someone you don't know
2 Ask where the changing room is
3 Give the Welsh word for grey, red and light blue
4 Tell someone you are looking for dark trousers
5 Ask, 'What type of cheese have you got?'
6 Ask, 'How much is this wine?'
7 Ask, 'What is the price of this car?'
8 Write in words, £3.98 a bottle
9 Say Blaenau Ffestiniog is wetter than Cardiff
10 Say, 'They have seen a better camera'

Gofyn am gyfarwyddiadau
Asking for directions

In this unit you will learn how to
• *give directions and commands*
• *ask someone politely to do something*
• *say something is the best, worst or hottest*
• *say you have to do something*

Deialog 1

Elen takes her class to St Davids (Tyddewi) for the day.

CD1, TR 7

Elen	Esgusodwch fi, dych chi'n gwybod ble mae'r eglwys gadeiriol, os gwelwch yn dda?
Dyn 1	Nac ydw, dw i ddim yn dod o'r ardal 'ma, dw i newydd gyrraedd 'ma. Dw i'n chwilio am yr eglwys gadeiriol hefyd.
Menyw 1	Gaf i'ch helpu chi?
Elen	Dyn ni ar goll. Dyn ni'n chwilio am yr eglwys gadeiriol.
Menyw 1	Dych chi ddim yn bell i ffwrdd. Dyw Tyddewi ddim yn fawr iawn, mae'n amhosib mynd ar goll yma. Ewch i lawr y stryd 'ma, wedyn trowch i'r dde, ac ar ôl cerdded am dipyn, gwelwch chi'r sgwâr. Croeswch y sgwâr, ac ewch i lawr y stryd sy'n wynebu'r sgwâr. Cerddwch i lawr y stryd, ac mae'r eglwys gadeiriol ar y dde. Mae rhaid i chi gerdded i lawr llawer o risiau cyn cyrraedd y drws.
Elen	Diolch am eich help.

1 Why is the man unable to help them?
2 Is Tyddewi a large town?
3 Is the cathedral on top of a hill?

dyn (m.) **-ion** *man*	**i lawr** *down*
gwybod *to know*	**stryd** (f.) **-oedd** *street*
eglwys gadeiriol (f.) **eglwysi**	**trowch** *turn*
cadeiriol *cathedral*	**de** (f.) *right*
newydd (SM) *just*	**gwelwch chi** *you will see*
cyrraedd (cyrhaedd-) *to arrive*	**sgwâr** (m.) **sgwariau** *square*
menyw (f.) **-od** *woman*	**croeswch** *cross*
ar goll *lost*	**sy'n wynebu** *which faces*
wedyn *afterwards, then*	**mae rhaid i chi** *you have to*
pell *far*	**gris** (m.) **-iau** *step, stair*
i ffwrdd *away*	**cyn** *before*
amhosib *impossible*	**drws** (m.) **drysau** *door*
ewch *go*	

QUICK VOCAB

Author insight

Dw i newydd gyrraedd. Newydd is used with the present forms of **bod** to say something has just happened:

Dw i'n cyrraedd.	*I am arriving.*
Dw i newydd gyrraedd.	*I have just arrived.*
Maen nhw'n chwilio.	*They are looking.*
Maen nhw newydd chwilio.	*They have just looked.*

---

1 Saying where something is

ay gornel	*on the corner*
ar gornel	*on the corner of*
drws nesaf i (SM)	*next door to*
ar y chwith	*on the left*
ar y dde	*on the right*
o flaen	*in front of*
rhwng	*between*
wrth (SM)	*by*

gyferbyn â (AM)	*opposite*
tu ôl i (SM)	*behind*
ynghanol	*in the middle of*
yn agos i (SM)	*near to*
Mae'r eglwys gadeiriol ar y chwith wrth y bont.	*The cathedral is on the left by the bridge.*
Mae'r coleg ynghanol y ddinas.	*The college is in the middle of the city.*
Mae'r siop fwyd gyferbyn â'r cigydd.	*The food shop is opposite the butchers.*
Mae'r banc tu ôl i'r ysbyty.	*The bank is behind the hospital.*
Mae'r caffi drws nesaf i'r orsaf dân.	*The café is next door to the fire station.*

Author insight

All the words and phrases we have just seen are prepositions. Prepositions describe where something is in relation to something else. In Welsh, the joining word **yn** seen in sentences such as **Mae Richard yn hapus** is never used before prepositions: **Mae Richard o flaen y tŷ.**

Exercise 1 Llanfechan

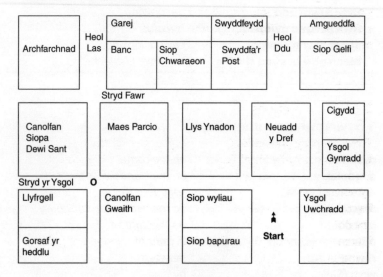

Fill in the blanks:

1 Mae'r archfarchnad _____ ____ Chanolfan Siopa
Dewi Sant.
2 Mae'r Llys Ynadon _____ y dref.
3 Mae'r cigydd _____ _____ _____'r ysgol gynradd.
4 Mae'r siop chwaraeon _____ y banc a Swyddfa'r Post.
5 Mae'r Siop Gelfi ___ ____ Heol Ddu.
6 Mae'r Amgueddfa _____ ____'r swyddfeydd.
7 Os dych chi'n cerdded o **start** mae'r Ysgol Uwchradd _____
_____ _____ ac mae'r siop wyliau _____ _____ _____.

---

2 Giving directions

Trowch wrth y goleuadau.	*Turn at the lights.*
Cerddwch ar hyd y Stryd Fawr.	*Walk along the High Street.*
Ewch lan y stryd 'ma hyd at y bont.	*Go up this street as far as the bridge.*
Ewch i gyfeiriad gorsaf yr heddlu.	*Go in the direction of the police station.*
Ewch dros y bont a dilynwch yr arwydd.	*Go over the bridge and follow the sign.*

Ewch drwy'r dref a chymerwch yr A483.	*Go through the town and take the A483.*
Trowch i'r chwith wrth y groesffordd.	*Turn left at the crossroads.*
Ewch heibio i'r amgueddfa.	*Go past the museum.*
Cerddwch nes cyrraedd y cylchfan.	*Walk until reaching the roundabout.*
y tro cyntaf	*the first turning*
yr ail dro	*the second turning*
y trydydd tro	*the third turning*

Author insight

The words **esgusodwch fi**, **ewch**, **trowch**, and **cerddwch** in Deialog 1 are all examples of commands. Commands are formed by adding the ending **-wch** to the stem of a verb–noun. All verb–nouns have stems. The stem of a verb–noun is usually formed by dropping the last vowel, e.g. the stem of the verb–noun **canu** is **can-**, and the stem of the verb–noun **gweithio** is **gweithi-**. From now on in the course, all the stems of verb–nouns will be placed in brackets by the side of the verb–nouns in the vocabulary lists. As you can see from the vocabulary in Dialogue 1 above, the stem of the verb–noun **cyrraedd** is **cyrhaedd-**, therefore the command form is **cyrhaeddwch!** *Arrive!* **Cyrhaeddwch cyn pump!** *Arrive before five!*

There are some irregular commands.

Verb–noun	Command	English	Command (fam.)
mynd	ewch!	*go!*	cer! (fam.)
dod	dewch!	*come!*	dere! (fam.)
bod	byddwch!	*be!*	bydd! (fam.)
gwneud	gwnewch	*do! make!*	gwna! (fam.)

The command form for a person that you address using the **ti** forms is the stem of the verb–noun:

darllen (**darllen-**) **Darllen y llyfr!** *Read the book!*

In the case of verb–nouns formed from adjectives or nouns and verb–nouns whose stems end in **-i**, add **-a** to the stem to form the **ti** command:

canu **(can-)** **Cana yn yr eglwys!** *Sing in the church!*

The word following a command mutates softly:

Prynwch ddillad newydd! *Buy new clothes!*
Dysgwch Gymraeg! *Learn Welsh!*

The answers to these commands are **gwnaf** (*yes, I will*) and **na wnaf** (*no, I won't*):

Ewch i'r llyfrgell! **Gwnaf!**
Yfwch lai o goffi! **Na wnaf!**

The answer to a command beginning **byddwch** is **byddaf** (*yes, I will be*) or **na fydda** (*no, I won't be*):

Byddwch yn dawel! **Byddaf!**
Byddwch yn dawel! **Na fyddaf!**

Exercise 2

Look at the map of Llanfechan again and read the following directions. To where do they lead you?

1 O **start**, ewch i lawr y stryd nes cyrraedd Stryd yr Ysgol, trowch i'r chwith a cherddwch i lawr Stryd yr Ysgol, heibio i'r siop wyliau a'r canolfan gwaith. Trowch i'r chwith wrth y canolfan gwaith ac mae e drws nesaf i'r llyfrgell.

2 O **start**, trowch i'r dde, a chroeswch Stryd yr Ysgol. Ewch heibio i'r ysgol gynradd a'r cigydd. Dych chi'n cyrraedd y Stryd Fawr. Cymerwch y trydydd tro ar y chwith ac mae hi gyferbyn â'r maes parcio.

3 O **start**, ewch i'r chwith a cherddwch i lawr Stryd yr Ysgol nes cyrraedd y cylchfan. Trowch i'r dde wrth y cylchfan ac ewch

i lawr y stryd heibio i Ganolfan Siopa Dewi Sant. Croeswch
y Stryd Fawr ac ewch i lawr Heol Las. Mae e gyferbyn â'r
archfarchnad wrth y banc.

4 O **start**, croeswch Stryd yr Ysgol a cherddwch heibio i Neuadd
y Dref a chymerwch y tro cyntaf ar y chwith. Yn y Stryd Fawr,
trowch i'r chwith. Ewch i lawr y Stryd Fawr nes cyrraedd
y Llys Ynadon. Mae hi gyferbyn â chi rhwng y banc a
swyddfa'r post.

Exercise 3

◄) CD1, TR 7, 01:11

Listen to the recording and fill in the blanks.

1 Mae'r ganolfan siopa _____.
2 Mae'r ganolfan hamdden _____.
3 Mae'r eglwys _____.
4 Mae'r ysgol uwchradd _____.
5 Mae'r coleg _____.
6 Mae'r cylchfan _____.

3 Telling someone not to do something

In Welsh, this is expressed by the verb–noun **peidio** which is
followed by â. Remember that â causes an aspirate mutation.
Â is replaced by **ag** before a vowel:

Verb–noun	Formal/plural command	Familiar command
peidio â	peidiwch â	paid â

Peidiwch â cherdded i lawr y   *Don't walk down that*
stryd 'na.   *street.*
Paid ag aros yn hwyr.   *Don't stay late.*

Prohibitions on public notices are usually preceded by **dim**:

Dim cŵn.	*No dogs.*
Dim ysmygu.	*No smoking.*
Dim bwyta nac yfed.	*No eating or drinking.*

Other useful phrases using **dim** are:

Dim diolch.	*No thanks.*
Dim o gwbl.	*Not at all.*
Dim gobaith.	*Not a hope, no hope.*
Dim syniad.	*No idea.*

Exercise 4

Match each sentence on the left with the appropriate response from the right.

a	Mae'r trowsus 'ma'n rhy hir	Ewch i'r banc
b	Mae hi'n oer iawn	Peidiwch â gyrru
c	Dw i eisiau dysgu Cymraeg	Dewch i mewn
d	Dw i eisiau prynu bara	Edrychwch ar y manylion
e	Does dim arian 'da fi	Trïwch y rhain
f	Dw i wedi yfed gormod	Gwisgwch eich cot
g	Dw i eisiau cadw'n heini	Darllenwch Complete Welsh
h	Dw i eisiau prynu'r ty 'na	Cerddwch i'r gwaith
i	Cnoc Cnoc Cnoc	Ewch i'r siop fwyd

4 Asking someone to do something

If you wish to ask someone to do something, rather than instructing them to do it, **wnewch chi?** (*will you?*) is used:

Wnewch chi agor y ffenest?	*Will you open the window?*
Wnewch chi ffonio eich mam-gu?	*Will you phone your grandmother?*

For people you address using **ti**, the form is **wnei di?**:

Wnei di agor y ffenest?
Wnei di ffonio dy fam-gu?

A soft mutation follows both **wnewch chi?** and **wnei di?**:

Wnewch chi brynu llaeth?   *Will you buy milk? There's*
  Does dim ar ôl.   *none left.*

The reply to **wnewch chi?** or **wnei di?** is **gwnaf** (*yes, I will*) or
na wnaf (*no, I won't*):

Wnewch chi dalu am y bwyd?   **Gwnaf.**
Wnei di dalu am y gwin?   **Na wnaf.**

Exercise 5

Change the commands into polite requests according to the
example given.

Bwytwch eich cinio → **Wnewch chi fwyta eich cinio os gwelwch**
                              yn dda?

1 Canwch
2 Casglwch y plant
3 Newidiwch y tâp
4 Talwch y bil
5 Peidiwch â chroesi'r stryd brysur
6 Dewisiwch rywbeth arall
7 Dewch gyda'ch tad
8 Helpwch eich brawd
9 Eisteddwch i lawr
10 Ewch i'r siop wyliau

Deialog 2

Having looked around the cathedral, some members of the class discuss what to do next.

CD1, TR 7, 01:56

Tom	Mae syched arna i nawr. Ble mae'r caffi agosaf? Mae rhaid i fi gael coffi. Dw i ddim wedi cael paned ers tair awr o leiaf.
Matthew	Beth am fynd i gael hufen iâ? Mae siop dda ar ben y bryn 'ma.
Jayne	Mae rhaid i fi brynu cardiau post ac anrhegion i fy nheulu.
Elen	Mae rhaid i chi fwyta rhywbeth Jayne, dyn ni ddim wedi cael unrhywbeth ers brecwast.
Jayne	Pryd mae rhaid i ni fod yn ôl ar y bws?
Matthew	Pump o'r gloch, felly mae digon o amser 'da chi i brynu pob draig goch yn Nhyddewi os dych chi eisiau.
Elen	Awn ni i gael rhywbeth i'w fwyta nawr a siopa wedyn 'te.

1 How long is it since Tom drank anything?
2 What does Jayne want to do?
3 What time do they have to be back in the bus?

mae syched arna i *I'm thirsty*
agosaf *nearest*
ers *since, for*
awr (f.) **oriau** *hour*
o leiaf *at least*
hufen iâ (m.) *ice cream*
ar ben *at the top of*
bryn (m.) **-iau** *hill*
cerdyn post (m.) **cardiau post** *postcard*
anrheg (f.) **-ion** *present (gift)*
yn ôl *back*
awn ni *we will go*
rhywbeth *something*

QUICK VOCAB

Author insight

Ble mae'r caffi agosaf? You saw in Unit 6 how to compare two things by adding the ending **-ach**. The superlative (*-est* in English) is formed by adding the ending **-af**. Remember that the final 'f' is usually dropped in spoken Welsh.

The same adjectives which have irregular comparative degrees also have irregular superlative degrees:

da → gorau	**Hi yw'r orau.**	*She is the best.*
drwg → gwaethaf	**Pwy yw'r gwaethaf?**	*Who is the worst?*
mawr → mwyaf	**Hon yw'r ystafell fwyaf yn y ty.**	*This is the biggest room in the house.*
bach → lleiaf	**Daniel yw'r lleiaf.**	*Daniel is the smallest.*
uchel → uchaf	**Yr Wyddfa yw'r mynydd uchaf.**	*Snowdon is the highest mountain.*
isel → isaf	**Honna yw'r lefel isaf.**	*That is the lowest level.*

As you can see from these examples, when you are using the superlative, the order of the sentence is changed. The thing you are describing comes first.

Longer adjectives use **mwyaf** to form the superlative:

Fe yw'r mwyaf anobeithiol.	*He is the most hopeless.*
Dydd Sul oedd y diwrnod mwyaf cymylog.	*Sunday was the most cloudy day.*

If the adjective ends in *g, b,* or *d,* these letters become *c, p,* and *t* when the ending **-af** is added:

enwog → enwocaf	**Fe yw actor enwocaf Cymru.**
	He is Wales' most famous actor.
gwlyb → gwlypaf	**Heddiw yw'r diwrnod gwlypaf.**
	Today is the wettest day.

drud → drutaf	**Hwnna yw'r drutaf.**
	That one is the most expensive.

If you are referring to a singular feminine noun, the
superlative mutates softly after **y**: **Sali yw'r fwyaf**. **Rh** and **ll**
never mutate after **y**: **honna yw'r rhataf**.

Exercise 6

Create your own sentences using the adjectives given according
to the example.

(Matthew/Tom/ifanc) **Mae Matthew yn ifancach na Tom. Matthew
yw'r ifancaf.**

1 Tom/Matthew/rhugl
2 Caernarfon/Blaenau Ffestiniog/mawr
3 Jayne/Elen/nerfus
4 Sam/Dan/drwg
5 Mair/Alis/egnïol
6 ceffyl/cwningen/cryf
7 Dan/Sam/da

5 Saying you have to do something

'Mae rhaid i fi brynu cardiau post' said Jayne in Deialog 2. To say
I have to ____, they have to _____, the pattern is:

mae rhaid i fi	*I must, I have to*
mae rhaid i ti	*you must, you have to (fam.)*
mae rhaid iddo fe	*he must, he has to*
mae rhaid iddi hi	*she must, she has to*
mae rhaid i ni	*we must, we have to*
mae rhaid i chi	*you must, you have to*
mae rhaid iddyn nhw	*they must, they have to*

To ask a question, **oes** is used in the same way as you saw with the possessive construction in Unit 3. **Does dim** is used in negative sentences:

Oes rhaid i fi fynd?	*Do I have to go?*
Does dim rhaid iddo fe fynd.	*He doesn't have to go.*

The answers given are either **oes** or **nac oes** as we saw in Unit 3:

Oes rhaid i fi fynd?	**Oes, mae rhaid i chi fynd.**
Oes rhaid iddo fe fynd?	**Nac oes, does dim rhaid iddo fe fynd.**

Note that there is a soft mutation after the pattern **Mae rhaid i fi/Oes rhaid iddyn nhw?/Does dim rhaid i ni**:

Mae rhaid i ni brynu tocyn.	*We have to buy a ticket.*
Oes rhaid iddyn nhw berfformio heno?	*Do they have to perform tonight?*
Does dim rhaid iddi hi gerdded, mae car 'da hi.	*She doesn't have to walk, she has a car.*

You will also hear the verb–noun **gorfod** in place of **mae rhaid i fi**:

Mae rhaid i fi fynd.	**Dw i'n gorfod mynd.**

Does dim rhaid i chi aros means *you don't have to stay*. To tell someone they must *not* stay, the verb–noun **peidio** you saw earlier is used:

Mae rhaid i chi beidio ag aros.	*You must not stay.*
Mae rhaid iddyn nhw beidio â choginio.	*They must not cook.*
Mae rhaid i ni beidio â defnyddio'r ffôn.	*We must not use the phone.*

Exercise 7

The library assistant in Llanfechan wishes to place a list of rules in Welsh on the noticeboard. Can you help him?

1 You must be quiet.
2 You must put all the books back on the shelf.
3 You must not eat in the library.
4 You must not drink in the library.
5 You must not smoke in the library.

Saint David

Saint David or Dewi Sant has been regarded as the patron saint of
Wales since the twelfth century. His death is recorded under 588/9
in Irish Annals and his Saint's Day, March 1, is celebrated by the
wearing of a daffodil or a leek. He was the son of Sandde, the king
of Ceredigion, and his mother's name was Non.

There are many interesting stories about David, such as the one
about him preaching in the village of LlanddewiBrefi. A large
crowd had come to see him, but they could not see or hear him,
until suddenly the earth rose up underneath his feet. This miracle
and many others are told in *Buchedd Dewi*, the Life of St David,
composed by Rhigyfarch, a Welsh monk, in around 1095.

Test yourself

How would you do the following:

1 Ask someone where the bank is, please
2 Tell someone the post office is between the car park and
   the library
3 Tell someone to go past the garage
4 Tell a child not to play on the street
5 Write a notice saying, 'No dogs'
6 Ask your partner to collect the children
7 Say, 'Sioned is the smallest'
8 Ask whether you have to buy a ticket
9 Say he doesn't have to go
10 Tell someone you don't know they mustn't open the window

8

Beth wnaethoch chi?
What did you do?

In this unit you will learn how to
- *ask what somebody did*
- *say what you did*
- *say that you didn't do something*
- *say you have told somebody something*

Deialog 1

The course has restarted after half term. Elen is eager to find out how some of the members of her class spent their time.

CD1, TR 8

Elen	Beth wnaethoch chi dros hanner tymor?
Tom	Arhosais i yma, a gweithiais i'n galed yn y llyfrgell ddydd Gwener. Ddydd Sadwrn, daeth fy ngwraig i'r coleg i dreulio'r diwrnod gyda fi a gwelon ni ffilm yn Aberystwyth. Ddydd Sul, ymlaciais i yn fy ystafell a darllenais i lyfr am hanes Cymru. Mae diddordeb mawr 'da fi yn hanes Cymru. Mae'n llyfr hir, ond dw i'n gobeithio ei orffen e erbyn diwedd y cwrs.
Matthew	Dych chi'n treulio gormod o amser yn darllen llyfrau sych Tom. Roedd fy hanner tymor i'n llawer mwy diddorol. Es i i'r gogledd gyda Marc o'r ail ddosbarth. Ymwelon ni â llawer o leoedd diddorol. Cerddon ni o gwmpas Castell Caernarfon ac arhoson ni mewn gwely

	a brecwast ar Ynys Môn. Mae'r ynys yn bert iawn. Hoffwn i fyw yno a dweud y gwir. Cerddais i am dipyn ar hyd yr arfordir. Beth amdanoch chi Jayne?
Jayne	Ffoniais i Haf a fy ffrindiau yn America ac ysgrifennais i lawer o lythyron. Nofiais i bob bore yn y pwll nofio. Mae rhaid i fi golli pwysau rhywffordd, mae bwyd y coleg yn rhy flasus. Dw i'n bwyta llawer gormod ohono fe. Beth wnaethoch chi Elen?
Elen	Dyn ni'n mynd i symud ty cyn hir, felly edrychon ni ar lawer o dai yn ardal Caerdydd. Gwelon ni lawer o dai hyfryd ond dyn ni wedi penderfynu rhentu un yn y Bae nes i ni gael hyd i un sy'n berffaith i ni.

1 Who visited Tom?
2 What is Matthew's opinion of Anglesey?
3 Why was Elen in Cardiff?

tymor (m.) **tymhorau** *term*
aros (arhos-) *to stay*
treulio (treuli-) *to spend (time)*
diwrnod (m.) **-au** *day*
ymlacio (ymlaci-) *to relax*
gobeithio (gobeithi-) *to hope*
gorffen (gorffenn-) *to finish*
diwedd (m.) *end*
es i *I went*
lle (m.) **-oedd** *place*
o gwmpas *around*
castell (m.) **cestyll** *castle*
Ynys Môn *Anglesey*
ynys (f.) **-oedd** *island*
yno *there*
arfordir (m.) **-oedd** *coast*
ffrind (m.) **-iau** *friend*
ysgrifennu (ysgrifenn-) *to write*
llythyr (m.) **-on** *letter*
pwysau *weight*
rhywffordd *somehow*
blasus *tasty*

ty (m.) **tai** *house*
rhentu (rhent-) *to rent*
bae (m.) **-au** *bay*
nes i ni *until we*
cael hyd i (SM) *to find*
perffaith *perfect*

Author insight

The past tense of regular verbs is formed by adding the past endings to the stem of the verb. The past endings are as follows:

-ais i	**-on ni**
-aist ti	**-och chi**
-odd e	**-on nhw**
-odd hi	

dysgais i	*I learned*	**dysgon ni**	*we learned*
dysgaist ti	*you learned*	**dysgoch chi**	*you learned*
dysgodd e/hi	*he/she learned*	**dysgon nhw**	*they learned*

The direct object in a sentence is that which receives the action of the verb. It usually follows the verb. In the sentence 'I read a book', 'a book' is the direct object. The direct object of a short-form verb in Welsh is mutated softly: **Darllenais i lyfr.** You have seen examples of this in earlier units: **Gaf i goffi?**; **Hoffwn i fynd.** A short-form verb is one which is formed by an ending being added to the stem. **Darllenais i** is a short-form verb, whereas **Dw i'n darllen** and **Roedd hi'n darllen** are long-form verbs as no stem has been added.

The verbs following do not express the past tense by having an ending placed on the stem. Instead, the imperfect tense of **bod** (see Unit 11) is used:

poeni	*to worry*	**roedd hi'n poeni**	*she worried*
gwybod	*to know*	**roedd hi'n gwybod**	*she knew*
adnabod	*to know (a person)*	**roedd hi'n adnabod Sue**	*she knew Sue*

credu	to believe	roedd e'n credu'r dyn	he believed the man
gobeithio	to hope	roedd e'n gobeithio	he hoped
meddwl	to think	roedd e'n meddwl	he thought
byw	to live	roedd e'n byw yn Llambed	he lived in Lampeter

There are two words for *to know* in Welsh, **gwybod** and **nabod**. **Gwybod** means to know a fact: **Maen nhw'n gwybod ble mae'r orsaf dân**. **Nabod** means to know a person: **Dych chi'n nabod Maer Llanberis?** *Do you know the mayor of Llanberis?* **Nabod** is the spoken form; the written form is **adnabod**.

Exercise 1

🔊 **CD1, TR 8, 01:55**

Listen to the recording. Three friends are telling each other how they spent their weekend. Listen to what they say and fill in the grid.

	Nos Wener	Dydd Sadwrn	Dydd Sul
Ffion			
Cynon			
Rhodri			

1 Asking a question in the past tense

Questions are formed by mutating the verb softly or by making it sound like a question in the case of verbs that don't mutate:

Gerddoch chi ar hyd yr arfordir?	*Did you walk along the coast?*
Ddarllenodd Tom lyfr yn ei ystafell?	*Did Tom read a book in his room?*
Gollodd Jayne bwysau?	*Did Jayne lose any weight?*

The answer to questions in the past tense are **do** (*yes*) and **naddo** (*no*):

Welon nhw Gastell Caernarfon?   **Do.**
Arhosodd Matthew yn y coleg?   **Naddo.**

Exercise 2

Mr Davies, the manager of a small company, is checking that Linda, his secretary, has done certain things. Linda is very efficient and did everything Mr Davies wanted her to this morning. Write Linda's replies in full sentences. The first one has been done for you.

  a Ateboch chi'r llythyr? **Do, atebais i fe'r bore 'ma.**
  b Ffonioch chi Morgan & Williams?
  c Anfonoch chi'r biliau?
  d Ddechreuoch chi ar y gwaith teipio?
  e Gyrhaeddoch chi'n gynnar?

QV

ateb (ateb-) *to answer*
anfon (anfon-) *to send*

2 Forming a negative in the past tense

Verbs that begin with a **b**, **d**, **g**, **ll**, **m** or **rh** form the negative by using the soft mutation and adding **ddim**:

Ddarllenodd Matthew ddim.   *Matthew didn't read.*
Welon nhw ddim ffilm.   *They didn't see a film.*

Verbs whose initial letter is **c**, **p**, or **t** form the negative by using the aspirate mutation:

Chollodd Tom ddim arian.   *Tom didn't lose any money.*
Theimlais i ddim byd.   *I felt nothing.*
Phrynais i ddim llyfr.   *I didn't buy a book.*

Exercise 3

Read what Meleri decided to do last Friday. Unfortunately, her friends came round unexpectedly and she didn't have time to do everything she wanted. The things she did manage to do before her friends came round are ticked. The things she didn't do are crossed. Say in Welsh what she did and didn't do.

a Golchi'r ci. (✓)
b Siopa yn yr archfarchnad. (✗)
c Gorffen ei llyfr ar lenyddiaeth Cymru. (✓)
d Prynu anrheg i John. (✗)
e Darllen y cylchgrawn. (✓)
f Ffonio ei ffrindiau. (✓)
g Gweithio ar y cyfrifiadur. (✗)
h Ymweld â'i chwaer. (✓)

Exercise 4

Read through or listen to Deialog 1 again and then answer the questions in full sentences. Question 1 has been done for you.

Edrychodd Elen ar lawer o geir?

Naddo, edrychodd Elen ar lawer o dai.

1 Edrychodd Elen ar lawer o geir?
2 Nofiodd Jayne bob nos?
3 Welodd Matthew Gastell Cydweli?
4 Weithiodd Tom yn galed?
5 Yrrodd Matthew i Gaerdydd?
6 Ffoniodd Jayne ei ffrindiau?
7 Gerddodd Matthew yn y mynyddoedd?

Deialog 2

Matthew wants to know where Tom was last night.

Matthew	Beth wnaethoch chi neithiwr Tom? Welais i mohonoch chi yn y bar.
Tom	Ffoniais i fy mam i ddweud wrthi hi fod Steffan wedi dyweddïo. Roeddwn i i fod i ddweud wrthi hi yr wythnos diwethaf ond anghofiais i. Roeddwn i'n nerfus iawn ar y ffôn.
Matthew	Nerfus? Dych mam mor annymunol â hynny? Beth ddwedodd hi?
Tom	Mae fy mam yn fenyw hyfryd iawn Matthew, ond penderfynais i gael sgwrs yn Gymraeg gyda hi am y tro cyntaf.
Matthew	Sut aeth pethau?
Tom	Yn dda iawn ar y cyfan, ond chlywais i mohoni hi'n iawn ar y dechrau. Roedd sŵn ofnadwy ar fy ffôn symudol. Beth amdanoch chi?
Matthew	Chwaraeais i ddartiau yn y bar ond enillais i mo'r gêm, roedd Marc yn llawer rhy dda. Yfais i lawer gormod hefyd a dw i ddim yn teimlo'n rhy dda nawr.

1 Why was Tom nervous on the phone?
2 Why did Matthew think Tom was nervous?
3 Why does Matthew not feel well?

i fod i (SM) *supposed to*
anghofio (anghofi-) *to forget*
annymunol *unpleasant*
sgwrs (f.) **sgyrsiau** *conversation*
tro (m.) *time, occasion*
sut aeth pethau? *how did things go?*

ar y dechrau *at the beginning*
sŵn (m.) **synau** *noise, sound*
ofnadwy *awful*
symudol *mobile*
llawer rhy (SM) *much too*

Author insight

Earlier in this unit you learned about the direct object of short-form verbs. If the direct object of a short-form verb is definite (see Unit 4), it is preceded by the preposition **o**:

Welais i ddim car.	*I didn't see a car.*
Welais i ddim o'r car.	*I didn't see the car.*

Theimlais i ddim poen.	*I didn't feel any pain.*
Theimlais i ddim <u>o'r</u> boen.	*I didn't feel <u>the</u> pain.*
Chlywais i ddim ci.	*I didn't hear a dog.*
Chlywais i ddim <u>o'r</u> ci.	*I didn't hear <u>the</u> dog.*
Phrynais i ddim llyfr.	*I didn't buy a book.*
Phrynais i ddim <u>o'r</u> llyfr.	*I didn't buy <u>the</u> book.*

In everyday speech, **ddim o** becomes contracted to **mo**:
Phrynais i mo'r llyfr.

You will have noticed that some verb–nouns are followed by certain prepositions, for instance **cwrdd â**, *to meet*, **ymweld â**, *to visit*, **edrych ar**, *to look at*. These are discussed in greater detail in Unit 15. If the verb–noun in the sentence is followed by a particular preposition, **mo** is not used.

Ymwelais i ddim â fy mam.	*I didn't visit my mother.*
Edrychais i ddim ar y teledu.	*I didn't watch the television.*

Many prepositions in Welsh decline. You have seen an example of this when you learned the pattern **mae rhaid iddo fe**. The preposition **i** declined before **fe, hi** and **nhw (iddo fe, iddi hi, iddyn nhw)**. Here are the forms of the preposition **o**:

ohono i	of me	**Welodd e ddim ohono i.**
		He didn't see me.
ohonot ti	of you	**Welodd e ddim ohonot ti.**
		He didn't see you.
ohono fe	of him	**Welodd e ddim ohono fe.**
		He didn't see him/it.
ohoni hi	of her	**Welodd e ddim ohoni hi.**
		He didn't see her/it.
ohonon ni	of us	**Welodd e ddim ohonon ni.**
		He didn't see us.
ohonoch chi	of you	**Welodd e ddim ohonoch chi.**
		He didn't see you.
ohonyn nhw	of them	**Welodd e ddim ohonyn nhw.**
		He didn't see them.

(Contd)

The word **wrth** also declines. You will have noticed in Deialog 2 that Tom said 'ffoniais i hi neithiwr i ddweud wrthi hi' (*I phoned her last night to tell her*). **Dweud wrth** means *to tell to*. Look at the forms of the preposition **wrth**:

wrtho i	**Dwedodd e wrtho i.**	*He told me.*
wrthot ti	**Dwedodd e wrthot ti.**	*He told you.*
wrtho fe	**Dwedodd hi wrtho fe.**	*She told him.*
wrthi hi	**Dwedais i wrthi hi.**	*I told her.*
wrthon ni	**Dwedon nhw wrthon ni.**	*They told us.*
wrthoch chi	**Dwedon ni wrthoch chi.**	*We told you.*
wrthyn nhw	**Dwedaist ti wrthyn nhw.**	*You told them.*

Exercise 5

Match the following questions with the appropriate answers.

1	Brynaist ti'r crysau?	**a**	Naddo, chanon nhw mohoni hi.
2	Weloch chi ni?	**b**	Naddo, agorodd e mohoni hi.
3	Ganon nhw'r anthem?	**c**	Naddo, chasglodd e mohonyn nhw.
4	Ddilynodd hi chi?	**d**	Naddo, welon nhw mohono i.
5	Gasglodd e'r plant?	**e**	Naddo, welais i mohonoch chi.
6	Welon nhw ti?	**f**	Naddo, phrynais i mohonyn nhw.
7	Agorodd e'r ffenest?	**g**	Naddo, ddilynodd hi mohonon ni.

Exercise 6

Form negative sentences using the words following the example given. **Fe/gweld/y plant Welodd e mo'r plant.**

a Fi/agor/y ffenest
b Nhw/ennill/y gêm
c Chi/newid/y ffrog
d Hi/symud/y car
e Ti/talu/y bil
f Fi/gweld/Caerdydd
g Fe/ysmygu/y sigarét
h Ni/dilyn/hi

Exercise 7

Next week the school inspectors are coming to Rhydybont Primary School where you are the deputy head. The headmaster asks you whether you have told the staff what their duties are. You told everyone yesterday morning. Answer the headmaster according to the example given.

Dych chi wedi dweud wrth Mrs Williams am ddod yn gynnar?
Ydw, dwedais i wrthi hi bore ddoe.

  a Dych chi wedi dweud wrth Mr Jones am lanhau'r neuadd?
  b Dych chi wedi dweud wrth Mrs Evans am dacluso'r llyfrgell?
  c Dych chi wedi dweud wrth Mr Evans a Mrs Thomas am y cyfarfod heno?
  d Dych chi wedi dweud wrth staff y gegin am wneud coffi am 11.00?
  e Dych chi wedi dweud wrth y plant am wisgo eu hiwnifform?
  f Dych chi wedi dweud wrth Mr Thomas am glirio'r dail o'r iard?
  g Dych chi wedi dweud wrtho i faint o'r llywodraethwyr sy'n dod?

dweud wrth (rywun) am (SM) *to tell (someone) to*
glanhau (glanhe-) *to clean*
tacluso (taclus-) *to tidy*
cyfarfod (m.) **-ydd** *meeting*
clirio (cliri-) *to clear*
deilen (f.) **dail** *leaf*
llywodraethwr (m.) **llywodraethwyr** *governor*

QUICK VOCAB

··

Author insight

The Welsh word for year is **blwyddyn** (f.):

y flwyddyn nesaf	*next year*
yr ail flwyddyn	*the second year*

The plural of **blwyddyn** is **blynyddoedd**:

am flynyddoedd	*for years*
blynyddoedd yn ôl	*years ago*

(Contd)

After numbers, the word **blynedd** is used when you are talking about time and the word **blwydd** is used if you are referring to someone's age.

Time	**Age**
dwy flynedd (*two years*)	**dwy flwydd** (*two years*)
tair blynedd	**tair blwydd**
pedair blynedd	**pedair blwydd**
pum mlynedd	**pum mlwydd**
chwe blynedd	**chwe blwydd**
saith mlynedd	**saith mlwydd**
wyth mlynedd	**wyth mlwydd**
naw mlynedd	**naw mlwydd**
deg mlynedd	**deg mlwydd**
can mlynedd	**can mlwydd** (*hundred years*)

Ers faint dych chi'n byw ym Mhontypridd?	*For how long have you lived in Pontypridd?*
Dw i'n byw ym Mhontypridd ers deg mlynedd.	*I have lived in Pontypridd for 10 years.*

The present tense is used with 'ers'.

Numbers over 10 usually use the pattern … **o flynyddoedd**: **dau ddeg pump o flynyddoedd**.

Exercise 8

Compose sentences based on the information in the grid, e.g. **Mae Ifan yn byw ym Mangor ers deg mlynedd.**

Enw	Byw	Faint
Ifan	Bangor	10
Huw	Treffynnon	7
Elin	Pontypridd	30
Llinos	Gorseinon	9
Jack	Dolgellau	14

The Welsh flag and National Anthem
In 1959 Queen Elizabeth II declared that a red dragon on a green
and white background be flown as the official Welsh flag. It is
not known, however, how the red dragon became the emblem
of Wales. It is believed that the early Britons used it as a battle
standard after the Roman occupation and that it may derive from
a Roman standard. An early legend tells of a fight between a red
and a white dragon with the eventual triumph of the red dragon,
representing Wales.

The Welsh National Anthem, Hen Wlad fy Nhadau, was composed
in Pontypridd in 1856 by a father and son, Evan and James James.
It is believed that Evan James was responsible for the words and
his son for the music. There is a memorial to the two composers in
Parc Ynys Angharad in Pontypridd. No one knows exactly when
Hen Wlad fy Nhadau was adopted as the National Anthem.
A Breton version – Bro Gozh ma Zadoù – was adopted as the
Breton National Anthem in 1902.

Test yourself

How would you do the following:

1 Ask a group of your friends what they did yesterday
2 Say you learned Welsh at school (in the school)
3 Ask someone, 'Did you see the castle?'
4 Give the correct yes/no answer to the question: Ffonioch
   chi Gareth?
5 Say we didn't see a film
6 Say Matthew didn't buy the book
7 Say he didn't see them
8 Ask your friend, 'Have you told her?'
9 Tell someone you are going next year
10 Tell someone you have lived in Pontypridd for eight years

Mae rhywbeth yn bod ar fy nghar

There is something wrong with my car

In this unit you will learn how to
- *say what is wrong with your car*
- *give your opinion on something*
- *say you went somewhere*
- *say how you came somewhere*
- *say what you had to eat or drink and say what someone else had to eat or drink*

Deialog 1

Tom missed the previous day's class and explains the reason for his absence to his friends.

◆ CD1, TR 9

Elen	Ble buoch chi ddoe Tom? Colloch chi wers bwysig.
Tom	Mae'n ddrwg 'da fi Elen, ces i broblem 'da'r car ac roedd rhaid i fi fynd â fe i'r garej.
Elen	Beth ddigwyddodd?

Tom	Roeddwn i ar fy ffordd i weld fy ngwraig yn Abertawe pan sylweddolais i fod y car tu ôl i fi yn fflachio ei oleuadau. Roedd hi'n amlwg ei fod e eisiau i fi stopio. Stopiais i'n syth a daeth e draw i siarad â fi. Dwedodd e wrtha i am edrych ar y biben fwg. Roedd y biben yn siglo o ochr i ochr.
Jayne	Beth wnaethoch chi Tom, oedd garej gerllaw?
Tom	Nac oedd, roedd rhaid i fi yrru'n araf iawn i Gaerfyrddin. Ces i hyd i garej lle trwsion nhw'r biben.
Matthew	Gostiodd e lawer i chi?
Tom	Do. Ches i ddim llawer o newid o ddau gan punt. Dwedon nhw wrtha i hefyd fod rhaid newid dau deiar.
Elen	Doedd e ddim yn ddiwrnod lwcus iawn i chi 'te Tom.

1 Why was Tom absent from yesterday's class?
2 How did he know that the car behind him wanted him to stop?
3 Why was the bill so expensive?

pwysig *important*
digwydd (digwydd-) *to happen*
sylweddoli (sylweddol-) *to realize*
fflachio (fflachi-) *to flash*
amlwg *obvious*
draw *over*
piben fwg (f.) *exhaust*
siglo (sigl-) *to swing*
ochr (f.) **-au** *side*
gerllaw *nearby*
Caerfyrddin *Carmarthen*
trwsio (trwsi-) *to repair*
teiar (m.) **-s** *tyre*

QUICK VOCAB

Author insight

In Unit 8, you learned the past tense of regular verbs. Deialog 1 has examples of some of the five irregular verbs in Welsh:

Mynd	Dod	Gwneud	Cael	Bod
es i *(I went)*	des i *(I came)*	gwnes i *(I did, I made)*	ces i *(I got, had)*	bues i *(I was)*
est ti	dest ti	gwnest ti	cest ti	buest ti
aeth e/hi	daeth e/hi	gwnaeth e/hi	cafodd e/hi	buodd e/hi
aethon ni	daethon ni	gwnaethon ni	cawson ni	buon ni
aethoch chi	daethoch chi	gwnaethoch chi	cawsoch chi	buoch chi
aethon nhw	daethon nhw	gwnaethon nhw	cawson nhw	buon nhw

Question forms, as in the case of regular verbs, are expressed by using the appropriate soft mutation on the verb where applicable:

Ddaethon nhw yn y car?   *Did they come in the car?*
Wnaeth e'r bwyd?   *Did he make the food?*
Gawsoch chi fath neithiwr?   *Did you have a bath last night?*

The forms of **dod**, **gwneud** and **bod** mutate softly in the negative, whereas **cael**, as with all other verb–nouns beginning with t, c or p, takes an aspirate mutation:

Chawson ni ddim cyfle.   *We had no opportunity.*
Ddaethon nhw ddim yn fy nghar.   *They didn't come in my car.*
Wnaeth e mo'r te.   *He didn't make the tea.*

In Welsh 'to take' and 'to bring' are **mynd â** and **dod â** respectively. **Mynd** and **dod** conjugate as normal in this context. An aspirate mutation follows **â**:

Dewch â photel.   *Bring a bottle.*
Es i â'r llyfr yn ôl i'r llyfrgell.   *I took the book back to the library.*

You will sometimes hear the word **fe** (**mi** in the north) in front of verbs in Welsh. **Mi/fe** causes the soft mutation: **Fe ges i/mi ges i. Fe/mi** is never used before a question, a negative or the present tense and does not change the meaning in any way.

---

1 Saying there is something wrong with the car

Mae rhywbeth yn bod ar y goleuadau.	*There is something wrong with the lights.*
Dyw'r brêcs ddim yn gweithio.	*The brakes don't work.*
Mae'r batri'n fflat.	*The battery is flat.*
Mae twll yn y teiar.	*There is a puncture in the tyre.*
Mae leinin y brêc wedi mynd.	*The brake lining has gone.*
Mae'r rheiddiadur yn gollwng.	*The radiator is leaking.*
Dyw'r car ddim yn dechrau.	*The car won't start.*
Dw i'n gallu clywed sŵn rhyfedd.	*I can hear a strange noise.*
Mae'r disgiau wedi treulio.	*The discs are worn.*
Mae nam trydanol ar y car.	*The car has an electrical fault.*
Mae nam ar y goleuadau.	*The lights are faulty.*

twll (m.) **tyllau** *hole, puncture*
mae rhywbeth yn bod ar (SM) *there is something wrong with*

qv

Exercise 1

◀) **CD1, TR 9, 01:20**

Listen to Lleucu speaking to a garage mechanic about her car, and choose the right option in each sentence.

1 Lleucu asks him if he can **a** clean her car **b** look at her car **c** repair her car.
2 She has a **a** flat battery **b** faulty lights **c** a puncture.
3 The mechanic will look at it **a** straightaway **b** before dinner **c** after dinner.

2 Saying what needs to be done

Dw i'n credu bod eisiau ffanbelt newydd.	*I think that a new fan belt is needed.*
Bydd rhaid i chi adael y car dros nos.	*You will have to leave the car overnight.*
Bydd rhaid i fi archebu darn newydd i chi.	*I will have to order you a new part.*
Dych chi eisiau i fi ei diwnio fe?	*Do you want me to tune it?*
Mae eisiau newid y pwyntiau.	*The points need changing.*

3 Asking how long the job will take

Faint byddwch chi?	*How long will you be?*
Faint cymeriff hi?	*How long will it take?*
Ydy hi'n job hir iawn?	*Is it a long job?*
Bydda i ddwy awr o leiaf.	*I will be two hours at least.*
Dewch yn ôl mewn awr.	*Come back in an hour.*
Ffonia i chi pan fydd e'n barod.	*I'll phone you when it's ready.*

brêc troed (m.) *foot brake*
drych (m.) **-au** *mirror*

sbardun (m.) **-au** *accelerator*
peiriant (m.) **peiriannau** *engine*

Exercise 2

There is something wrong with your car and you take it to your local garage and speak to the mechanic (**peiriannydd**). Fill in your side of the conversation:

Chi	Tell the mechanic there is something wrong with your car.
Peiriannydd	Beth yw'r broblem?
Chi	Tell him the brakes don't work properly and there is a strange noise coming from the engine. There is a lot of water on the floor. The car does not go very fast even with the accelerator on the floor.

> *(The mechanic looks at the car.)*
> **Peiriannydd** Mae eisiau llawer o waith ar y car 'ma. Brêcs
> newydd, gwaith ar y pedalau, rheiddiadur newydd a
> phwyntiau a phlygiau newydd.
> ***Chi*** Ask him how long it will take?
> **Peiriannydd** Dewch yn ôl yfory.

llawr (m.) **lloriau** *floor*
hyd yn oed *even*

Deialog 2

Elen is interested to know how many of her class can drive.

> **Elen** Faint ohonoch chi sy'n gyrru?
> **Jayne** Dw i'n gyrru ond dw i ddim wedi gyrru yn Ewrop.
> Dw i erioed wedi gyrru mewn gwlad lle maen nhw'n
> gyrru ar y chwith. Dw i ddim eisiau cael damwain
> mewn gwlad estron. Dw i ddim yn hoffi gyrru a dweud
> y gwir. Bues i'n byw yn Efrog Newydd am flynyddoedd
> pan oedd Haf yn fach a doedd dim pwynt cael car
> achos bod gormod o draffig yno. Roedd pawb yn
> defnyddio tacsi.
> **Matthew** Dw i ddim wedi pasio fy mhrawf gyrru eto ond dw i
> wedi cael gwersi yn Llundain.
> **Tom** Hoffwn i ddim dysgu gyrru yn Llundain. Mae mynd
> i Gaerdydd bob bore yn gallu bod yn hunllefus
> weithiau. Dw i ddim yn gyrru cymaint ag roeddwn i
> nawr. Dw i'n mynd ar y trên os galla i.
> **Elen** Mae rhaid i fi gael car i fynd â'r plant o gwmpas. Dw
> i erioed wedi cael damwain ond unwaith gyrrais i i'r
> gwaith mewn niwl trwchus ac anghofiais i ddiffodd y
> goleuadau. Pan ddaeth yr amser i gasglu Heledd o'r
> ysgol sylweddolais i fod y batri'n fflat. Daeth fy ffrind
> Linda â gwifrau cyswllt i ddechrau'r car.
> *(Contd)*

CD1, TR 9, 01:50

Tom	Digwyddodd yr un peth i fi unwaith. Mae fy nghar presennol yn cadw sŵn nawr os bydda i'n agor y drws pan mae'r goleuadau ymlaen.

1 How many of the people in the dialogue can drive?
2 Why didn't Jayne drive in New York?
3 Has Elen ever had an accident?

QUICK VOCAB

erioed *never, ever*
lle *where*
damwain (f.) **damweiniau** *accident*
estron *foreign*
a dweud y gwir *to tell the truth*
Efrog Newydd *New York*
achos *because*
prawf (m.) **profion** *test*
hunllefus *nightmarish*
diffodd *to turn off, to extinguish*
gwifren gyswllt (f.) **gwifrau cyswllt** *jump lead*
yr un *the same*
presennol *present*
cadw sŵn *to make a noise*
os bydda i'n agor *if I open*

Author insight
'That'

Mae Tom yn meddwl bod Elen yn edrych yn ifanc.	Tom thinks that Elen looks young.
Sylweddolais i fod y batri'n fflat.	I noticed that the battery was flat.
Mae e'n dweud bod eira ar yr heol.	He says that there is snow on the road.
Dw i'n credu y bydd hi'n sych yfory.	I think that it will be dry tomorrow.

'That' in sentences such as these is expressed as **bod** when you are referring to the past or present and **y** when you are using the future (Units 14 and 15) and conditional (Unit 18) tenses. In grammatical terms this 'that' clause is known as the nominative clause.

There are different forms for 'that I am', 'that they are' etc.:

fy mod i *that I am/was*   **ein bod ni** *that we are/were*
dy fod di *that you are/were*   **eich bod chi** *that you are/were*
ei fod e *that he is/was*   **eu bod nhw** *that they are/were*
ei bod hi *that she was/is*

Dw i'n credu fy mod i'n iawn.	*I think that I am right.*
Dwedodd e dy fod di'n egnïol.	*He said that you were energetic.*
Roeddwn i'n meddwl ei fod e'n hapus.	*I thought that he was happy.*
Clywon ni ei bod hi'n mynd i fwrw.	*We heard that it was going to rain.*
Dwedodd pawb ein bod ni'n dda.	*Everyone said that we were good.*
Dw i'n credu eich bod chi wedi pasio.	*I think that you have passed.*
Mae hi'n gobeithio eu bod nhw'n colli.	*She hopes that they lose.*

Exercise 3

Make each pair of sentences into one new sentence as shown in the example.

Mae'n ddrwg 'da fi. Dw i'n hwyr. **Mae'n ddrwg 'da fi fy mod i'n hwyr.**

- **a** Mae e'n meddwl. Mae hi'n ddiflas.
- **b** Clywais i ddoe. Dych chi'n mynd i Ffrainc.
- **c** Maen nhw'n dweud. Mae e yn yr ysbyty.
- **d** Dwedodd ei fam. Maen nhw'n rhy egnïol.
- **e** Mae hi'n meddwl. Mae'r postmon wedi bod.
- **f** Roeddwn i'n gwybod. Roedd y trên yn hwyr.

g Dyn ni'n siŵr. Dyn ni'n mynd i gyrraedd yn gynnar.

h Mae e'n credu. Mae rhywbeth yn bod ar y car.

---

4 Giving your opinion

Beth dych chi'n ei feddwl o …?	*What do you think about …?*
Beth yw'ch barn chi am …?	*What is your opinion about …?*
Beth dych chi'n ei feddwl o operâu sebon?	**Dw i'n credu eu bod nhw'n ddiflas.**
Beth dych chi'n ei feddwl o gerddoriaeth glasurol?	**Dw i'n credu ei bod hi'n wych.**
Beth yw'ch barn chi am y newyddion?	**Dw i'n credu ei fod e'n ddiddorol iawn.**
Beth yw'ch barn chi am syrcasau anifeiliaid?	**Dw i'n meddwl eu bod nhw'n greulon.**
Beth yw ei barn hi am ysmygu	**Mae hi'n meddwl ei fod e'n afiach.**

QV

clasurol *classical*
gwych *excellent, brilliant*
afiach *unhealthy*

Exercise 4

◄) **CD1, TR 9, 03:18**

The town council of Llanfechan has decided to build a clock tower to commemorate the bicentenary of the town. A local reporter goes to ask the townspeople their opinion. Listen to the recording and fill in the grid.

	Opinion
Person 1	
Person 2	
Person 3	
Person 4	

5 Asking about someone's evening out

Ble aethoch chi echnos?	*Where did you go the night before last?*
Ble aethoch chi echdoe?	*Where did you go the day before yesterday?*
Es i i'r bwyty.	*I went to the restaurant.*
Gyda phwy aethoch chi?	*With whom did you go?*
Es i gyda fy nghariad/nghymar.	*I went with my sweetheart/partner.*

Exercise 5

◀ CD1, TR 9, 04:06

Three people spent the evening in different restaurants. Listen to the recording and fill in the grid.

Name	Went	With	Ate

Exercise 6 Darn darllen

Do you remember what Matthew said he had done during half term? Matthew has written a letter to one of his friends. Are there any differences in his account?

Annwyl Nathan,

Diolch am dy lythyr a ges i y bore 'ma. Ces i lythyr oddi wrth Ifan yr wythnos diwethaf. Mae e'n dal i weithio i'r un cwmni yn Llundain. Dw i'n dal i gael llawer o hwyl ar y cwrs a dw i wedi cwrdd â llawer o bobl ddiddorol. Dw i'n mwynhau'r cwrs yn fawr iawn, mae'n gwrs bendigedig. Wyt ti'n cofio fy mod i wedi dod yn ffrindiau da gyda bachgen o'r enw Marc. Mae Marc yn egnïol iawn ac mae e'n hoffi ei beint hefyd. Aethon ni i'r gogledd yn ystod hanner tymor. Dw i erioed wedi cael cymaint o hwyl. Ddaethon ni ddim yn ôl i'r coleg tan yn hwyr iawn. Cafodd y ddau ohonon ni lawer gormod i'w yfed, cerddon ni o gwmpas Caernarfon yn mynd o dafarn i dafarn. Rhywffordd neu'i gilydd cyrhaeddon ni Ynys Môn, a chawson ni hyd i wely a brecwast. Mae Ynys Môn yn lle bendigedig. Buon ni'n cerdded ar hyd yr arfordir am amser hir yn y bore i glirio ein pennau ni.

Cofion

Matthew

QUICK VOCAB

dal i (SM) *still*
oddi wrth (SM) *from (a person)*
bendigedig *brilliant, splendid*
dod yn (SM) *to become*
yn ystod *during*
hwyl (f.) *fun*
tan (SM) *until*
cymaint o (SM) *so much, so many*
neu'i gilydd *or other*
ein pennau ni *our heads*
cofion *regards*

Answer these questions based on Matthew's letter. Begin your answers 'Mae e'n meddwl…'

1 Beth yw barn Matthew am bobl eraill y cwrs?
2 Beth yw barn Matthew am y cwrs?
3 Beth yw barn Matthew am Marc?
4 Beth yw barn Matthew am Ynys Môn?

Author insight

There are two words that mean *when* in Welsh. **Pryd** is used when you are asking a question: **Pryd dych chi'n mynd?** *When are you going?*. **Pan**, which is a conjunction, a word such as 'and', 'because' and 'although', links clauses or sentences together:

Roedd Tom yn hapus pan ddaeth y gohebydd.	*Tom was happy when the reporter came.*

The Welsh music scene

Welsh popular music began in the 1960s with the satirical protest songs of Dafydd Iwan. The 1970s, however, saw a move towards rock music with singers such as Meic Stevens and bands such as Edward H. Dafis. The quality of Welsh music rose rapidly after the setting up of the recording company Sain in 1970. By the mid-1980s new labels led to different types of music including punk.

The 1990s saw the Welsh music scene come of age. Bands such as Catatonia and Super Furry Animals gained international status and lucrative recording deals, while still preserving their Welsh identity. This was also true of non-Welsh-speaking bands from Wales such as the Manic Street Preachers and Stereophonics who gained tremendous popularity and recognition worldwide. Welsh music continues to prosper in the 21st century with all major music genres represented by bands and solo artists, such as Duffy and Lostprophets, enjoying international fame. The Welsh-language music scene is thriving, with new technologies making their music more accessible.

Test yourself

How would you do the following:

1 Tell someone we went in the car
2 Say she didn't get a puncture
3 Tell someone to come back in an hour
4 Say, 'I haven't driven in Europe'
5 Say you noticed that there was snow on the road
6 Say that they are hoping that we lose
7 Ask, 'What do you think about soap operas?'
8 Ask one of your friends, 'Who did you go with?'
9 Say, 'I went to the restaurant when they arrived?'
10 Ask someone when dinner is

Dw i ddim yn teimlo'n dda
I don't feel well

In this unit you will learn how to
- *describe illnesses*
- *make a doctor's appointment*
- *use the preposition 'ar'*
- *use possessive pronouns*

Deialog 1

Jayne meets Tom on her way to class; he is obviously unwell.

CD1, TR 10

Jayne	Tom! Dych chi'n edrych yn ofnadwy. Oes rhywbeth yn bod arnoch chi?
Tom	Dw i ddim yn teimlo'n dda iawn o gwbl. Mae gwres uchel arna i ac mae pen tost 'da fi. Wnes i ddim cysgu'n dda iawn o gwbl neithiwr. Ches i ddim ond ddwy awr o gwsg.
Jayne	Dych chi'n crynu fel deilen Tom. Mae rhaid i chi fynd i weld y meddyg. Ffonia i'r feddygfa. Mae'n lwcus bod ffôn symudol 'da fi.
Tom	Mae tipyn o annwyd arna i dyna i gyd, ond mae tipyn o boen 'da fi yn fy mol hefyd. Bydda i'n iawn, mae'n well i ni fynd i'r dosbarth, dw i ddim eisiau bod yn hwyr.
Jayne	Dych chi ddim yn mynd i unman Tom.
(Jayne phones the surgery.)	

> Dyw fy ffrind ddim yn teimlo'n dda iawn. Ydy hi'n bosib iddo fe weld y meddyg? Ydy, mae'n gallu dod nawr. Mae'r meddyg yn gallu eich gweld chi'n syth Tom. Mae'n lwcus ein bod ni wedi gwneud apwyntiad mor gynnar yn y bore.

1 How does Jayne know Tom is unwell?
2 Does Tom want to go to see the doctor at first?
3 When can the doctor see Tom?

gwres (m.) *heat, temperature*
dim ond *only*
crynu (cryn-) *to shake*
ffonia i *I will phone*
meddygfa (f.) **-feydd** *surgery*
poen (f.) **-au** *pain*
bol (m.) **-iau** *stomach*
bydda i *I will be*
unman *anywhere*
apwyntiad (m.) **-au** *appointment*

Author insight

When an illness affects a particular part of the body, the possession construction described in Unit 3 is used:

Mae pen tost 'da fi.　　　*I have a headache.*

When an illness affects the whole body, an idiomatic construction involving the preposition **ar** is used:

Mae annwyd arna i.　　　*I have a cold.*

The one exception to this rule is **y ddannodd**:

Mae'r ddannodd ar Alun.　　*Alun has toothache.*

1 Asking someone how they feel

Beth sy'n bod arnoch chi?　　*What is the matter with you?*
Oes rhywbeth yn bod?　　*Is there anything wrong?*

Oes clust dost 'da ti?	*Have you got earache?*
Oes annwyd arnat ti?	*Have you got a cold?*
Sut dych chi'n teimlo erbyn hyn?	*How do you feel now?*
Beth oedd yn bod arnoch chi?	*What was the matter with you?*

2 Describing illness when a specific part of the body is affected

Mae clust dost 'da fi.	*I have earache.*
Does dim llaw dost 'da hi.	*She hasn't got a sore hand.*
Mae cefn tost 'da fi.	*I have a sore back.*
Oes gwddw tost 'da nhw?	*Have they a sore throat?*
Mae fy llaw i'n boenus iawn.	*My hand is very painful.*

....

Author insight

Tost literally means *ill*, or *sick* and like all adjectives mutates after a feminine singular noun such as **clust** or **coes**.

....

Rhannau'r corff *The parts of the body*

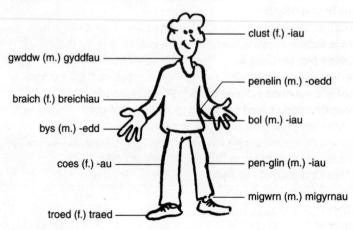

Exercise 1

Look at the diagram showing the parts of the body. Can you now say the following?

1 I have not got a sore throat.
2 They have sore feet.
3 Have you got a tummy ache?
4 He has a sore arm.
5 Has she got earache?

3 Describing an illness which affects the whole body

Mae peswch arna i.   *I have a cough.* (lit. there is a cough on me)
Mae'r ffliw arna i.   *I have flu.*

You saw in Unit 8 that some prepositions decline in Welsh. The preposition ar, used to describe illness affecting the whole body, is another example of a preposition which declines. Here are the forms of **ar**:

arna i	*on me*
arnat ti	*on you*
arno fe	*on him*
arni hi	*on her*
arnon ni	*on us*
arnoch chi	*on you*
arnyn nhw	*on them*
Beth sy'n bod arno fe?	*What's the matter with him?*
Mae'r ddannodd arno fe.	*He has toothache.*
Does dim byd yn bod arnon ni.	*There's nothing wrong with us.*

Some of the ailments which use **ar** can be found in the following box.

y ddannodd (f.) *toothache*
peswch (m.) *cough*
annwyd (m.) **-on** *cold*
y ffliw (f.) *influenza*
y frech goch (f.) *measles*

Exercise 2

Answer the following questions. An example has been done for you.

Oes rhywbeth yn bod arnat ti? (cough)   ✓
Oes, mae peswch arna i.

1 Oes rhywbeth yn bod ar Mair? (cold)   ✓
2 Oes rhywbeth yn bod ar y plant?   ✗
3 Wyt ti'n dost? (ffliw)   ✓
4 Ydy e'n dost? (toothache)   ✓
5 Dyn nhw'n dost? (measles)   ✓

Exercise 3

You are the secretary of a company. This morning there are messages on the answer phone from five non-Welsh-speaking members of staff who phoned to say that they wouldn't be in work today. You quickly write down the messages in English. Your boss then comes in wanting to know where the five staff members are. What do you tell him? The first one has been done for you.

```
Megan                 high temperature
James                 not feel well
Mr Williams           sore throat
Mrs Johns             backache
Mr Evans              toothache
```

Megan → Mae gwres uchel ar Megan.

---

4 Describing general ailments

Dw i ddim yn teimlo'n hwylus iawn.	*I don't feel very well.*
Dyw hi ddim yn gallu anadlu'n iawn.	*She can't breathe properly.*
Dw i'n cael gwaith mynd i gysgu.	*I'm having difficulty sleeping.*
Dw i'n dioddef o hyd.	*I'm still suffering.*

anadlu (anadl-) *to breathe*
cael gwaith *to have difficulty*
o hyd *still*

5 Describing and discussing injuries

Dw i wedi brifo fy nghoes.	*I've hurt my leg.*
Dw i wedi anafu fy mraich.	*I've injured my arm.*
Mae hi wedi torri ei bys.	*She has cut her finger.*
Mae e wedi torri ei law.	*He has broken his hand.*
Mae hi wedi troi ei migwrn.	*She has twisted her ankle.*
Dw i wedi llosgi fy hunan.	*I've burnt myself.*
Dw i wedi cael dolur.	*I'm hurt.*
Beth sydd wedi digwydd iddi hi?	*What has happened to her?*

brifo (brif-) *to hurt*
anafu (anaf-) *to injure*
torri (torr-) *to cut, to break*
troi (tro-) *to turn, to twist*
llosgi (llosg-) *to burn*
cael dolur *to be hurt*

QUICK VOCAB

Deialog 2

Tom has reached the waiting room of the surgery and is chatting to some of the other people there. He starts up a conversation with Morgan.

Tom	Beth sy wedi digwydd i chi?
Morgan	Ces i ddamwain. Cwympais i oddi ar fy ngheffyl. Dw i wedi gwneud niwed i fy ngwddw a dw i wedi torri fy mraich.
Tom	Druan â chi. Dych chi mewn poen?
	(Contd)

Morgan	Bues i mewn poen ofnadwy ond ces i dabledi gan y doctor a dw i'n teimlo'n well nawr, gwell o lawer a dweud y gwir. Pam dych chi yma? Mae golwg wael arnoch chi.
Tom	Dw i'n credu fy mod i wedi dal rhyw fŷg neu'i gilydd. Bues i lan drwy'r nos. Dw i'n dechrau chwysu nawr.
Morgan	Buodd fy nhad yn dost iawn yr wythnos diwethaf. Mae'n swnio fel yr un peth, dych chi wedi bod yn chwydu?
Tom	Nac ydw, ond dw i'n teimlo'n wael iawn. Dw i ddim yn mynd at y meddyg yn aml.
Morgan	Yr un peth yw e siŵr o fod.

1 What happened to Morgan?
2 Why is Morgan no longer in any pain?
3 Has Tom been sick?

cwympo (cwymp-) *to fall*
oddi ar (SM) *from (upon)*
niwed (m.) *damage*
tabled (f.) **-i** *pill*
golwg (f.) *sight, look*
gwael *bad, poor*
dal *to catch*
gwell o lawer *a lot better*
bŷg (m.) **bygiau** *bug*
swnio (swni-) *to sound*
chwydu (chwyd-) *to vomit*
mynd at (SM) *to go to*

Author insight

Oddi ar is made up of two prepositions, o and ar and literally means 'from on'. It is used when somebody or something comes down from somewhere. e.g. **Mae'r esgid ar y gwely. Mae'r esgid wedi cwympo oddi ar y gwely.**

Mynd at/mynd i both mean 'to go to'. Mynd at is used if you are going to see a person and mynd i is used if you are going somewhere.

| Dw i ddim yn mynd at y meddyg yn aml. | *I don't go to see the doctor very often.* |
| Mae hi wedi mynd i Lambed. | *She has gone to Lampeter.* |

Exercise 4

◀) **CD1, TR 10, 02:30**

Listen to the recording. Four people are leaving messages on an answer phone. They are saying why they cannot go to a meeting that evening. When you have listened to the messages, fill in the grid.

Name	Excuse

---

6 Talking about an illness someone has had

Am faint buoch chi'n dost?	*For how long were you ill?*
Bues i'n dost am dri diwrnod.	*I was ill for three days.*
Oedd rhaid i chi gael llawdriniaeth?	*Did you have to have surgery?*
Gest ti rywbeth oddi wrth y meddyg?	*Did you get something from the doctor?*
Pryd dest ti'n ôl o'r ysbyty?	*When did you come back from hospital?*
Cafodd hi lawdriniaeth.	*She had surgery.*
Buodd hi yn yr ysbyty am bedair wythnos.	*She was in hospital for four weeks.*

Exercise 5

What is wrong with these people? Connect the sentences to the correct picture.

1 Mae gwres arno fe.
2 Mae hi'n cael llawdriniaeth.
3 Does dim byd yn bod arno fe.
4 Mae annwyd arno fe.
5 Mae bol tost 'da fe.
6 Mae e wedi torri ei goes.
7 Mae e wedi cael damwain.
8 Mae e wedi gwneud niwed i'w ben e, mae llygad dost 'da fe, ac mae e wedi torri ei fraich.
9 Mae hi wedi torri ei braich.

Deialog 3

Tom has finally gone in to see Dr Hughes.

Dr Hughes	Dewch i mewn. Cymerwch sedd. Beth alla i ei wneud i chi?
Tom	Dw i ddim yn teimlo'n hwylus iawn doctor, ces i waith mynd i gysgu neithiwr ac mae pen tost ofnadwy 'da fi. Dw i'n gwaethygu wrth yr awr. Dw i ddim wedi bwyta ers prynhawn ddoe.
Dr Hughes	Mae eich tymheredd yn uchel iawn, dych chi wedi cymryd rhywbeth at y pen tost?
Tom	Nac ydw, dw i ddim yn hoffi cymryd moddion.
Dr Hughes	Firws sy arnoch chi. Does dim llawer y galla i ei wneud. Ysgrifenna i bapur doctor i chi. Mae'r tabledi 'ma'n dda iawn; mae rhaid i chi eu cymryd nhw dair gwaith y dydd ar ôl pryd bwyd. Dych chi'n gweithio?
Tom	Ydw, ond dw i'n mynychu cwrs yn y coleg ar hyn o bryd. Dw i wedi colli un bore'n barod achos bod problem 'da fi gyda'r car.
	(Contd)

CD1, TR 10, 03:54

> **Dr Hughes** Wel mae ofn arna i bod rhaid i chi aros yn y gwely am
> dri diwrnod o leiaf. Dewch i fy ngweld i os na fyddwch
> chi wedi gwella ymhen wythnos.

1 Did Tom sleep well last night?
2 How often does Tom have to take the pills?
3 How many days of his course will Tom miss?

sedd (f.) **-i** *seat*
gwaethygu (gwaethyg-) *to get worse*
wrth yr awr *by the hour*
moddion *medicine*
firws (m.) **firysau** *virus*
y galla i ei wneud *that I can do*
papur doctor (m.) **papurau doctor** *prescription*
pryd bwyd (m.) *meal*
mynychu (mynych-) *to attend*
os na fyddwch chi wedi *if you haven't*
gwella (gwell-) *to get better, to improve*
ymhen *within*

---

7 Other idioms using the preposition *ar*

As well as being used to describe illness affecting the whole body,
the preposition **ar** is also used to express the following:

syched	*thirst*	**Oes syched arni hi?**	*Is she thirsty?*
cywilydd	*shame*	**Oes cywilydd arno fe?**	*Is he ashamed?*
hiraeth	*homesickness*	**Mae hiraeth arna i.**	*I'm homesick.*
ofn	*fear*	**Mae ofn arnon ni.**	*We are afraid.*
eisiau bwyd	*hunger*	**Mae eisiau bwyd arnyn nhw.**	*They are hungry.*
bai	*blame*	**Does dim bai ar neb.**	*No one is to blame.*
dyled (f.) **-ion**	*debt*	**Mae dyled arnon ni.**	*We are in debt.*

When used with **ar**, eisiau means 'to need'

eisiau cwsg	*a need of sleep*	**Mae eisiau cwsg arnoch chi.** *You need sleep.*
eisiau gorffwys	*a need of rest*	**Mae eisiau gorffwys arni hi.** *She needs rest.*
eisiau gwaith	*a need of work*	**Mae eisiau gwaith ar y tŷ.** *The house needs work.*

Ar also features in some idioms:

Mae'n draed moch arno fe. (lit. it's pig's feet on him!) *He's in a mess.*
Does dim dal arnyn nhw. *There's no relying on them.*

---

8 Edrych ar

You are familiar with **edrych ar** (*to look at*). As in the examples in this unit, **ar** declines:

Edrychais i arnyn nhw. *I looked at them.*

Edrych is only one example of a verb–noun which can be followed by **ar**. Here is a list of some of the most common examples of verbs which are followed by **ar**:

gwrando ar	*to listen to*	**Gwrandawais i arnyn nhw.**	*I listened to them.*
blino ar	*to tire of*	**Blinodd e ar y gwaith.**	*He tired of the work.*
dibynnu ar	*to depend on*	**Dw i'n dibynnu ar bawb.**	*I depend on everyone.*
gweiddi ar	*to shout at*	**Mae hi'n gweiddi arno fe.**	*She shouts at him.*
sylwi ar	*to notice*	**Dw i ddim yn sylwi arno fe erbyn hyn.**	*I don't notice it by now.*

Exercise 6

Fill in the gaps with the appropriate form of **ar**. The first one has been done for you.

a Mae pawb yn edrych _____ chi. **arnoch**
b Does dim cywilydd _____ fe.
c Does neb yn gwrando _____ i.
d Maen nhw'n gwrando _____ bawb.
e Oes rhywbeth yn bod _____ chi?
f Does dim dal _____ hi.
g Mae eisiau gorffwys _____ nhw.
h Mae hiraeth _____ Jayne.
i Roedd hi wedi blino _____ ni.

---

9 Personal pronouns

You have met some of the prefixed possessive pronouns already in the course, for example **fy** (Unit 2), **ei** (Unit 2). The following table contains a complete list of personal pronouns and the mutations associated with them. Look at the way the two words **car** and **oren** change after the pronouns.

Personal pronoun	Meaning	Examples	
fy (NM)	*my*	**fy nghar**	**fy oren**
dy (SM)	*your* (fam.)	**dy gar**	**dy oren**
ei (SM)	*his*	**ei gar**	**ei oren**
ei (AM) + h before a vowel	*her*	**ei char**	**ei horen**
ein + h before a vowel	*our*	**ein car**	**ein horen**
eich	*your*	**eich car**	**eich oren**
eu + h before a vowel	*their*	**eu car**	**eu horen**

You have already seen such expressions as **Beth yw'ch enw chi? Beth yw'ch rhif ffôn chi?** The **chi** belongs to another set of pronouns which can imply emphasis.

Pronoun	Examples	Meaning
i	**fy nghar i**	*my car*
di	**dy gar di**	*your car*
e	**ei gar e**	*his car*
hi	**ei char hi**	*her car*
ni	**ein car ni**	*our car*
chi	**eich car chi**	*your car*
nhw	**eu car nhw**	*their car*

Peidiwch â defnyddio fy nghar i!   *Don't use my car!*

Verb–nouns can follow prefixed pronouns:

gweld	**fy ngweld i**	*see me*	**Does neb yn gallu fy ngweld i.**
clywed	**dy glywed di**	*hear you*	**Mae pawb yn gallu dy glywed di.**
gwerthu	**ei werthu e**	*sell him/it*	**Dych chi wedi ei werthu e?**
talu	**ei thalu hi**	*pay her*	**Dyn nhw wedi ei thalu hi?**
poeni	**ein poeni ni**	*bother us*	**Maen nhw'n ein poeni ni.**
gadael	**eich gadael chi**	*leave you*	**Ydy hi wedi eich gadael chi yma?**
codi	**eu codi nhw**	*lift them*	**Wnes i ddim o'u codi nhw.**

This pattern does not apply to verb–nouns which are usually followed by prepositions, e.g. **siarad â** (AM), **edrych ar** (SM), **dweud wrth** (SM):

siarad â   **Siaradais i â hi y bore 'ma.**   *I spoke with her this morning.*

or to short-form verbs:

Gwelais i fe.   *I saw him.* (short-form verb)
Dw i'n ei weld e.   *I see him.* (long-form verb)

Some of the prefixed pronouns contract after vowels:

ei becomes 'i: **Aeth e i'r orsaf gyda'i fam.**
                   He went to the station with his mother.

ein becomes 'n: **Dyma'n cyfle.**
                   Here is our chance.

eich becomes **'ch:**	**Ble mae'ch gwaith cartref?**
	Where is your homework?
eu becomes **'u:**	**Ces i afalau o'u gardd.**
	I got apples from their garden.

Ei and **eu** become **'w** after the preposition **i:**

Es i i'w thŷ hi neithiwr.   *I went to her house last night.*

You have already seen examples of the above contraction in the phrase **neu'i gilydd** (Unit 9). The word **gilydd** is also used in the expression **ei gilydd,** *each other*:

Maen nhw'n helpu ei gilydd.	*They help each other.*
Mae Tom a Matthew'n helpu ei gilydd.	*Tom and Matthew help each other.*

Ein gilydd is used when you are talking about *us* and **eich gilydd** is used with *you* (plural):

Dyn ni'n helpu ein gilydd.	*We help each other.*
Dych chi'n helpu eich gilydd?	*Do you help each other?*

Author insight

The original meaning of **cilydd** was *companion*: **aeth e gyda'i gilydd,** therefore originally meant *he went with his companion.* Initially **ei gilydd** was the only form used; this was eventually extended to include **eich** and **eu** but the original mutation remained.

---

10 Dw i wedi llosgi fy hunan *I've burnt myself*

'Self', 'alone' and 'own' are expressed in Welsh by placing the form **hunan** (singular) and **hunain** (plural) after personal pronouns:

fy hunan	*myself*	**ein hunain**	*ourselves*
dy hunan	*yourself* (fam.)	**eich hunan (ain)**	*yourself (selves)*
ei hunan	*himself*	**eu hunain**	*themselves*
ei hunan	*herself*		

Helpwch eich hunan i fisgedi. *Help yourself to biscuits.*
Daethon nhw â'u bwyd eu hunain. *They brought their own food.*
wrth fy hunan *by myself*
fy nghar fy hunan *my own car*

Meddygon Myddfai

Meddygon Myddfai (the Physicians of Myddfai) were a
family of country doctors who lived in the parish of Myddfai,
Carmarthenshire, in the 13th century. Rhiwallon and his three
sons, Cadwgan, Gruffudd and Einion, were the court physicians to
Rhys Grug, Lord Dinefwr. We know so much about this medical
family because they wrote all their notes down. Several copies have
survived to the present day, the earliest copy being in The British
Library in London. There is evidence that there were medical
successors to the original Myddfai Physicians up to the 18th
century. A lot of the medicines Rhiwallon and his sons used were
made from the herbs and plants which grew locally, such as garlic,
fennel, rosemary and thyme.

Test yourself

How would you do the following:

1 Say you have a headache
2 Ask someone, 'What is the matter with you?'
3 Say, 'They have a sore throat'
4 Say that we are afraid
5 Say that there is nothing wrong with him
6 Say, 'I am hurt'
7 Say, 'They go to the doctor often'
8 Tell one of your friends that you depend on them
9 Say you have paid her
10 Tell someone you did it (masc) yourself

Now turn to the Progress tests unit and try progress test 2.

11

Sut roedd eich gwyliau?
How were your holidays?

In this unit you will learn how to
- *describe a holiday you have had*
- *say what you used to do*
- *ask if someone has ever done something*
- *say you have never done something*
- *talk about your school days*
- *ask someone about their school days*

Deialog 1

CD1, TR 11

Elen	Wel, dyn ni dipyn dros hanner ffordd drwy'r cwrs erbyn hyn; dw i'n falch ein bod ni heb golli neb. Dw i'n falch iawn hefyd eich bod chi'n well erbyn hyn Tom. Beth wnaethoch chi yr haf diwethaf? Rhywbeth mwy cyffrous na dysgu Cymraeg, mae'n siŵr!
Tom	Mae'n ddrwg 'da fi eich siomi chi Elen, ond roeddwn i'n gweithio'n galed iawn ar achos cyfreithiol cymhleth. Ches i ddim cyfle i gael gwyliau.
Jayne	Wel, ces i a Haf a'i chariad wyliau hyfryd yn New England.
Matthew	Sut roedd y tywydd? Dw i erioed wedi bod yn New England.

Jayne	Mae'n well mynd yn yr hydref pan mae'r dail yn cwympo ond aethon ni am fis, ym mis Awst ac roedd hi'n braf ond roedd gormod o bobl o gwmpas.
Tom	Beth wnaethoch chi tra oeddech chi yno?
Jayne	Roedden ni'n cerdded bob dydd yn y mynyddoedd. Erbyn diwedd yr wythnos roeddwn i'n teimlo'n flinedig iawn. Roedd Haf a'i chariad wedi blino'n lân hefyd. Dych chi wedi bod yn America Tom?
Tom	Nac ydw ond aeth fy ngwraig a'i brawd a'i blant e i Galiffornia rai blynyddoedd yn ôl. Roedd y tywydd yn fendigedig a chawson nhw lawer o hwyl. Roedd y plant wedi mwynhau eu hunain yn fawr iawn.

1 How does Elen say 'something more exciting than learning Welsh'?
2 Did Tom have a holiday last year?
3 Why was Jayne tired by the end of her holiday?

balch *glad, proud*
cyffrous *exciting*
siomi (siom-) *to disappoint*
cymhleth *complicated*
tra *while*
blinedig *tired*
wedi blino'n lân *completely exhausted*
rhai *some*
yn ôl *ago*

Author insight

Cartref (*home*), gartref (*at home*), adref (*homewards*): notice the difference in the use of these three words:

Mae hi'n gweithio mewn cartref hen bobl.	*She works in an old people's home.*
Oes rhywun gartref?	*Is there someone at home?*
Cerddais i adref wrth fy hunan.	*I walked home by myself.*

(Contd)

Cartref is used when talking about a home and is a popular house name. **Gartref** means 'at home' and **adref** is usually used when describing movements towards the home and usually follows a verb which describes movement: **mynd adref, dod adref, rhedeg adref.**

Exercise 1

Fill in the blanks with the the correct word: **cartref, gartref** or **adref**.

a Rhedodd y bachgen _____.
b Bues i _____ yn edrych ar ôl fy ngwraig.
c Es i i siopa er mwyn prynu pethau i fy _____ newydd.
d Pryd aeth hi _____?
e Maen nhw _____ trwy'r dydd nawr.
f Mae _____ cŵn yn y pentref.

---

1 Dych chi erioed wedi? *Have you ever?*

Ever, never: in English there is a difference between these two words, in Welsh, there is not. **Erioed** means both **ever** and **never** and is used only with **wedi** and the past tense.

Wedi

Dw i erioed wedi bod yn Efrog Newydd.	*I have never been to New York.*
Doedden nhw erioed wedi nofio.	*They had never swum.*
Dych chi wedi ennill erioed?	*Have you ever won?*
Oedd e wedi cystadlu erioed?	*Had he ever competed?*

Past tense

Chlywais i erioed gymaint o sŵn.	*I never heard so much noise.*
Fuodd e erioed yn Iwerddon.	*He was never in Ireland.*
Atebon nhw erioed?	*Did they ever answer?*

As you can see from these examples, **erioed** takes the place of **ddim** in a sentence:

Dw i ddim wedi bod yn Efrog Newydd.	*I have not been to New York.*
Dw i erioed wedi bod yn Efrog Newydd.	*I have never been to New York.*

Erioed can also mean *always*:

Mae hi wedi bod yn ddiog erioed.   *She has always been lazy.*

Exercise 2

Six questions and answers are given here. Connect the right answer to its question.

1 Dych chi wedi mynd â'r plant i'r pwll nofio erioed? Nac ydy, mae'n gas 'da hi raglenni ffugwyddonol.
2 Dyn nhw wedi sgïo erioed? Ydw, bues i ar raglen gwis yr wythnos diwethaf.
3 Ydy e wedi dringo Tŵr Eiffel erioed? Nac ydyn, maen nhw'n mynd wrth eu hunain.
4 Wyt ti wedi bod yn Iwerddon erioed? Nac ydy, mae ofn lleoedd uchel arno fe.
5 Dych chi wedi bod ar y teledu erioed? Nac ydyn, dyn nhw ddim yn hoff o eira.
6 Ydy hi wedi gweld *Star Trek* erioed? Ydw, bues i yno rai blynyddoedd yn ôl.

Exercise 3

◀) **CD1, TR 11, 01:31**

Listen to the recording and then fill in the grid. Four people are being asked if they have ever been abroad and when they went.

	Ever been?	When?	Where?
1			
2			
3			
4			

2 The imperfect tense

There are several examples of the imperfect tense of **bod** in Deialog 1.

The imperfect tense is used in general:

a to describe an action in the past which was continuous or relatively lengthy that was still in progress when interrupted by a shorter one expressed by the past tense:

Roeddwn i'n gwylio'r teledu pan ganodd y ffôn.	*I was watching the television when the phone rang.*
Roedden ni yn yr ysgol pan ddigwyddodd y ddamwain.	*We were in school when the accident happened.*

All events described took place in the past but watching the television and being at school are longer than the few seconds in which it took the phone to ring and the accident to happen.

b when reminiscing, talking about and describing how things used to be and referring to events which occured repeatedly in the past.

Pan oeddwn i'n ifanc, roeddwn i'n treulio fy ngwyliau yn y gogledd.	*When I was young, I used to spend my holidays in the north.*

You will sometimes hear the verb–noun **arfer** (*used to*) which reinforces the meaning of something you used to do: **roedden ni'n arfer gweithio bob haf**, *we usually worked every summer*.

The forms of the imperfect tense of the verb **bod** are:

roeddwn i	*I was*
roeddet ti	*you were*
roedd e	*he was/it was*
roedd hi	*she was/it was*
roedden ni	*we were*
roeddech chi	*you were*
roedden nhw	*they were*

To form a question, the 'r' is dropped: **Oeddwn i?**, Was I?

To form the negative, the 'r' becomes 'd' and **ddim** is added: **doedd e ddim**, *he wasn't*; **doedden nhw ddim**, *they weren't*.

In North Wales, you will hear the preverbial particle **mi** before the affirmative forms of the imperfect: **mi oeddwn i, mi oedd o** etc. The preverbial particle **fe** is never used with the imperfect.

Exercise 4

Catriana Evans is homesick for Patagonia. On the left, you have to say what used to happen in Patagonia and on the right, how things are in Wales. The first one has been done for you.

Ym Mhatagonia, roedd hi'n byw mewn hasienda ond yng Nghymru, mae hi'n byw mewn fflat.

byw mewn hasienda	byw mewn fflat
tywydd yn dwym	tywydd yn oer
yfed maté a gwin	yfed te a bwyta pysgod a sglodion
nabod pawb	nabod neb
mynd o le i le ar geffyl bob dydd	mynd ar y bws
clywed Sbaeneg bob dydd	ddim yn clywed Sbaeneg

3 Describing your last holiday

Some useful sentences:

Gawsoch chi wyliau eleni?	*Did you have a holiday this year?*
Aethoch chi dros y môr?	*Did you go abroad?*
Gawsoch chi wyliau tramor?	*Did you have a foreign holiday?*
Pryd aethoch chi?	*When did you go?*
Aethon ni dros y Pasg.	*We went over Easter.*
Gawsoch chi amser da?	*Did you have a good time?*
Am faint est ti?	*For how long did you go?*
Ble roeddech chi'n aros?	*Where did you stay?*
Oedd y gwesty'n iawn?	*Was the hotel all right?*

Exercise 5

Wyn, a friend whom you have not seen for some time, is
asking about your last holiday. Fill in your side on the
conversation.

Wyn	Ble est ti llynedd?
Chi	*Say you went to Pwllheli.*
Wyn	Ble arhosaist ti?
Chi	*Tell him you stayed in a four-star hotel.*
Wyn	Oedd hi'n ddrud i aros yno?
Chi	*Tell him that it wasn't as expensive as your holidays in Barbados.*
Wyn	Sut roedd y bwyd?
Chi	*Tell him it was very tasty, much better than the previous year.*
Wyn	Sut roedd y tywydd?
Chi	*Tell him it was splendid.*
Wyn	Beth am y plant? Oedd digon iddyn nhw ei wneud?
Chi	*Tell him they were very happy, there were lots of things for them to do, they used to leave the hotel every morning after breakfast and not come back until very late.*

gwesty (m.) gwestai *hotel*   cynt *previous*
seren (f.) sêr *star*   gadael (gadaw-) *to leave*

Exercise 6

◀) CD1, TR 11, 02:46

Listen to the recording and then answer the questions that follow.
Meleri is talking about her foreign travels.

1 To which countries has she been?
2 What did she like about Spain?
3 What did she do in France?
4 What didn't she like about the hotel in Italy?
5 Where did she go after that?
6 When did she see Mr Parry?
7 What was he doing?

Deialog 2

Tom and Matthew are reminiscing about their school days.

Tom	Dych chi'n darllen <u>eto</u> Matthew? Roeddech chi'n swot mawr yn yr ysgol siŵr o fod.
Matthew	Nac oeddwn, ond roeddwn i'n gwneud fy ngwaith yn gydwybodol. Roeddwn i'n hoffi'r ysgol. Roedd yr athrawon yn gyfeillgar iawn, roedden nhw i gyd yn siarad Cymraeg ac roedden nhw'n amyneddgar iawn gyda'r rhai oedd yn dysgu'r iaith. Sut roedd eich dyddiau ysgol chi?
Tom	Roedd yn gas 'da fi'r ysgol. Roedd rhaid i fy nhad a fy mam fy llusgo i i'r ysgol bob dydd. Doedd yr athrawon ddim yn fy hoffi i, roedden nhw'n pico arna i drwy'r amser ond doeddwn i ddim yn ddrwg iawn.
Matthew	Wel, dych chi wedi newid, chi yw swot mwyaf y cwrs.
Tom	Dim ond pan benderfynais i ddod yn gyfreithiwr dechreuais i weithio.

QV

◈ CD1, TR 11, 04:02

1 Did Matthew work hard in school?
2 How does Matthew ask Tom how his school days were?
3 Why did Tom not like school?
4 How does Matthew say 'You are the biggest swot on the course'?

cydwybodol *conscientious*
cyfeillgar *friendly*
amyneddgar *patient*
llusg (llusg-) *to drag*
pico (pic-) *to pick*

Author insight

As with the present tense (Unit 5), there are different answer forms in the imperfect tense:

oeddwn	*yes, I was*	**nac oeddwn**	*no, I wasn't*
oeddet	*yes, you were*	**nac oeddet**	*no, you weren't*
oedd	*yes, he/she/it was*	**nac oedd**	*no, he/she/it wasn't*
oedden	*yes, we were*	**nac oedden**	*no, we weren't*
oeddech	*yes, you were*	**nac oeddech**	*no, you weren't*
oedden	*yes, they were*	**nac oedden**	*no, they weren't*

Don't forget that the third person singular is used with plural nouns in all tenses: **Mae'r bechgyn yn drist iawn,** *The boys are very sad;* **Roedd y bechgyn yn drist iawn,** *The boys were very sad;* **Crïodd y bechgyn,** *The boys cried.*

Exercise 7

Answer the following in full sentences according to the examples.

Oedd yr arian yn ei fag? (✓) **Oedd, roedd yr arian yn ei fag.**

Oedden nhw'n gweithio i'r un cwmni? (✗) **Nac oedden, doedden nhw ddim yn gweithio i'r un cwmni.**

a Oedd hi'n fwyn ddoe? (✓)
b Oedd yr athrawon yn amyneddgar? (✗)

c Oeddet ti'n hwyr i'r gwaith y bore 'ma? (✗)

d Oedden nhw'n cystadlu mewn eisteddfodau pan oedden nhw'n fach? (✓)

e Oedd eich modryb yn edrych ymlaen at ei gwyliau? (✗)

f Oeddech chi'n mynd dair gwaith yr wythnos? (✓)

g Oedd y caws yn ffres? (✗)

h Oedd dreigiau Jayne dros ei thŷ i gyd? (✓)

Sut roedd eich dyddiau ysgol chi? Here are some possible answers to this question:

Roedden nhw'n hapus iawn.	*They were very happy.*
Roedd yn gas 'da fi'r ysgol.	*I hated school.*
Doeddwn i ddim yn gallu aros i adael.	*I couldn't wait to leave.*
Doeddwn i ddim yn gweithio'n ddigon caled.	*I didn't work hard enough.*
Roeddwn i'n colli llawer o ysgol.	*I missed a lot of school.*
Roedd yr athrawon yn ddymunol iawn.	*The teachers were very pleasant.*

Deialog 3

Matthew has some good news to share with Tom. Listen to the recording, without reading the script, and then answer the three questions that follow. Listen to the recording again, with the aid of the vocabulary if necessary, and when you are sure you understand everything, answer the second set of questions.

Matthew	Dw i newydd gael newyddion da, mae tri chyfweliad 'da fi'r wythnos nesaf.
Tom	Llongyfarchiadau. Dw i'n eich cofio chi'n dweud eich bod chi wedi anfon i ffwrdd am fanylion, ond roedd hynny'n amser hir yn ôl nawr. Doeddwn i ddim wedi sylweddoli eich bod chi wedi gwneud cais am y swyddi. Pa fath o swyddi dyn nhw?
	(Contd)

CD1, TR 11, 05:05

Matthew	Mae'r tair swydd yn wahanol iawn i'w gilydd. Rheolwr tafarn yng Nghaerdydd yw'r un sy 'da fi ddydd Llun. Wedyn, mae cyfweliad 'da fi gyda chwmni cyfrifiaduron, maen nhw'n chwilio am rywun i werthu meddalwedd yn Ne Cymru. Mae'n rhaid i fi fynd am gyfweliad ym mhencadlys y cwmni ym Mhenybont ddydd Mercher. Ar ddiwedd yr wythnos, bydda i yn y gogledd yn cael cyfweliad am swydd tiwtor cyfrifiaduron mewn coleg addysg bellach.
Tom	Llongyfarchiadau eto. Dw i'n siŵr y byddwch chi'n cael un ohonyn nhw. Dych chi'n mynd i fod yn brysur iawn. Dwedwch wrtha i os byddwch chi eisiau fy help.
Matthew	Gwnaf.

1 What hadn't Tom realized?
2 Where will Matthew be on Monday?
3 When will Matthew be in the north?

QUICK VOCAB

cyfweliad (m.) **-au** *interview*
cais (m.) **ceisiadau** *application*
i'w gilydd *to each other*
rheolwr (m.) **rheolwyr** *manager*
meddalwedd (f.) *software*
pencadlys (m.) *headquarters*
addysg bellach *further education*

True or false?

4 Mae pedwar cyfweliad 'da Matthew.
5 Mae'r cyfweliadau yr wythnos nesaf.
6 Mae'r swyddi'n debyg iawn i'w gilydd.
7 Mae'r dafarn yng Nghaerdydd.
8 Mae pencadlys y cwmni cyfrifiaduron yn y gogledd.
9 Mae cyfweliad 'da Matthew mewn ysgol.

Patagonia

During the nineteenth and twentieth centuries many people left Wales to start a new life in Patagonia.

The first ship, called *The Mimosa*, arrived in Porth Madryn on July 28, 1865. The Welsh settled in Dyffryn Camwy (*Chubut*), and in 1885 a group of families crossed 400 miles to Cwm Hyfryd to set up another colony at the foot of the Andes.

People continued to migrate to Patagonia from Wales until 1914. Welsh had been the language of the schools, chapels and courts all this time and a number of Welsh newspapers were produced and Welsh money printed. However, the increase in non-Welsh-speaking immigrants into the area during the early and mid-twentieth century meant the decline of Welsh customs and traditions such as the eisteddfod. Younger generations gradually began to lose their command of the language. In recent years, however, the situation has changed for the better, with many young people once again taking an interest in the language. It is estimated that there are now approximately 5,000 Welsh speakers in Patagonia.

Test yourself

How would you do the following:

1 Say we went home together
2 Ask a friend, 'Have you ever stayed in a hotel in Bangor?'
3 Say, 'I was eating my dinner when they were watching television'
4 Ask your friends whether they had holidays this year
5 Say the food was very tasty
6 Ask your friend, 'How long did you go for?'
7 Say, 'She was conscientious when she was at school'
8 Say, 'He hated school'
9 Give the correct yes/no answer to: Oedd y bechgyn yn drist?
10 Tell someone you have never had an interview

12

Ble cawsoch chi eich geni?
Where were you born?

In this unit you will learn how to
- *ask someone where they were born and brought up*
- *say where you were born and brought up and where someone else was born and brought up*
- *use the passive voice*
- *say the months of the year in Welsh*
- *give the year in Welsh*

Deialog 1

Tom, Jayne, Elen and Matthew are discussing where they were born.

CD2, TR 1

Matthew	Gawsoch chi eich geni yng Nghymru Elen?
Elen	Do, Cymraes ydw i, ces i fy ngeni yng Nghrymych yn Sir Benfro. Dw i'n trïo cofio ble cawsoch chi eich geni. Rhywle yn y gorllewin os dw i'n cofio'n iawn.
Matthew	Ces i fy ngeni yn Aberystwyth a ches i fy magu yno hefyd. Es i i Lundain i chwilio am waith bum mlynedd yn ôl.
Tom	Gawsoch chi eich geni yn Ohio Jayne?
Jayne	Naddo, ches i mo fy ngeni yn Ohio, ces i fy ngeni yn Missouri. Symudon ni i Ohio pan oeddwn i'n ddeg mlwydd oed pan gafodd fy mam swydd newydd.

Tom	Gafodd Haf ei geni yn Ohio?
Jayne	Naddo. Cafodd hi ei geni pan oeddwn i'n byw yn Efrog Newydd. Penderfynais i symud yn ôl i Ohio i fod yn agosach at fy rhieni; dyw hi ddim yn hawdd magu plant ar eich pen eich hunan.
Tom	Ces i fy ngeni a fy magu yn Abertawe a dw i erioed wedi gadael yr ardal.
Elen	Dych chi'n gall iawn Tom, mae symud tŷ yn boen.

1 Was Elen born in Wales?
2 When did Matthew move to London?
3 Why did Jayne decide to move back to Ohio?

QUICK VOCAB

geni (gan-) *to be born*
Cymraes (f.) **-au** *Welsh woman*
magu (mag-) *to be brought up*
rhywle *somewhere*
call *sensible*

Author insight

When something is done to something or someone, Welsh uses the verb **cael** where English uses the verb 'to be', or 'to get' in some dialects:

Mae fy lawnt yn cael ei thorri bob dydd Sul.	*My lawn is cut (gets cut) every Sunday* (lit. 'my lawn has its cutting')
Roedden nhw'n cael eu talu bob mis.	*They were paid every month* (lit. 'they got their paying every month')
Ble cawsoch chi eich geni?	*Where were you born?* (lit. 'where did you have your birth?')

As you can see from these examples, **cael** is followed by forms of the possessive pronoun. Sentences such as these, where the subject receives the action of the verb, but does

(Contd)

not actually do the action itself (**ces i fy ngeni,** *I was born,* i.e. I was not giving birth myself), are said to be in the **passive voice.** Compare the following two sentences:

Lladdodd y ci y gath. *The dog killed the cat.*
(active – the subject of the sentence [**y ci**] is doing the killing)

Cafodd y ci ei ladd. *The dog was killed.*
(passive – the subject of the sentence [**y ci**] is being killed, and not doing the killing)

---

1 Asking where someone was born or brought up

Ble cest ti dy eni?	*Where were you born?*
Ble cafodd e ei eni?	*Where was he born?*
Ble cafodd hi ei magu?	*Where was she brought up?*
Ble cawsoch chi eich geni?	*Where were you born?*
Ble cawson nhw eu magu?	*Where were they brought up?*
Ces i fy ngeni yng Nghaerfyrddin.	*I was born in Carmarthen.*
Cafodd e ei eni yn Sir Benfro.	*He was born in Pembrokeshire.*
Cafodd hi ei magu yng Ngwynedd.	*She was brought up in Gwynedd.*
Cawson ni ein geni yn Sir y Fflint.	*We were born in Flintshire.*
Cawson nhw eu magu ym Mhowys.	*They were brought up in Powys.*

Exercise 1

◀) CD2, TR 1, 01:21

Listen to the recording and then answer the questions.

1 Where was Rhiannon born?
2 Where was Rhiannon brought up?
3 Where were her children born?
4 What language does she speak at home?

Exercise 2

Say where the people listed were born. One of the sentences has been done for you.

Nhw – Bangor: **Cawson nhw eu geni ym Mangor.**

1 Ti – Caergybi
2 Y plant – Tyddewi
3 Hi – Pontypridd
4 Chi – Castell-nedd
5 Nhw – Bangor

6 Fi – Dolgellau
7 Steffan ac Eleri – Talybont
8 Fe – Gorseinon
9 Ni – Penfro
10 Megan – Glynebwy

Author insight

ar eich pen eich hunan, *on your own.* Note the forms of this idiom, *on one's own*:

ar fy mhen fy hunan	*on my own*
ar dy ben dy hunan	*on your own* (fam.)
ar ei ben ei hunan	*on his own*
ar ei phen ei hunan	*on her own*
ar ein pen ein hunain	*on our own*
ar eich pen eich hunan/hunain	*on your own*
ar eu pen eu hunain	*on their own*

Deialog 2

Elen has just found out a piece of interesting information.

Elen	Dwedodd y frân wen wrtha i gynnau fach eich bod chi'n dathlu eich pen-blwydd ym mis Awst Tom.
Tom	Mae hynny'n wir, ond pwy ddwedodd wrthoch chi?
Elen	Dw i byth yn datgelu cyfrinachau Tom.
Jayne	Pryd yn union mae'ch pen-blwydd Tom?

(Contd)

CD2, TR 1, 02:26

Matthew	Roeddwn i'n meddwl bod Tom wedi derbyn llawer o bost y bore 'ma. Mae rhaid bod eich pen-blwydd rhywbryd yr wythnos 'ma.
Tom	Dych chi'n iawn Matthew, ond dw i ddim yn mynd i ddweud pryd.
Elen	Wel, dw i ddim yn mynd i ddweud rhagor ond peidiwch â synnu os gwelwch chi fi'n tynnu gwallt Tom yfory.
Matthew	Yfory! Dyw hi ddim yn rhoi llawer o amser i ni drefnu parti.
Tom	Roeddwn i'n meddwl nad oeddech chi byth yn datgelu cyfrinachau Elen!

1 How does Elen say 'a little bird told me'?
2 What question does Tom ask Elen?
3 What did Tom receive this morning according to Matthew?

y frân wen *the white crow (a little bird)*
gynnau fach *just now*
dathlu (dathl-) *to celebrate*
pen-blwydd (m.) -i *birthday*
byth *never*
datgelu (datgel-) *to reveal*
cyfrinach (f.) -au *secret*
yn union *exactly*
synnu (synn-) *to be surprised*
tynnu (tynn-) *to pull*
rhoi (rhodd-) *to give, to put*

Author insight

Dw i byth yn datgelu cyfrinachau   *I never reveal secrets*

You have already seen the word **erioed** which means *ever/ never* when used with the past tense and **wedi** in Unit 11. **Byth** means *ever/never* when used with all the other tenses. You will see the future tense in Units 14 and 15 and the conditional tense in Unit 18. Here is a list of some examples of **byth** with the present and imperfect tense:

Dw i byth yn gwisgo het.	I never wear a hat.
Dyw ei gwaith byth yn undonog.	Her work is never monotonous.
Doeddwn i byth yn cadw'n heini.	I never used to keep fit.
Doedd e byth yn ymlacio.	He never used to relax.
Cymru am byth!	Wales for ever!

2 Misoedd y Flwyddyn *The months of the year*

Mis Ionawr	January
Mis Chwefror	February
Mis Mawrth	March
Mis Ebrill	April
Mis Mai	May
Mis Mehefin	June
Mis Gorffennaf	July
Mis Awst	August
Mis Medi	September
Mis Hydref	October
Mis Tachwedd	November
Mis Rhagfyr	December

Author insight

Ces i fy ngeni ym mis Ionawr *I was born in January*

In front of the letter 'm' **yn** (*in*) becomes **ym**.

Exercise 3

◀) CD2, TR 1, 0:19

Lowri has had a very busy year. Listen to her describing her year and then answer the questions.

a After listening to the recording once:
   1 Has Lowri any children?

2 What are their names?

3 What is the name of the puppy?

b After listening to the recording several times:

    1 Has Lowri had a good year?

    2 Why didn't Lowri do much outside in April?

    3 Why did Lowri not want to go to the wedding?

    4 What happened in September?

    5 What does Lowri like about the job she got in October?

    6 Why was Lowri sad at the beginning of Christmas?

    7 Lowri has not given details about one month at all; which month is it?

---

3 Pa flwyddyn yw hi? *What year is it?*

Saying the year is very straightforward once you know the numbers in Welsh. The year 588 is written in full as **pump wyth wyth**, 1567 is expressed in full as **mil pump chwech saith**, 1999 **mil naw naw naw** and the year 2000 as **dwy fil**. The year 2000 is written **Dwy fil**. The years following use **a**: the year 2010 is written **dwy fil a deg**.

You will sometimes hear: **Y flwyddyn pump wyth wyth**, **y flwyddyn mil pump chwech saith** etc.

Exercise 4

Can you give the following years in Welsh?

    a 1282

    b 1588

    c 1927

    d 1135

    e 588

    f 1888

g 1660

h 1046

Exercise 5

The dates of birth of seven people are given here. Connect the dates of birth to the correct sentence.

a 3/9/45   Cafodd Marc ei eni ym mis Gorffennaf mil naw chwe saith.

b 10/1/90   Cafodd y plant eu geni ym mis Rhagfyr mil naw wyth dau.

c 31/7/67   Cafodd Mr Williams ei eni ym mis Chwefror mil naw tri pedwar.

d 21/12/82   Cawson ni ein geni ym mis Medi mil naw pedwar pump.

e 9/8/58   Cawson nhw eu geni ym mis Ionawr mil naw naw dim.

f 28/2/34   Cafodd hi ei geni ym mis Awst mil naw pump wyth.

Deialog 3

Jayne has just received some bad news.

Jayne	Dw i newydd glywed bod damwain erchyll wedi digwydd tu allan i'r dref lle dw i'n byw yn Ohio. Cafodd dau ddeg pump o bobl eu lladd, a chafodd dros bum deg o bobl eu hanafu.
Tom	Beth ddigwyddodd?
Jayne	Dw i ddim yn hollol siŵr; chlywais i mo'r bwletin i gyd. Dw i ddim yn cofio unrhywbeth fel hyn yn digwydd yn y dref o'r blaen. Mae'n dref mor fach, mae pawb yn nabod ei gilydd. Bydd hi'n sioc fawr i bawb.
	(Contd)

CD2, TR 1, 05:26

Tom	Roedd y newyddion yn llawn o bethau ofnadwy'n digwydd yn Abertawe heddiw. Cafodd llawer o arian ei ddwyn o un o'r siopau. Dw i ddim yn cofio'r union swm, ond roedd e'n eithaf sylweddol. Chafodd neb mo'i anafu a chafodd un o'r dynion a oedd yn gyfrifol ei ddal a'i arestio rai oriau'n ddiweddarach. Mae un arall yn cael ei holi yng ngorsaf yr heddlu. Cafodd dyn arall ei gyhuddo o dwyll a chafodd y fenyw a gafodd hyd i gorff ei chariad yn y stryd yr wythnos diwethaf ei chyhuddo o'i ladd y bore 'ma.
Matthew	Rhagor o fusnes i'ch cwmni Tom!

1 Where did the accident happen?
2 How many people were injured?
3 What was stolen from one of the shops in Swansea?

QUICK VOCAB

erchyll *terrible, atrocious*
tu allan *outside*
lladd (lladd-) *to kill*
hollol *complete, total*
dwyn (dyg-) *to steal*
yr union *the exact*

sylweddol *substantial*
diweddarach *later*
holi (hol-) *to question, to inquire*
cyhuddo (cyhudd-) *to accuse*
twyll (m.) *fraud, deceit*

Author insight

Ble/lle Ble is used to ask a question: **Ble cawson nhw eu geni?** whereas **lle** is a conjunction, which links parts of the sentence together: **Dyna'r siop lle cafodd yr arian ei ddwyn,** *That is the shop where the money was stolen.*

Neb (*no one*) is never used with **ddim** in a sentence:

Doedd Ann ddim yn gwybod.	*Ann didn't know.*
Doedd neb yn gwybod.	*No one knew.*
Doedd neb yn hollol siŵr.	*No one was completely certain.*
Does neb yno.	*There is no one there.*
Chafodd neb ei anafu.	*No one was injured.*

Exercise 6

Complete the sentence in the column on the left with the appropriate statement from the column on the right.

a Pan giciodd Gethin bêl yn   cafodd yr heddlu eu ffonio.
   yr ystafell fyw
b Pan gollodd y cwmni lawer o   gawsoch chi eich cyhuddo?
   arian
c Pan roddais i'r dillad brwnt   cawson ni ein siomi.
   yn y peiriant golchi
d Pan suddodd y llong   cafodd cant o bobl eu boddi.
e Pan dorrodd protestwyr i   cafodd y ffatri ei chau.
   mewn i'r Palas
f Pan fuodd damwain erchyll   gest ti dy dalu?
   ar yr heol
g Pan fu farw fy mam   cafodd y ffenest ei thorri.
h Pan nad enillon ni'r jacpot   cawson nhw eu harestio.
i Pan orffennaist ti'r gwaith   cafodd ei thŷ ei werthu.
j Pan gafodd yr arian ei ddwyn   cawson nhw eu golchi.

···

Author insight

Bu is the literary form of **buodd**, but you will hear it in everyday phrases such as **bu farw** (*died*).

You have already seen that **sy'n** can mean *which is/who is* in sentences like:

Dw i'n nabod rhywun sy'n dathlu ei ben-blwydd heddiw,
I know someone who is celebrating his birthday today.

Sy'n is only used in the present tense, with all other tenses **a** (*who/which*) is used:

Dw i'n nabod rhywun a oedd   *I know someone who was*
   yn dathlu ei ben-blwydd   *celebrating his birthday*
   heddiw.   *today*.

(Contd)

| Dw i'n nabod rhywun a fydd yn dathlu ei ben-blwydd yfory. | I know someone who will be celebrating his birthday tomorrow. |
| Dw i'n nabod rhywun a aeth i'r Almaen ar ei wyliau. | I know someone who went to Germany on his holidays. |

As you can see, **a** causes the soft mutation:

| Cafodd y fenyw a gafodd hyd i gorff ei chariad ei chyhuddo o'i ladd. | *The woman who found her boyfriend's body was accused of killing him.* |

In everyday speech, **a** tends to be dropped, but the mutation it causes still remains.

| Ble mae'r ci laddodd y gath? | *Where is the dog that killed the cat?* |

In the negative, the word **na** replaces **a**, **nad** being used before vowels:

Dw i'n nabod rhywun nad oedd yn hapus yn y dosbarth heddiw.

Dych chi wedi clywed oddi wrth y dyn na ddaeth i'r arholiad.

Na causes a soft mutation. Words beginning with **c**, **t**, and **p** are subject to the aspirate mutation:

| Ble mae'r dyn na chafodd ei anafu? | *Where is the man who wasn't hurt?* |

Exercise 7 Bwletin Newyddion

In the news bulletin are several examples of the passive. How many can you find? The answer is in the key. After reading the bulletin thoroughly until you understand everything, do Exercise 8.

Dyma'r newyddion

Cafodd dyn ei ladd bore ddoe wrth groesi'r A483 ger Llanidloes. Mae'r heddlu'n apelio am dystion. Dyn nhw ddim wedi rhyddhau enw'r dyn a fu farw eto.

Cafodd dau ddeg tri o bobl eu harestio yn dilyn protest o flaen adeilad y Cynulliad ym Mae Caerdydd. Roedden nhw'n protestio am doriadau yn y grantiau i ffermwyr.

Cafodd ffatri ddillad newydd ei hagor ym Machynlleth heddiw. Daeth y Prif Weinidog, a oedd ar ymweliad â Gwynedd ar y pryd, i agor y ffatri'n swyddogol. Bydd gwaith i ddau gant o bobl.

Yn Llys y Goron, Abertawe y bore 'ma, cafodd David Llywelyn ei garcharu am oes am dwyll. Clywodd y llys fod Llywelyn wedi hawlio arian dan enwau ffug.

Mae gŵr a gwraig o ardal Bangor yn dathlu heddiw ar ôl ennill jacpot y loteri o dros saith miliwn o bunnau.

Cafodd y gêm rhwng Wrecsam a'r Barri ei gohirio heddiw oherwydd glaw trwm.

ger *near*
wrth groesi *while crossing*
apelio am (SM) *to appeal for*
tyst (m.) **-ion** *witness*
rhyddhau *to release*
adeilad (m.) **-au** *building*
toriad (m.) **-au** *cut*
ffermwr (m.) **ffermwyr** *farmer*
myfyriwr (m.) **myfyrwyr** *student*
ffatri (f.) **-oedd** *factory*
ymweliad (m.) **-au** *visit*
swyddogol *official*
llys y goron (m.) **llysoedd y goron** *crown court*
carcharu (carchar-) *to imprison*

oes (f.) **-oedd** *age, lifetime*
llys (m.) **-oedd** *court*
hawlio (hawli-) *to claim*
dan (SM) *under*
ffug *false*

Exercise 8

Read the following eight statements that relate to the news bulletin
in Exercise 7 and say whether they are true or false.

1 Dyw'r heddlu ddim yn gwybod enw'r dyn.
2 Cafodd mwy na 20 o bobl eu harestio.
3 Roedd y Prif Weinidog wedi dod o Lundain.
4 Bydd llai na phum cant yn cael gwaith yn y ffatri newydd.
5 Bydd David Llywelyn yn y carchar am amser hir.
6 Mae'r ddau berson o Fangor yn briod.
7 Enillodd Wrecsam gêm pêl-droed heddiw.
8 Roedd hi'n ddiwrnod gwlyb yng Nghymru.

4 Impersonal forms of the passive

You have already seen one way of expressing the passive in the past
tense: **Cafodd y gêm ei gohirio** (*The game was postponed*). There
is a second way of expressing the same thing in Welsh, namely
adding the ending -**wyd** onto the stem of a verb–noun **gohiriwyd
y gêm**. You will often hear the impersonal ending -**wyd** in formal
contexts such as news bulletins or printed materials. **Mynd â, dod
â, cael** and **gwneud** are all irregular verbs. Their impersonal past
forms are: **aethpwyd â** (*was/were taken*), **daethpwyd â** (*was/were
brought*), **cafwyd** (*was/were had/got*), **gwnaethpwyd** (*was/were
made*). There are also two forms to express the passive present
and future. You have already seen the forms using **cael**:

Mae'r gêm yn cael ei gohirio.   *The game is being postponed.*
Bydd y gêm yn cael ei gohirio.   *The game will be postponed.*

The ending **-ir** is also used to express both of these sentences:

Gohirir y gêm. *The game is being/will be postponed.*

Once again you will see the impersonal forms in formal Welsh.

Exercise 9

Here are a few of the more common signs using the impersonal passive which you will see in Wales.

Siaredir Cymraeg yma

a

Ni dderbynnir sieciau

b

Ni chaniateir i gŵn redeg yn rhydd

c

Gwerthir stampiau yma

d

Cosbir yn ariannol y rhai sy'n teithio heb docyn

e

Croesewir anifeiliaid anwes

f

1 Which sign requests that dogs be kept on a lead?
2 Which sign would you see on a bus or a train?
3 Which sign indicates there are bilingual staff on the premises?
4 Which sign indicates you can only pay by cash or card?
5 Which sign means that stamps are sold there?
6 Which sign indicates you can take your dog there?

5 Wedi'i wneud yng Nghymru *Made in Wales*

The pattern **wedi'i** is the shortened form of **wedi cael ei** and translates as *made* in English, in such patterns as **wedi'i wneud yng Nghymru** *made in Wales*, **wedi'i wneud o bren**, *made of wood*. **Wedi'i** often takes the place of **wedi cael ei** in everyday speech:

Mae e wedi cael ei werthu. *It has been sold.*
Mae e wedi'i werthu.

The Museum of Welsh Life

The Museum of Welsh Life in St Fagans near Cardiff is one of the most important open-air museums in Europe. It was opened in 1948 and aims to show visitors how Welsh people have lived their lives over the centuries, from Celtic times to the present day. The museum stands in the grounds of St Fagan's Castle, a manor house dating from the sixteenth century. In the grounds are over 30 original buildings from different areas of Wales. All the buildings were moved and painstakingly re-erected in St Fagans. The museum boasts a school, a toll house, farmhouses, mills and a workers' institute from Oakdale, Gwent, as well as a smithy. It is possible to watch craftsmen exhibit traditional Welsh crafts as well as to sample traditional produce. All the buildings had been threatened with demolition in their original localities. The museum also has indoor galleries where you can see Welsh costume and farming implements and archives of documents, film, tape recordings and photographs.

Test yourself

How would you do the following:

1 Ask someone where they were born
2 Say, 'I was born in Prestatyn'
3 Say she was brought up in South Wales
4 Say we made the food on our own
5 Say she never relaxes
6 Say he was born in August 2001
7 Say no one knew where Dr Jones was born
8 Say, 'I know someone who lives in that building'
9 Say he knows someone who was arrested
10 Put this sentence into the impersonal: cafodd y ffermwr ei ladd

13

Pryd mae'ch penblwydd chi?
When is your birthday?

In this unit you will learn how to
- *ask someone when their birthday is*
- *give dates*
- *give a greeting for a particular time of the year or occasion*
- *congratulate and sympathize with someone*

Deialog 1

Tom's birthday has arrived.

Jayne	Llongyfarchiadau Tom. Pen-blwydd hapus. Sut mae'n teimlo i fod yn bum deg?
Tom	Dyw hi ddim cynddrwg ag roeddwn i'n ei feddwl; dw i'n teimlo'n ifanc o hyd, a dw i'n mwynhau'r sylw a'r anrhegion i gyd.
Matthew	Efallai eich bod chi'n teimlo'n ifanc ond mae'ch gwallt chi wedi brithio dros nos.
Tom	Ble? Oes drych 'da chi Jayne?
Jayne	Mae Matthew'n tynnu'ch coes chi Tom; dych chi'n dal mor olygus ag roeddech chi ddoe.
Tom	Pryd mae'ch pen-blwydd chi, Matthew, fel y galla i dynnu'ch coes chi?
	(Contd)

Matthew	Ar y nawfed o fis Ebrill. Bydd y cwrs wedi dod i ben erbyn hynny, felly bydda i'n ddigon pell i ffwrdd. Byddwch chi wedi anghofio erbyn hynny, beth bynnag.
Tom	Peidiwch â bod mor siŵr – mae cof hir 'da hen gi cofiwch.

1 How does Jayne say 'How does it feel to be 50?'
2 What does Tom say he enjoys about his birthday?
3 In which month is Matthew's birthday?

llongyfarchiadau *congratulations*
sylw (m.) **-au** *attention*
efallai *perhaps*
brithio (brithi-) *to go grey (hair)*
fel y galla i *so that I can*
dod i ben *to end, to come to an end*
erbyn hynny *by then*
cof (m.) **-ion** *memory*
mae cof hir 'da hen gi *an old dog has a long memory*

Author insight

Dal i/o hyd. You will have noticed these two words in Deialog 1; both are used to say that something or someone is still doing something. **Dal i** is used before a verb: **Dw i'n dal i fyw ym Mhentrefoelas**, and **o hyd** comes at the end of the sentence **Dw i'n byw ym Mhentrefoelas o hyd**.

Exercise 1

It's Marged's birthday and her friend, Ffion, congratulates her. Complete Marged's side of the dialogue according to the instructions given:

Ffion	Llongyfarchiadau Marged. Pen-blwydd hapus. Sut mae'n teimlo i fod yn bedwar deg?
Marged	*It's worse than I thought. I feel very old, and I don't like all the atttention.*

Ffion	Rwyt ti'n dal i edrych yn ifanc, dwyt ti ddim yn edrych dy oedran.
Marged	*You are very kind to say that I look young, but I feel very old.*
Ffion	Dw i'n dweud y gwir, rwyt ti'n edrych yn wych.

1 Pryd mae'ch pen-blwydd chi? *When is your birthday?*

Pryd mae pen-blwydd y plant?	*When is the children's birthday?*
Mae hi ar yr unfed ar hugain o fis Rhagfyr.	*It is on the twenty-first of December.*
Mae hi ar y pymthegfed o fis Awst.	*It is on the fifteenth of August.*
Mae hi ar y degfed ar hugain o fis Gorffennaf.	*It is on the thirtieth of July.*

2 Ordinal numbers

Ordinal numbers describe where people or things come in a sequence. A list of the first ten ordinal numbers in Welsh follows. Feminine forms (if any) are given in brackets. In the right-hand column you will see the abbreviated form of all the ordinal numbers listed:

1st	cyntaf	1af
2nd	ail	2il
3rd	trydydd (trydedd)	3ydd
4th	pedwerydd (pedwaredd)	4ydd
5th	pumed	5ed
6th	chweched	6ed
7th	seithfed	7fed
8th	wythfed	8fed
9th	nawfed	9fed
10th	degfed	10fed

y degfed o fis Mawrth	*the tenth of March*
yr ail lawr	*the second floor*
y seithfed dydd	*the seventh day*
yr ail ddrws ar y chwith	*the second door on the left*
Mae grisiau o'r llawr i'r pumed llawr.	*There are stairs from the ground floor to the fifth floor.*

You will have noticed the words **trydedd** and **pedwaredd** in brackets. These words are used with feminine nouns: **y drydedd ferch, y bedwaredd ferch.** When used with a feminine noun, all ordinals mutate after **y** (*the*): **y bumed wythnos,** *the fifth week,* **y ddegfed wers** (*the tenth lesson*). Unlike other ordinals, **cyntaf** comes after the noun: **y ferch gyntaf.**

Exercise 2

◆ **CD2, TR 2, 01:06**

Martyn has an interview in Mr Jones' office. He is not sure where Mr Jones' office is and asks for directions. Listen to the recording and choose the correct option from the choices listed.

1 Mr Jones' office is on the **a** first floor **b** third floor **c** fifth floor
2 Martin is on the **a** ground floor **b** second floor **c** sixth floor
3 The lift is **a** at the end of the corridor **b** the third door on the right **c** the second door on the left
4 The stairs are **a** the third door on the right **b** next to the lift **c** the fourth door on the left
5 Mr Jones' office is **a** the fifth door on the right **b** the second door on the right **c** the fourth door on the right.

3 More ordinal numbers

Ordinal numbers up to 20

| 11th | unfed ar ddeg | 11eg |
| 12th | deuddegfed | 12fed |

13th	trydydd ar ddeg	13eg
14th	pedwerydd ar ddeg	14eg
15th	pymthegfed	15fed
16th	unfed ar bymtheg	16eg
17th	ail ar bymtheg	17eg
18th	deunawfed	18fed
19th	pedwerydd ar bymtheg	19eg
20th	ugeinfed	20fed

Ordinal numbers 20+

Ordinals above 20 are relatively straightforward. **Ugain** is used as the base. **Pumed ar hugain** is 25th (fifth on 20).

21st	unfed ar hugain	21fed
22nd	ail ar hugain	22ain
30th	degfed ar hugain	30ain
31st	unfed ar ddeg ar hugain	31ain
100th	canfed	100fed

As this unit deals with dates we will only look in detail at ordinal numbers up to 31st.

Exercise 3

◆ **CD2, TR 2, 02:13**

Look at the dates of birth that follow and listen to the recording. You will hear some people giving you their dates of birth. Which of the dates here is not mentioned on the recording?

March 29, July 31, May 12, April 16, October 22, September 4

Exercise 4

Write these dates in full.

January 13, April 27, July 6, September 22, May 1, August 19

4 Enquiring about the date

Beth yw'r dyddiad heddiw?	*What is the date today?*
Beth oedd y dyddiad ddoe?	*What was the date yesterday?*
Beth fydd y dyddiad yfory?	*What will the date be tomorrow?*
Y nawfed ar hugain o fis Mawrth yw hi heddiw.	*It is the twenty-ninth of March today.*
Yr wythfed ar hugain o fis Mawrth oedd hi ddoe.	*It was the twenty-eighth of March yesterday.*
Y degfed ar hugain o fis Mawrth fydd hi yfory.	*It will be the thirtieth of March tomorrow.*

Deialog 2

Elen is very impressed with the hard work her class has done today and has decided to finish the lesson early.

CD2, TR 2, 02:43

Elen	Dych chi wedi gwneud diwrnod da o waith heddiw, dych chi'n haeddu cael mynd yn gynnar.
Tom	Diolch, mae hi wedi bod yn ddiwrnod hir iawn heddiw, roeddwn i'n gobeithio y byddech chi'n gorffen yn gynnar heddiw, dw i eisiau cael diwrnod ar lan y môr yfory. Mae Steffan a'i gariad yn cael tri diwrnod o wyliau yn Nhrefdraeth a hoffwn i fynd i'w gweld nhw. Mae Steffan yn hoffi treulio Gŵyl Banc mis Awst ar lan y môr.
Matthew	Wel dw i'n haeddu noson dda o gwsg heno, rhwng chwarae sboncen gyda chi Tom, gweithio'n galed ar fy Nghymraeg a diota gyda Marc, dw i wedi blino'n lân. Mae rhyw si fod parti nos Lun ar y traeth. Oes rhywun eisiau dod?
Jayne	Dim diolch, dw i eisiau cynilo fy arian ar gyfer gwyliau yn Iwerddon.
Tom	Dw i wedi mynd yn rhy hen i bethau fel hynny.

| Matthew | Dych chi byth yn rhy hen i bartïa, Tom. Dewch gyda ni. Gallwch chi ddawnsio yn droednoeth ar y tywod tan y bore. |
| Tom | Dros fy nghrogi! |

1 Why did Tom want to finish early?
2 Why is Matthew so tired?
3 Why does Tom not want to go to the party?

haeddu (haedd-) *to deserve*
cael *to be allowed*
y byddech chi *that you would*
ar lan y môr *at the seaside*
Trefdraeth *Newport (Pembrokeshire)*
diota (diot-) *to drink (alcohol)*
si (m.) **sïon** *rumour*
traeth (m.) **-au** *beach*
cynilo (cynil-) *to save (money)*
partïa (parti-) *to party*
troednoeth *barefoot*
dros fy nghrogi! *over my dead body!*

Author insight

There are two words in Welsh for 'day' and two words for 'night'. **Diwrnod** is used when you are referring to the whole day's length and is also used after numbers, e.g. **diwrnod o waith, diwrnod gwael, tri diwrnod**. **Dydd** refers to a particular day of the week or year, **Dydd Llun, Dydd Calan** (*New Year's Day*) and is also used in adverbs **bob dydd, trwy'r dydd** (*all day*). **Noson** and **nos** follow the same pattern as **diwrnod** and **dydd**, e.g. **noson o gwsg, noson wael, dwy noson; Nos Lun, Nos Galan, bob nos, trwy'r nos**.

Exercise 5

Fill in the blanks in the sentences using **diwrnod/dydd**; or **noson/nos**.

1 Maen nhw wedi bod yn gweithio drwy'r _____.
2 Roedden ni'n gweithio bum _____ yr wythnos.
3 Pryd dyn ni'n mynd i gael _____ o haul nesaf?
4 Roedd hi'n _____ oer iawn neithiwr.
5 Arhosodd fy ngwesteion am dair _____.
6 Maen nhw wedi bod i'r dafarn bob _____ yr wythnos 'ma.
7 Roedd hi lan drwy'r _____ yn edrych ar ôl ei merch dost.

5 Greetings at special times of the year

Blwyddyn Newydd Dda.	*Happy New Year.*
Pasg Hapus.	*Happy Easter.*
Nadolig Llawen.	*Happy Christmas.*

6 Wishing someone well on a particular occasion

Pob lwc gyda'r swydd newydd.	*Best of luck with your new job.*
Brysiwch wella!	*Get well soon!*
Brysia wella!	*Get well soon!* (fam.)

7 Sympathizing with someone

Roedd hi'n ddrwg 'da fi glywed eich bod chi wedi colli'ch swydd.	*I was sorry to hear that you had lost your job.*

8 Sending wishes in writing

Pob dymuniad da.	*Best wishes.*
Priodas ddedwydd i'r ddau ohonoch chi.	*A happy marriage to both of you.*
Dymuniadau gorau.	*Best wishes.*
Roedd hi'n flin 'da fi glywed am eich profedigaeth.	*I was sorry to hear of your bereavement.*
Llongyfarchiadau ar enedigaeth eich mab/merch.	*Congratulations on the birth of your son/daughter.*

9 Gwyliau banc *Bank holidays*

Dydd Gwener y Groglith	*Good Friday*
Sul y Pasg	*Easter Sunday*
Y Sulgwyn	*Whitsun*

10 Dyw hi ddim cynddrwg *It is not as bad*

In Units 6 and 7 you learned how to form the comparative (-er), and superlative (-est). There is another degree of comparison **mor... â** (*as... as*). The word **â** causes the aspirate mutation and becomes **ag** in front of a vowel:

Dyw cwningen ddim mor drwm â cheffyl.	*A rabbit is not as heavy as a horse.*
Dyw Tom ddim mor fyr ag Elen.	*Tom is not as short as Elen.*

These are the irregular adjectives:

da → cystal â **Dyw'r tywydd ddim cystal â ddoe.**
The weather is not as good as yesterday.

drwg → cynddrwg â **Mae e cynddrwg â phawb arall.**
He is as bad as everyone else.

mawr → cymaint â	**Dyw'r Drenewydd ddim cymaint ag Abertawe.**
	Newtown is not as big as Swansea.
bach → cyn lleied â	**Dyw e ddim cyn lleied â hynny.**
	It is not as small as that.

Exercise 6

Read the two paragraphs that follow and then say whether the statements are true or false.

Aled James ydw i. Dw i'n dod o Gaerdydd ond dw i'n byw yn y gogledd nawr ym Mlaenau Ffestiniog. Hoffwn i symud yn ôl i'r de rhywbryd. Dw i'n dysgu mewn ysgol uwchradd. Dw i'n hoffi'r gwaith ond hoffwn i ddysgu mewn ysgol fwy. Dw i'n dri deg tair blwydd oed. Roeddwn i'n briod am ddeg mlynedd ond dw i wedi cael ysgariad nawr. Does dim plant 'da fi. Mae un brawd 'da fi, Siôn, sy'n bedwar deg mlwydd oed, ac un chwaer, Alys, sy'n ddau ddeg wyth mlwydd oed.

Mair Williams ydw i. Dw i'n dod o Lanrwst ond dw i'n byw yn y gorllewin nawr yn Nhregaron. Hoffwn i symud yn ôl i'r gogledd rhywbryd. Dw i'n gweithio mewn swyddfa yn Aberystwyth. Dw i'n casáu'r gwaith ac mae'n undonog iawn a hoffwn i gael swydd sy'n talu'n fwy a gweithio oriau llai. Dw i'n bedwar deg naw mlwydd oed. Dw i'n briod ers dau ddeg pum mlynedd ac mae tri o blant 'da fi. Mae dau frawd 'da fi, Steffan, sy'n bum deg pump, a Rhys sy'n bum deg tair, ac un chwaer, Glenys, sy'n bum deg un mlwydd oed.

1 Dyw Aled ddim mor hen â Mair.
2 Mae mwy o frodyr 'da Aled na Mair.
3 Mae Aled yn byw yn bellach i'r gogledd na Mair.
4 Dyw Mair ddim mor hapus ag Aled yn y gwaith.
5 Dyw chwaer Mair ddim mor hen â chwaer Aled.

Important dates in the Welsh calendar		
Ionawr y Cyntaf	Dydd Calan	New Year's Day
Y pumed ar hugain o fis Ionawr	Dydd Santes Dwynwen	Saint Dwynwen's Day
Y cyntaf o fis Mawrth	Dydd Gŵyl Dewi	Saint David's Day
Yr unfed ar bymtheg o fis Medi	Dydd Owain Glyndŵr	Owain Glyndŵr's Day
Yr unfed ar ddeg ar hugain o fis Hydref	Calan Gaeaf	Hallowe'en
Yr unfed ar ddeg o fis Rhagfyr	Dydd Llewelyn yr Ail	Llewelyn II's Day
Y pumed ar hugain o fis Rhagfyr	Dydd Nadolig	Christmas Day
Y chweched ar hugain o fis Rhagfyr	Gŵyl San Steffan	Boxing Day
Yr unfed ar ddeg ar hugain o fis Rhagfyr	Nos Galan	New Year's Eve

Seasonal celebrations in Wales

On **Dydd Calan** (New Year's Day) in Wales, children walk from house to house collecting **calennig**, a small New Year's gift. The children recite a rhyme wishing the householders well and in exchange they receive money.

Dydd Owain Glyndŵr commemorates the last prince of Wales to have held an independent parliament, Owain Glyndŵr. He led an uprising against the English in 1400. In 1404, he summoned a Welsh parliament at Machynlleth, which was named the capital of an independent Wales. He held subsequent parliaments in Dolgellau and Harlech. But the tide turned against him from 1407 onwards and the rebellion ended in 1413. There is no record of Owain Glyndŵr after 1415; like Arthur and other legendary heroes, he disappeared.

Dydd Llewelyn yr Ail commemorates Llewelyn ap Gruffudd, who was proclaimed Prince of Wales in 1258 and who succeeded in uniting most of the country. His defeat and death in 1282 meant an end to an independent Wales and the beginning of English rule.

Test yourself

How would you do the following:

1 Tell someone that you are still working in the bank
2 Ask when the children's birthday is
3 Write this date in full 6/8/53
4 Say it is on the twenty-ninth of October
5 Ask what was the date yesterday
6 Wish someone a happy new year
7 Tell someone you know to get well soon
8 Say, 'Ifan is not as sensible as Megan'
9 Say, 'They are as bad as everyone else'
10 Say, 'Aberystwyth is not as big as Swansea'

14

Trefnu'ch gwyliau
Arranging your holiday

In this unit you will learn how to
- *book a journey*
- *talk about future events*
- *book a holiday*
- *write letters in Welsh*

Deialog 1

Jayne has succeeded in saving enough money for a trip to Ireland and goes to the travel agent to arrange the journey.

Jayne	Bydda i'n gorffen y cwrs Cymraeg mewn tair wythnos a hoffwn i fynd i Iwerddon am bythefnos wedyn. Dw i erioed wedi bod i'r wlad lle cafodd fy hen hen fam-gu ei geni.
Asiant teithio	Mae Iwerddon yn wlad hardd iawn, ac mae'n ddigon rhwydd ei chyrraedd o Gymru. Pryd yn union byddwch chi eisiau mynd?
Jayne	Bydd y cwrs yn gorffen ar yr ugeinfed o fis Medi felly bydda i'n rhydd ar ôl hynny.
Asiant teithio	Fyddwch chi eisiau teithio mewn awyren neu ar long?
	(Contd)

🛜 CD2, TR 3

Jayne	Mae'n gas 'da fi deithio ar y môr, ond dw i wedi arfer â mynd mewn awyrennau. Fydd hi'n bosibl cael awyren o Gaerdydd, neu fydd rhaid i fi deithio ymhellach?
Asiant teithio	Bydd, gallwch chi fynd o Gaerdydd i Ddulyn, maen nhw'n hedfan yn rheolaidd yno.
Jayne	Faint bydd y daith yn ei chostio?
Asiant teithio	Naw deg o bunnau.
Jayne	Da iawn. Alla i brynu'r tocyn yma?
Asiant teithio	Gallwch. Faint o'r gloch byddwch chi eisiau gadael Caerdydd ac ar ba ddydd?
Jayne	Tuag amser cinio ar yr unfed ar hugain. Byddwn ni'n gorffen dysgu amser te ar yr ugeinfed a galla i yrru i lawr i Gaerdydd ac aros dros nos mewn gwesty.

1 Has Jayne been to Ireland before?
2 What reason does Jayne give for travelling by plane?
3 On what date will Jayne be travelling?

QUICK VOCAB

hen hen fam-gu (f.) *great-great-grandmother*
rhwydd *easy*
ymhellach *further*
Dulyn *Dublin*
tua (AM) *about, approximately*

Author insight

In Deialog 1, you will see further examples of the future tense verb **gallu**:

galla i *I can*	**gallwn ni** *we can*
gelli di *you can*	**gallwch chi** *you can*
gall e/hi *he/she can*	**gallan nhw** *they can*

As with all verbs in Welsh, the question and negative forms mutate softly:

Allwn ni fynd?	*Can we go?*		
Allan nhw ddim aros.	*They can't stay.*		

The future tense of regular verbs is formed in Welsh by adding the following endings to the stem of the verb–noun in the same way that past endings were added in Unit 8. The future tense endings are as follows:

-a i	**-wn ni**
-i di	**-wch chi**
-iff e/-hi	**-an nhw**

dysga i	*I will learn*	**dysgwn ni**	*we will learn*
dysgu di	*you will learn*	**dysgwch chi**	*you will learn*
dysgiff e/hi	*he/she will learn*	**dysgan nhw**	*they will learn*

As with the past tense, the verb is mutated softly to ask a question:

Brynwch chi docyn?   *Will you buy a ticket?*

Verbs whose initial letter is b, d, g, ll, m, rh form the negative by using the soft mutation and adding **ddim**:

Ddathlan nhw ddim.	*They won't celebrate.*
Weliff hi ddim ffilm.	*She won't see a film.*

Verbs whose initial letter is c, p, or t form the negative by using the aspirate mutation:

Phryna i ddim tocyn.   *I won't buy a ticket.*

Also in Deialog 1 you will see examples of the future tense of the verb–noun **bod**. The forms are as follows:

bydda i	*I will be*	**byddwn ni**	*we will be*
byddi di	*you will be*	**byddwch chi**	*you will be*
bydd e/hi	*he/she will be*	**byddan nhw**	*they will be*

(Contd)

Once again there is a soft mutation on question and negative forms:

Fyddwch chi'n mynd yn y car? *Will you be going in the car?*
Fyddan nhw ddim yn hapus. *They will not be happy.*

Questions are answered with the appropriate form of the person without the accompanying pronoun: **Fydd e'n iawn? Bydd.**

An answer is made negative by **na** which is followed by a soft mutation: **Fyddan nhw yno? Na fyddan.**

Exercise 1

You have just planned a weekend away with your friends. Your work colleague, Ioan, is eager to find out more. Answer his questions. (You will need the future tense of **bod**.)

Ioan	I ble byddi di'n mynd 'te?
Chi	*Tell him you're going to Dublin.*
Ioan	Pryd byddi di'n mynd?
Chi	*Tell him you will be going in a fortnight.*
Ioan	Fyddi di'n mynd wrth dy hunan?
Chi	*Tell him no, you will be going with your best friend and two other friends who work in Bangor.*
Ioan	Am faint byddwch chi'n mynd?
Chi	*Tell him we are going for a weekend. Say 'We will be leaving from Holyhead on Friday evening and coming back to Wales on Monday morning'.*
Ioan	Ble byddwch chi'n aros?
Chi	*Say 'We will be staying in a hostel **(hostel)** outside Dublin'.*
Ioan	Dych chi'n edrych ymlaen at y daith?
Chi	*Tell him yes, you can't wait for Friday.*

Deialog 2

Mrs Williams has phoned a hotel to arrange a short stay there.
Listen to the recording if you have it, before reading the dialogue.
After listening to the recording a few times, answer the following
questions.

CD2, TR 3, 01:30

Derbynnydd	Bore da, Gwesty'r Castell.
Mrs Williams	Bore da, bydda i yn yr ardal ar fusnes yr wythnos nesaf a dw i'n ffonio i weld a oes ystafell ar gael.
Derbynnydd	Pryd yn union hoffech chi gael ystafell?
Mrs Williams	Dw i eisiau ystafell am ddwy noson, bydda i'n cyrraedd ar y pymthegfed ac yn gadael ar yr ail ar bymtheg ar ôl brecwast.
Derbynnydd	Ystafell sengl byddwch chi ei eisiau?
Mrs Williams	Ie, a hoffwn i gael teledu yn yr ystafell ac ystafell ymolchi.
Derbynnydd	Mae teledu ymhob un o'n hystafelloedd. Mae ystafell rydd 'da ni. Fyddwch chi eisiau pryd gyda'r nos?
Mrs Williams	Bydda, ar yr pymthegfed a'r unfed ar bymtheg.
Derbynnydd	Pris yr ystafell yw pedwar deg punt ac mae hynny'n cynnwys brecwast. Cost cinio gyda'r nos yw un deg naw punt.
Mrs Williams	Oes maes parcio 'da'r gwesty?
Derbynnydd	Oes. Os oes car 'da chi, gallwch ddefnyddio'n garej ni hefyd.
Mrs Williams	Da iawn, allwch chi gadw ystafell i fi, os gwelwch yn dda?
Derbynnydd	Galla, gaf i'ch enw llawn chi, os gwelwch yn dda.

1 How many nights does Mrs Williams hope to stay?
2 Will she have a television in her room?
3 How much does the evening meal cost?

derbynnydd (m.) **-ion** *receptionist*
busnes (m.) **-au** *business*
a (SM) *whether*
ar gael *available*
ystafell ymolchi (f.) *bathroom*
ystafelloedd ymolchi
gyda'r nos *in the evening*
cynnwys *to include*
cadw ystafell *to reserve a room*

Author insight

A (SM) (*whether*) is often omitted in everyday speech but the mutation it causes remains:

Dw i ddim yn siŵr eto a fydd e yno.	*I'm not sure yet whether he'll be there.*

Dw i ddim yn siŵr eto fydd e yno.

Os oes car 'da chi. In the present tense, **os** is followed by either **ydy/yw** or **oes**. **Oes** is used with indefinite nouns and **ydy/yw** with definite nouns:

os yw'r car 'da chi	*if you have the car*
os yw car eich tad 'da chi	*if you have your father's car*
os oes car 'da chi	*if you have a car*

The forms after the imperfect and future are **os oedd** and **os bydd**. **Os bydd** is often used where you would use the present tense in English:

Os bydd hi'n braf, bydd pawb yn mynd i'r traeth. *If it is fine (will be fine), everyone will go to the beach.*

Exercise 2

Connect the correct halves of these sentences together.

1 Os bydd hi'n stormus	bydda i'n rhugl cyn hir.
2 Os bydd Ceri'n gyrru	bydda i'n mynd i lan y môr.
3 Os byddwch chi'n mynd i Ddulyn	gwelwch chi swyddfa'r post enwog.
4 Os byddan nhw'n yfed 10 peint o lager	dewch am goffi.
5 Os bydda i'n siarad Cymraeg bob dydd	arhosa i yn y tŷ trwy'r dydd.
6 Os byddwch chi yn yr ardal	cysgan nhw'n sownd.
7 Os bydd diwrnod rhydd 'da fi	fydd Tom a Matthew ddim yn mynd.

Exercise 3

When you understand Deialog 2 thoroughly, say whether these statements are true or false.

1 Mae Mrs Williams yn dod i'r ardal ar wyliau.
2 Bydd hi'n cael cinio yn y gwesty yn y nos ar yr ail ar bymtheg.
3 Mae hi'n aros wrth ei hunan yn y gwesty.
4 Bydd bil Mrs Williams yn saith deg wyth punt.

---

1 Asking for a room

Dyn ni'n chwilio am westy am y penwythnos.	*We are looking for a hotel for the weekend.*
Oes lle 'da chi ar ôl?	*Do you any vacancies?*
Oes carafán 'da chi ar gyfer teulu o bump?	*Do you have a caravan for a family of five?*
Dyn ni'n chwilio am ystafell ddwbl.	*We are looking for a double room.*
Dw i eisiau ystafell sydd â golygfa o'r môr.	*I want a room with a sea view.*
Dyn ni eisiau ystafell ar gyfer dau oedolyn a babi.	*We want a room for two adults and a baby.*

2 Asking for details

Ydy trydan yn gynwysiedig yn y pris?	*Is electricity included in the price?*
Erbyn pryd bydd rhaid i ni adael yr ystafell?	*By what time will we have to leave the room?*
Ydy cŵn yn cael mynd i mewn i'r ystafelloedd?	*Are dogs allowed in the rooms?*
Oes cyfleusterau gwarchod plant ar gael?	*Are there childminding facilities?*
Faint o'r gloch mae'r drysau'n cau yn y nos?	*What time do the doors close at night?*
Faint yw'r blaendal?	*How much is the deposit?*
Oes modd llogi'r bwthyn am ddeg diwrnod?	*Is it possible to rent the cottage for 10 days?*
Fydd rhaid i fi brynu' nwy ar ben hynny?	*Will I have to buy gas on top of that?*
Gwelais i eich hysbyseb yn y papur.	*I saw your advertisement in the paper.*

lle (m.) **oedd** *room*
ar gyfer *for*
golygfa (f.) **golygfeydd** *view*
cynwysiedig *included*
gwarchod (gwarchod-) *to babysit, to guard*
cau (cae-) *to close*
blaendal (m.) **-iadau** *deposit*
llogi (llog-) *to hire, to book*
bwthyn (m.) **bythynnod** *cottage*
nwy (m.) **-on** *gas*
trydan (m.) *electricity*

Exercise 4

◀) CD2, TR 3, 03:08

Listen to the recording if you have it. Aled has phoned Mr Jones to book a holiday. Choose the correct answer from the options given.

1 Aled is phoning to arrange **a** a seaside holiday **b** a golfing holiday **c** a caravaning holiday.
2 There will be **a** five people **b** only him **c** two adults and a child on the holiday.
3 Aled has **a** a big car **b** a dog **c** a tent.
4 His holiday will be from **a** 22 July–29 July **b** 6 August–13 August **c** 12 March–26 March.
5 The holiday will cost **a** £790 **b** £400 **c** £310.
6 He has to **a** write to confirm the booking **b** change the dates **c** buy holiday insurance.

3 Writing to book a holiday

Hoffwn i gael manylion am y safle carafanau.	*I would like to have details about the caravan site.*
Wnewch chi anfon manylion ata i?	*Will you send me details?*
Amgaeaf flaendal o…	*I enclose a deposit of…*
llety llawn	*full board*
yn gywir	*yours sincerely, yours faithfully*

....
Author insight
Yn gywir is the usual way to end a formal letter. If you are writing an informal letter, you would write **cofion**.

Mr J Powell
34, Stryd y Bont
Llanddewi
Gwynedd
30 Mawrth 2003

Annwyl Syr/Fadam,

Diolch am y manylion am eich gwesty a ddaeth y bore 'ma. Hoffwn i i chi gadw un ystafell ddwbl ar gyfer fy ngwraig a fi ac un ystafell sengl ar gyfer ein mab. Byddwn ni'n aros tair noson, o 19 Ebrill–21 Ebrill a byddwn ni'n mynd ar ôl brecwast ar yr ail ar hugain.

(Contd)

Hoffwn i i chi drefnu lle'ty llawn i ni.

Amgaeaf flaendal o gan punt.

Yn gywir
James Powell

Exercise 5

Write your own letter booking a holiday replacing the underlined words in James Powell's letter.

You thank the letter writer for the details for his/her bed and breakfast which came yesterday morning. Ask him/her to reserve you a family room for you and your wife and your two daughters. You will be staying five days, from 3 September until 8 September. You would like the hotel owner to arrange bed and breakfast and an evening meal. You enclose a deposit of £50.

Deialog 3

Tom has an apology to make to Elen.

CD2, TR 3, 04:35

Tom	Efallai y bydda i'n hwyr i'r dosbarth bore yfory, achos os bydd y tywydd yn braf, bydda i'n mynd i'r parti 'na ar y traeth gyda Matthew heno.
Elen	Tom! Roeddwn i'n meddwl eich bod chi'n llawer rhy barchus i wneud rhywbeth fel hynny.
Tom	Fydda i ddim yn gwneud dim byd gwirion, ac fydd Matthew ddim chwaith os bydda i 'na i gadw llygad arno fe.
Jayne	Sut byddwch chi'n cyrraedd?
Tom	Byddwn ni'n mynd yng nghar Ceri.
Jayne	Fyddwch chi'n yfed?
Tom	Bydda, bydd hi'n ddigon diogel i fi gael shandi neu ddau.

1 Why might Tom be late for class tomorrow?
2 How is he getting there?
3 Is he going to drink anything?

parchus *respectable*
gwirion *silly*
chwaith *either*

Deialog 4

Elen remembers that Tom and Matthew have been to a party and is keen to find out how it went.

Elen	Wel, sut aeth y parti neithiwr?
Matthew	Roedd y parti'n wych, ond cawson ni daith erchyll. Fydda i byth yn gofyn i Ceri am lifft eto. Dw i erioed wedi gweld y fath yrru gwallgof yn fy myw. Roeddwn i'n falch iawn pan gyrhaeddon ni'n ddiogel heb gael ein stopio gan yr heddlu neu heb gael damwain. Roedd Ceri'n gyrru fel cath i gythraul.
Tom	Dyna'r tro olaf i fi gael lifft gyda Ceri hefyd ond peidiwch â phoeni Matthew, bydd fy nghar i wedi cael ei drwsio erbyn y penwythnos. Byddwn ni'n gallu mynd i unrhywle byddwn ni ei eisiau heb ddibynnu ar Ceri byth eto.

1 Did Tom and Matthew enjoy the party?
2 What does Matthew say he will never do again?
3 Why will Tom and Matthew not need to ask Ceri for a lift again?

y fath (SM) *such*
gwallgof *insane*
fel cath i gythraul *like a bat out of hell*

Deialog 5

Jayne, Matthew and Tom are talking to each other and have
reached an important decision.

Matthew	Dw i a Tom wedi penderfynu galw 'ti' ar ein gilydd o hyn ymlaen.
Tom	Dyn ni'n nabod ein gilydd ers tipyn erbyn hyn, dyn ni wedi gofyn cymaint o gwestiynau i'n gilydd yn y dosbarth fel fy mod i'n teimlo fel taswn i'n eich nabod chi a Matthew tu chwith allan.
Jayne	Dw i'n teimlo yr un peth. Beth am i ni i gyd ddechrau defnyddio 'ti'?
Matthew	Syniad da. Ti amdani 'te. Beth am ddiod fach i ddathlu?

1 What is the decision?
2 Why does Tom feel that he knows Matthew and Jayne very well?
3 What does Matthew suggest doing?

fel taswn i *as if I*
tu chwith allan *inside out*
ti amdani 'te *'ti' it is then*

The national parks of Wales

There are three national parks in Wales, namely the Snowdonia
National Park, the Pembrokeshire Coast National Park and the
Brecon Beacons National Park.

Snowdon (**Yr Wyddfa**) itself is 3,650 ft (1,110 m) and the highest mountain in Wales. Within the Snowdonia National Park there are many pretty villages, such as Betws-y-Coed, spectacular waterfalls, such as the Swallow Falls, and lakes, such as Llyn Tegid near Bala, the largest natural lake in Wales.

The Pembrokeshire Coast National Park includes the Pembrokeshire Coastal Path which is over 180 miles (290 km) long. Inland, the northern end of the park includes the Preseli Hills, whose famous bluestones are believed to have been used to build the inner ring of Stonehenge.

The third national park, the Brecon Beacons National Park, contains the highest mountain in South Wales, namely **Pen y Fan**, at 2,907ft (890 m). Places of interest include Carreg Cennen Castle, near Llandeilo, the cathedral town of Brecon and Hay-on-Wye, the 'town of books', which has over 30 second-hand bookshops.

Test yourself

How would you do the following

1 Ask, 'can we go?'
2 Say, 'We won't buy a ticket'
3 Ask, 'Will they be going for a weekend?'
4 Say we are looking for a double room
5 Ask by what time will I have to leave the room
6 Say I would like to have details about your hotel
7 End a formal letter
8 Say we will be going the last week in January
9 Ask how much the deposit is
10 Tell your friend, 'If it is raining, come to my house for a coffee'

15

Aiff hi yn dy le di yfory
She'll go instead of you tomorrow

In this unit you will learn how to
- *use the future tense of the irregular verbs*
- *use simple prepositions with various verbs*
- *use a variety of prepositions consisting of more than one element such as* yn lle

---

Deialog 1

Elen is considering taking her class to visit the National Botanical Gardens of Wales and telephones the Gardens for further information.

Elen Bore da, roeddwn i'n meddwl dod â grŵp o ddysgwyr Cymraeg i'r Gerddi Botaneg. Fyddai'n bosib i rywun fynd â ni o gwmpas y lle?

Swyddog Wrth gwrs, â phleser. Mae digon o bethau diddorol i'w gwneud yma. Af i â chi i'r tŷ gwydr yn gyntaf, y tŷ gwydr 'ma yw'r un mwyaf yn Ewrop. Wedyn, cewch chi gyfle i weld planhigion o bob man yn y byd ac i ddarllen rhywbeth amdanyn nhw. Wedyn awn ni i weld rhai o'r gerddi gwahanol tu allan a dweda i dipyn amdanyn nhw.

Elen Dw i wedi clywed bod arddangosfa 'da chi sy'n ymwneud â gwaith Meddygon Myddfai. Dyn ni wedi gwneud llawer o waith arnyn nhw yn y dosbarth.

186

1 Why is the Glasshouse particularly significant?
2 Why is Elen interested in the Physicians of Myddfai?
3 Does she arrange to visit the Gardens?

tŷ gwydr (m.) **tai gwydr** greenhouse
planhigyn (m.) **planhigion** plant
pob man everywhere
arddangosfa (f.) exhibition
ymwneud â (AM) to pertain to
perlysieuyn (m.) **perlysiau** herb
pecyn (m.) **-nau** package
gwybodaeth (f.) information
dangos (dangos-) to show

QUICK VOCAB

Author insight

In Unit 14 you learned the future tense of regular verbs in Welsh. Deialog 1 has examples of the irregular verbs which are listed in full in the following table. As you can see, **mynd**, **gwneud** and **cael** follow a similar pattern, while dod is slightly different.

Mynd	Gwneud	Cael	Dod
af i	gwnaf i	caf i	dof i
ei di	gwnei di	cei di	doi di
aiff e/hi	gwnaiff e/hi	caiff e/hi	daw e/hi
awn ni	gwnawn ni	cawn ni	down ni
ewch chi	gwnewch chi	cewch chi	dewch chi
ân nhw	gwnân nhw	cân nhw	dôn nhw
			(Contd)

Once again question forms are expressed by using the appropriate soft mutation on the verb where applicable.

Wnaiff e'r swper heno?	*Will he make the supper tonight?*
Gawn ni fynd i'r parti nos yfory?	*May we go to the party tomorrow night?*
Ddôn nhw cyn y Nadolig?	*Will they come before Christmas?*

As in the past tense, **dod** and **gwneud** mutate softly in the negative, whereas **cael**, like all other verb–nouns beginning with t, c or p, takes the aspirate mutation:

Chaiff e ddim amser heno.	*He won't get time tonight.*
Ddown ni ddim i'r cyngerdd nawr.	*We won't come to the concert now.*

Questions are answered with the appropriate form of the person without the accompanying pronoun. The verb forms of **gwneud** are used to answer questions using **mynd**, **gwneud** and the regular future verbs. **Cael** and **Dod** use their own verb-forms.

Wnaiff e'r gwaith?	*Will he do the work?*
Gwnaiff/na wnaiff.	*Yes, he will/no, he won't.*
Ddôn nhw yn ôl?	*Will they come back?*
Dôn/na ddôn.	*Yes, they will come/no, they won't come.*
Gaf i fynd?	*May I go?*
Cewch/na chewch.	*Yes, you may/no, you may not.*
Brynwch chi docyn?	*Will you buy a ticket?*
Gwnaf/na wnaf	*Yes, I will/no I won't*
Aiff e ar y trên?	*Will he go on the train?*
Gwnaiff/na wnaiff	*Yes, he will/no he won't*

1 Dw i wedi bod yn meddwl amdanoch chi
I've been thinking about you

Deialog 1 contains a number of prepositions, including some which you are already familiar with such as **i**, **o**, and **ar**. **Am** declines in a similar way to **ar**:

amdana i	amdanon ni
amdanat ti	amdanoch chi
amdano fe	amdanyn nhw
amdani hi	

It is used to mean 'about', in the sense of 'concerning' or 'regarding', after a variety of verbs:

(Meddwl)	**Dw i wedi bod yn meddwl amdanyn nhw.**	*I've been thinking about them.*
(Siarad)	**Roedd e'n siarad am y parti am wythnosau.**	*He was talking about the party for weeks.*
(Poeni)	**Peidiwch â phoeni amdanyn nhw.**	*Don't worry about them.*
(Holi)	**Mae e wedi bod yn holi amdanon ni.**	*He has been enquiring about us.*
(Clywed)	**Wyt ti wedi clywed amdano fe?**	*Have you heard about him?*
(Breuddwyddio)	**Bues i'n breuddwydio amdani hi neithiwr.**	*I was dreaming about her last night.*
(Anghofio)	**Roedd e wedi anghofio popeth amdanat ti.**	*He had forgotten everything about you.*

With other verbs **am** usually corresponds to 'for':

(Chwilio)	**Chwilian nhw amdano fe yfory.**	*They will look for him tomorrow.*
(Aros)	**Roedd rhaid i fi aros am wythnos amdanyn nhw.**	*I had to wait for a week for them.*
(Galw)	**Cewch chi alw amdani hi.**	*You may call for her.*
(Gofalu)	**Mae e wedi bod yn gofalu amdani hi.**	*He has been looking after her.*

Exercise 1

Fill in the blanks using the correct form of **am**.

1 Bydd rhaid i fi feddwl _____ fe.
2 Clywais i ei fod wedi bod yn siarad _____ i.

3 Daeth e i'r swyddfa i holi _____ chi.

4 Dyna'r fenyw a oedd yn gofalu _____ ni pan oedden ni'n fach.

5 Dw i'n siŵr y bydda i'n breuddwydio _____ nhw yn fy nghwsg.

6 Bydd e wedi anghofio _____ ti erbyn hyn.

7 Dwedodd e y bydd e'n aros _____ ni wrth y sgwâr.

---

2 Ysgrifenna i atoch chi yn fuan *I'll write to you soon*

At is another preposition which follows the same pattern as **ar** and **am**:

ata i	aton ni
atat ti	atoch chi
ato fe	atyn nhw
ati hi	

It is generally used in the sense of 'to/towards' as with the following verbs:

(Ysgrifennu)	**Ysgrifenna i atoch chi cyn hir.**	*I'll write to you before long.*
(Mynd)	**Bydd yr arian yn mynd at y capel.**	*The money will go towards the chapel.*
(Edrych ymlaen)	**Mae'r plant yn edrych ymlaen at y parti.**	*The children are looking forward to the party.*
(Synnu)	**Mae pawb yn synnu aton ni.**	*Everyone is surprised at us.*
(Dal)	**Daliwch ati!**	*Keep at it!*
(Apelio)	**Dyw hynny ddim yn apelio ata i.**	*That doesn't appeal to me.*

Remember that in Deialog 1 Elen asks for information to be sent to her. Note that to send to a person is **anfon at**, but that **anfon i** is used when sending to a place:

Anfonwch y manylion ata i yfory. *Send me the details tomorrow.*
Anfonodd e'r llythyr i'r adeilad *He sent the letter to the wrong*
  anghywir. *building.*

anghywir *wrong, incorrect*

Exercise 2

You work in a small local library. Your line manager (**rheolwr**)
is checking up on you at the end of a busy day. Can you say your
part of the conversation in Welsh?

Rheolwr	Dych chi wedi ysgrifennu at bawb ar y rhestr?
Chi	*Yes, I have written to all of them.*
Rheolwr	Da iawn. Dych chi wedi anfon copi i'r Llyfrgell yng Nghaerfyrddin?
Chi	*Yes, and I've sent the letter to Mrs Roberts.*
Rheolwr	Mae arni hi lawer o arian i'r Llyfrgell.
Chi	*I know. She's worried about it.*
Rheolwr	Wel siaradwn ni'n fwy am y sefyllfa yfory. Nos da nawr.
Chi	*Her other letters are in the cupboard. I'll look for them tomorrow.*

rhestr (f.) **-i** *list*
sefyllfa (f.) **oedd** *situation*

3 Dw i'n ymddiried ynddot ti *I trust you*

A limited number of verbs are followed by **yn** (*in*) which also declines:

ynddo i (*in me*)	**ynddon ni**
ynddot ti	**ynddoch chi**
ynddo fe	**ynddyn nhw**
ynddi hi	

(Ymddiried)	**Dw i'n ymddiried ynddoch chi.**	*I trust you.*
(Cydio)	**Cydiodd e yn y bag.**	*He took hold of the bag.*
(Credu)	**Roedd hi'n anodd credu ynddyn nhw.**	*It was difficult to believe in them.*
(Gafael)	**Gafaelais i ynddi hi.**	*I grasped it.*

---

4 Dw i wedi dweud wrthot ti unwaith!
I've told you once!

As you saw in Unit 8, the verb–noun **dweud** is followed by the preposition **wrth** and means to tell to. Other verbs which are followed by **wrth** include:

(Glynu)	**Mae e'n glynu wrth ei stori.**	*He is sticking to his story.*
(Cyfaddef)	**Bydd rhaid iddi hi gyfaddef wrthon ni.**	*She will have to admit to us.*
(Clymu)	**Clymon ni'r ceffylau wrthyn nhw.**	*We tied the horses to them.*

---

5 Dych chi ddim yn gallu ein stopio ni rhag mynd
You can't stop us from going

Rhag is a less commonly used preposition which also declines:

rhagddo i	**rhagddon ni**
rhagddot ti	**rhagddoch chi**
rhagddo fe	**rhagddyn nhw**
rhagddi hi	

It means 'from' when following verbs such as:

| (Stopio) | **Dych chi ddim yn gallu ei stopio e rhag mynd.** | *You can't stop him from going.* |
| (Achub) | **Cawson nhw eu hachub rhag y tân.** | *They were saved from the fire.* |

| (Rhybuddio) | **Mae rhaid i ti ei rhybuddio hi rhagddyn nhw.** | *You must warn her about them.* |
| (Amddiffyn) | **Mae rhaid amddiffyn y tŷ rhag y dŵr.** | *The house must be protected from the water.* |

Exercise 3

Rewrite the following sentences using the correct form of the preposition as shown in the example.

Chwiliais i *am y llyfr*. **Chwiliais i amdano fe.**

1 Cydiodd e *yn y bachgen*.
2 Roedd e wedi ein rhybuddio ni *rhag y plant*.
3 Dw i'n edrych ymlaen *at y cyngerdd*.
4 Mae'n anodd credu *yn y stori*.
5 Ydy e wedi apelio *at yr heddlu*?
6 Mae wedi cyfaddef *wrth yr athrawon*.
7 Gafaelodd *yn y ferch* a'i thaflu i'r llawr.
8 Roedd e'n breuddwydio *am y prawf*.

---

6 Dw i byth eisiau siarad â ti eto! *I don't want to speak to you ever again!*

You have already met the preposition **â** on several occasions. Remember that it *never* declines. Other verbs that it follows include:

(Ymladd â)	**Buodd Gareth yn ymladd â fe eto ddoe.**	*Gareth fought with him again yesterday.*
(Cyffwrdd â)	**Doeddwn i ddim eisiau cyffwrdd â nhw.**	*I didn't want to touch them.*
(Cymysgu â)	**Maen nhw'n poeni am gymysgu â ni.**	*They are worried about mixing with us.*

Deialog 2

Having received the brochures Elen discusses the Gardens with her class.

CD2, TR 4, 01:40

Elen	Wel, beth dych chi'n feddwl o'r gerddi ar ôl darllen y pamffledi? Mae'n hen bryd i ni gael trip arall dw i'n credu!
Jayne	Dof i gyda chi, mae'n edrych yn ddiddorol.
Matthew	Dof i hefyd. Gawn ni fynd y penwythnos 'ma?
Elen	Wel, mae rhaid i mi fynd i Gaerdydd eto dros y Sul, felly awn ni yr wythnos nesaf os yw pawb yn cytuno. Dych chi eisiau dod Tom?
Tom	Bues i yno llynedd gyda Chymdeithas Edward Llwyd, cyn iddyn nhw agor y lle yn iawn. Roedden nhw'n trefnu teithiau cerdded o gwmpas y safle i ddangos y datblygiadau diweddaraf. Hoffwn i weld beth sy wedi cael ei wneud yno yn ystod y flwyddyn ddiwethaf.
Elen	Beth am fynd ddydd Mawrth nesaf 'te? Awn ni ar ôl i chi orffen yn y labordy iaith a down ni yn ôl erbyn amser swper. Ffonia i'r gerddi cyn cinio yfory.

1 What does Jayne think of the Gardens?
2 When does Matthew want to go?
3 Why is Tom particularly keen to see the Gardens?

QUICK VOCAB

hen bryd i *high time for*
cytuno (cytun-) *to agree*
cyn iddyn nhw *before they*
safle (m.) **-oedd** *site*
datblygiad (m.) **-au** *development*
diweddaraf *latest*
ar ôl i chi *after you*
labordy iaith (f.) **labordai iaith** *language laboratory*

Author insight

A number of expressions of time are included in Deialog 2, many of which you will already be familiar with. Do take particular note of the following:

Past	Present	Future
ddoe	heddiw	yfory
bore ddoe	y bore 'ma	bore yfory
neithiwr	heno	nos yfory
yr wythnos diwethaf	yr wythnos 'ma	yr wythnos nesaf
llynedd	eleni	y flwyddyn nesaf

Exercise 4

◆) CD2, TR 4, 02:37

Listen to the recording. Elen is going over a list of things she should have done during the last week. Certain things have not got done and she plans the following week with these in mind.

1 Did Elen go to see the doctor last week?
2 Did Elen return her library books?
3 Who is she intending to write to and when?
4 When is she going to phone the bus company?

Exercise 5

Read through or listen to Deialog 2 again and then answer the following questions in full sentences according to the example.
Fydd Elen yn Llambed dros y Sul? **Na fydd, bydd hi yng Nghaerdydd dros y Sul.**

1 Ân nhw i'r gerddi ddydd Mercher?
2 Fuodd Tom yn y gerddi yr wythnos diwethaf?
3 Ân nhw yn syth ar ôl brecwast?
4 Gân nhw swper ar y ffordd yn ôl i'r coleg?
5 Fydd Elen yn ffonio'r gerddi brynhawn yfory?

Deialog 3

The group arrives in the Gardens and is met by Geraint.

Geraint	Prynhawn da, Geraint ydw i, dw i'n mynd i fynd â chi o gwmpas y gerddi.
Elen	O, prynhawn da, roeddwn i'n disgwyl cwrdd â Leslie.
Geraint	Mae'r ffliw arno fe ar hyn o bryd mae arna i ofn, felly dw i yma yn ei le e.
Elen	Iawn, i ble awn ni gyntaf 'te?
Geraint	Awn ni i'r tŷ gwydr. Mae llawer o bobl o gwmpas heddiw, felly peidiwch â chrwydro i ffwrdd os gwelwch yn dda.
Elen	Na wnawn. Ar eich ôl chi felly…
(They arrive at the greenhouse.)	
Geraint	Dyma ni. Cafodd y tŷ gwydr hardd yma ei gynllunio gan Syr Norman Foster. O'n cwmpas ni mae planhigion o bob cornel o'r byd. Mae'r arddangosfa o'ch blaen chi yn disgrifio rôl y gwahanol blanhigion yn edrych ar ôl ein planed.
Matthew	Beth rwyt ti'n feddwl o'r lle nawr Tom?
Tom	Dw i'n falch bod Elen wedi trefnu'r daith yma ar ein cyfer ni. Maen nhw wedi gwneud llawer iawn o waith yma ers llynedd. Rhaid i fi ddweud wrth Glenys. Down ni yma eto cyn hir. Bydd hi wrth ei bodd.

1 Why is Leslie unable to meet them?
2 Is it a busy day at the Gardens?
3 What does the exhibition discuss?
4 Does Tom think his wife would enjoy a visit to the Gardens?

disgwyl (disgwyl-) *to expect*
crwydro (crwydr-) *to wander*
wrth ei bodd *in her element, delighted*

Author insight

In all three dialogues in this unit you will have come across the compound preposition **o gwmpas**. A compound preposition is one that consists of two elements. As you have seen in earlier units in this course, **o** causes a soft mutation and therefore **cwmpas** becomes **gwmpas**.

7 Gaf i eistedd ar eich pwys chi? *May I sit beside you?*

Compound prepositions are declined by placing personal pronouns in front of the second element:

ar bwys *near, beside*

ar fy mhwys i	*beside me, near me*	**ar ein pwys ni**	*beside us, near us*
ar dy bwys di	*beside you, near you*	**ar eich pwys chi**	*beside you, near you*
ar ei bwys e	*beside him, near him*	**ar eu pwys nhw**	*beside them, near them*
ar ei phwys hi	*beside her, near her*		

Gaf i eistedd ar ei phwys hi?	*May I sit beside her?*
Dewch i eistedd ar fy mhwys i.	*Come and sit beside me.*

8 Mae'r lle wedi cael ei gadw ar dy gyfer di
The place has been kept for you

Ar gyfer (*for*) can also mean 'in preparation for':

ar fy nghyfer i	*for me*	**ar ein cyfer ni**	*for us*
ar dy gyfer di	*for you*	**ar eich cyfer chi**	*for you*
ar ei gyfer e	*for him*	**ar eu cyfer nhw**	*for them*
ar ei chyfer hi	*for her*		

Mae'r parti ar ei chyfer hi.	*The party is for her.*
Bydd rhaid i fi brynu llawer o bethau ar gyfer y Nadolig.	*I will have to buy lots of things for Christmas.*

Exercise 6

Can you now say the following in Welsh?

1 No one came to sit beside her.
2 Will it be ready for them?
3 They were standing near us.
4 He did everything for you. (fam.)
5 When we arrived there was nothing for us.

---

9 Rhedon nhw ar eich ôl chi *They ran after you*

Ar ôl means *after*:

ar fy ôl i	*after me*	**ar ein hôl ni**	*after us*
ar dy ôl di	*after you*	**ar eich ôl chi**	*after you*
ar ei ôl e	*after him*	**ar eu hôl nhw**	*after them*
ar ei hôl hi	*after her*		

Ar dy ôl di.	*After you.*
Nage, ar eich ôl chi.	*No, after you.*

---

10 Gwnes i fe er dy fwyn di *I did it for you*

Er mwyn means *for* or *for the sake of*:

er fy mwyn i	*for my sake*	**er ein mwyn ni**	*for our sake*
er dy fwyn di	*for your sake*	**er eich mwyn chi**	*for your sake*
er ei fwyn e	*for his sake*	**er eu mwyn nhw**	*for their sake*
er ei mwyn hi	*for her sake*		

Gwnes i fe er dy fwyn di.	*I did it for you.* (fam.)
Gwnaeth e bopeth er mwyn y plant.	*He did everything for the sake of the children.*

Exercise 7

Answer according to the example given. Ydy e'n eistedd ar bwys y plant? (✓) **Ydy mae e'n eistedd ar eu pwys nhw.**

1 Brynaist ti ddillad newydd ar gyfer y briodas? (✗)
2 Oedd e wedi cyrraedd o flaen y lleill? (✓)
3 Wnaeth e bopeth er mwyn ei fam? (✓)
4 Ydy e'n byw ar bwys Janet? (✗)
5 Fydd lle ar eich cyfer chi? (✗)
6 Oedd Meri yn rhedeg ar ôl y ci? (✓)

---

11 Mae e'n syth o'ch blaen chi *It is straight in front of you*

O flaen means *in front, ahead*:

o fy mlaen i	*in front of me*	**o'n blaen ni**	*in front of us*
o dy flaen di	*in front of you*	**o'ch blaen chi**	*in front of you*
o'i flaen e	*in front of him*	**o'u blaen nhw**	*in front of them*
o'i blaen hi	*in front of her*		

Wyt ti'n gwybod beth sydd o dy flaen di?	*Do you know what's ahead of you?*
Pwy sy'n eistedd o'i flaen e?	*Who is sitting in front of him?*

---

12 Edrychwch ar bawb o'n cwmpas ni *Look at everyone around us*

o fy nghwmpas i	*around me*	**o'n cwmpas ni**	*around us*
o dy gwmpas di	*around you*	**o'ch cwmpas chi**	*around you*
o'i gwmpas e	*around him*	**o'u cwmpas nhw**	*around them*
o'i chwmpas hi	*around her*		

Cerddais i o'i gwmpas e. *I walked around it.*

13 Dw i'n teimlo bod pawb yn fy erbyn i
I feel everyone is against me

yn fy erbyn i	*against me*	**yn ein herbyn ni**	*against us*
yn dy erbyn di	*against you*	**yn eich erbyn chi**	*against you*
yn ei erbyn e	*against him*	**yn eu herbyn nhw**	*against them*
yn ei herbyn hi	*against her*		

Mae e'n cystadlu yn ei herbyn hi.   *He's competing against her.*
Roedd pawb yn eu herbyn nhw.   *Everyone was against them.*

14 Af i yn dy le di *I'll go instead of you*

Yn lle is the preposition used to mean *in place of, instead of*:

yn fy lle i	*in my place, instead of me*	**yn ein lle ni**	*in our place, instead of us*
yn dy le di	*in your place, instead of you*	**yn eich lle chi**	*in your place, instead of you*
yn ei le e	*in his place, instead of him*	**yn eu lle nhw**	*in your place, instead of them*
yn ei lle hi	*in her place, instead of her*		

Ddaw neb yn ei le e.   *Nobody will come in his place.*
Daeth hi i ddysgu yn fy lle i.   *She came to teach in my place.*
Hoffwn i ddim bod yn dy le di.   *I wouldn't like to be in your place. (in your shoes)*

Exercise 8

Sara has won a great deal of money on the lottery and describes to her friend Pat how she has spent some of her winnings.

Dw i wedi prynu tŷ mawr yn y wlad. Mae'r tŷ yn agos i lyn mawr ac mae digon o gaeau gwyrdd o'i gwmpas e i fy ngheffylau. Dw i wedi prynu car newydd yn lle fy Fiat bach. Dw i ddim yn gwybod beth sydd o fy mlaen i, felly dw i'n mynd i wario fy arian nawr.

Pat tells her partner Jeff all about Sara.

Her new house is by a big lake. She has horses and there are enough fields around the house for them. She has sold her car and has bought a Porsche in its place. She says she doesn't know what's ahead of her, so she is going to spend her money now.

Can you say what she tells him in Welsh?

Exercise 9

◆ **CD2, TR 4, 04:50**

Listen to Gaenor asking her friend Clare about her plans for the summer. After listening to the recording, answer the following questions.

1 For how long will Clare be going?
2 When will she go?
3 Why has she decided to go at that time?
4 To where will she go?
5 What will she do on her holidays?
6 Is she looking forward to her holidays?
7 With whom will she go?
8 How does Gaenor describe the city where Clare will stay?

The National Botanic Garden of Wales

The National Botanic Garden of Wales opened in 2000. It is based in Llanarthne in Southern Carmarthenshire. The main feature of the Garden is the domed Great Glasshouse which is the largest single-span glasshouse in Europe and contains a complete representation of the spectacular floras of the world. Linked to the glasshouse is the Bioverse, a hands-on interactive exhibition, designed to promote an understanding of plant life and an appreciation of the importance of plants to the world. Other special features of the Garden include a Genetic Garden which aims to raise public understanding of this controversial field. Another garden contains the herbs that were grown and used by the Physicians of Myddfai (see Unit 10) and an exhibition looks at their work within a worldwide context of traditional healing.

Test yourself

How would you do the following:

1 Ask, 'Will they make supper?'
2 Say we will come together
3 Respond 'yes/no' to this question: Ddoi di yn y car?
4 Say you have been thinking about her
5 Say, 'Everyone is looking forward to seeing the exhibition'
6 Say, 'It was difficult to trust us'
7 Say, 'She was sitting beside me'
8 Say, 'Run after them'
9 Ask, 'Who is sitting in front of us?'
10 Say, 'I looked around me'

Now turn to the Progress tests unit and try progress test 3.

16

Yn y bwyty
In the restaurant

In this unit you will learn how to
- *ask for things in a restaurant*
- *give your opinion on the food you have eaten*
- *talk in Welsh on the phone*

Deialog 1

Elen, Jayne, Tom and Matthew decide to go for a meal in a local restaurant to celebrate the fact that Elen and her family have finally settled into their temporary home.

Elen	Mae'n braf dod allan ac anghofio'r holl bethau sy 'da fi i'w gwneud yn y fflat newydd yng Nghaerdydd. Mae bocsys dros y lle i gyd a bydd rhaid i ni bacio popeth eto os cawn ni hyd i le yn y dyfodol agos. Mae'n neis iawn 'ma.
Matthew	Ydy. Mae'r awyrgylch yn gyfeillgar iawn. Gobeithio y bydd y bwyd yn dda.
Jayne	Beth am gael rhywbeth i'w yfed cyn edrych ar y fwydlen. Tala i am y rhain. Beth gymerwch chi?
Elen	Glasaid o sudd pînafal i fi, os gwelwch yn dda.
Tom	Beth am rywbeth cryfach, dych chi'n dathlu heno cofiwch. Mae'n well i fi gael sudd o ryw fath, mae'r car 'da fi.

(Contd)

♦ CD2, TR 5

Elen	Maen nhw'n gwerthu cwrw di-alcohol 'ma.
Tom	Ych a fi, mae'n gas 'da fi'r stwff 'na. Dw i'n credu y caf i lasaid o sudd grawnffrwyth. Mae sudd pînafal yn rhy felys i fi.
Elen	Iawn, hanner seidr i fi 'te os gwelwch yn dda.
Jayne	Beth am bawb arall? Dw i'n credu y caf i lasaid o win coch.
Matthew	Peint o chwerw, os gwelwch yn dda. Gobeithio bydd corgimychiaid 'da nhw. Dw i'n hoff iawn o fwyd y môr.

1 Why is Elen glad to be out?
2 Who is going to pay for the drinks?
3 Why is Tom drinking juice?

QUICK VOCAB

pacio (paci-) *to pack*
dyfodol *future*
awyrgylch (m.) **-oedd** *atmosphere*
bwydlen (f.) **-ni** *menu*
pînafal (m.) **-au** *pineapple*
o ryw fath *of some sort*
di-alcohol *non-alcoholic*
grawnffrwyth (m.) **-au** *grapefruit*
melys *sweet*
corgimwch (m.) **corgimychiaid** *prawn*

Author insight

glasaid o win coch. When **-aid** is added on to a noun, it renders the meaning 'full of': **plataid o sglodion**, *a plateful of chips*, **llwyaid o siwgr**, *a spoonful of sugar*, **potelaid o laeth**, *a bottle of milk*, etc.

Exercise 1

◄》 CD2, TR 5, 01:28

Listen to the recording. Someone is placing an order at the bar. Which of these drinks listed do they order?

hanner peint o lager
peint o chwerw
peint o lager di-alcohol
wisgi mawr
brandi
peint o seidr sych
gwin gwyn
gwin coch
glasaid o sieri

Exercise 2

Bwydlen

Tafarn Cefn Hafod, Gorsgoch
01570 434480 neu 434238

SAIG GYNTAF
MADARCH MEWN GARLLEG:
Madarch ffres mewn saws garlleg a hufen gyda bara ffres
COCTÊL CORGIMWCH:
Corgimwch mewn 'mayonnaise' gyda salad a bara ffres
COCTÊL MELON A GRAWNWIN:
Peli o felon a hancesi o rawnwin wedi eu gorchuddio â gwin sinsir
CAWL:
Cawl traddodiadol Cymreig wedi ei weini â chaws a bara ffres
CEBAB BWYD Y MÔR:
Cebab pysgodyn gwyn a chorgimwch wedi ei weini â bara ffres a salad
SUDD FFRWYTHAU:
Sudd o'ch dewis – oren, pînafal, tomato neu rawnffrwyth
MAYONNAISE WY:
Wy wedi ei ferwi a'i weini gyda salad a bara ffres
PORC BARBECIW:
Asennau o borc wedi eu gweini ar salad gyda bara ffres

Look at the starter menu of the restaurant in which Elen and her class are eating. After reading through the menu, answer the questions that follow. You don't have to understand everything.

1 Which would you not choose if you wanted to avoid alcohol?
2 Which item would you choose if you wanted a traditional Welsh dish?
3 What choice would you have if you wanted seafood?
4 Which phrase corresponds to 'a juice of your choice'?

Deialog 2

The friends look at the menu and try to decide what to order.

CD2, TR 5, 01:50

Jayne	Gawn ni weld y fwydlen, os gwelwch yn dda? Diolch.
Elen	Dw i wedi penderfynu beth dw i ei eisiau am fy saig gyntaf, y madarch mewn garlleg. Dw i'n dwlu ar fadarch, yn enwedig rhai ffres.
Matthew	Dw i'n mynd i fod yn draddodiadol am unwaith a dewis y cawl. Bwyd Cymreig.
Tom	Dw i ddim eisiau dim byd mawr fel saig gyntaf, dw i ddim eisiau bod yn rhy lawn i fwyta'r brif saig ond dw i wedi cael sudd unwaith felly dw i'n credu caf i'r wy.
Jayne	Rhywbeth ysgafn dw i ei eisiau hefyd, y melon a grawnwin i fi.
Tom	Pa fath o win gawn ni? P'un sy'n well 'da pawb, gwin gwyn neu win coch?
Elen	Mae'n well 'da fi win gwyn.
Tom	Gwin gwyn amdani 'te. Gawn ni weld y rhestr win, os gwelwch yn dda?

1 Why does Tom decide on an egg for his starter?
2 What does Jayne decide to order?
3 What type of wine do they choose in the end?

QUICK VOCAB

saig (f.) **seigiau** course (of a meal)
madarchen (f.) **madarch** mushroom
garlleg (m.) garlic
traddodiadol traditional
cawl (m.) soup

Exercise 3

You are in a restaurant with your friend Siôn. You are discussing what to eat for your starter. Fill in your side of the dialogue.

Siôn	Mae'n well i ni gael rhywbeth ysgafn i ddechrau, mae llawer o ddewis 'da nhw.
Chi	*Say, you think you'll have the orange juice.*
Siôn	Mae digon o sudd oren 'da ti yn yr oergell gartref, dylet ti ddewis rhywbeth na fyddet ti'n ei fwyta gartref. Dw i'n credu y caf i'r madarch mewn garlleg.
Chi	*Tell him you'll have the melon and grapefruit cocktail.*
Gweinydd	Dych chi'n barod i archebu'r bwyd?
Chi	*Say, yes, we are and may we have… and then give the order, beginning with Siôn's order. Ask for two glasses of water and ask to see the wine menu please.*

oergell (f.) **-oedd** *fridge*

QV

Deialog 3

The friends are chatting over their starter. Tom is worried that Matthew is taking his forthcoming interviews too lightly.

Tom	Ond mae rhaid dy fod di wedi gwneud rhyw fath o baratoi Matthew. Elli di ddim cerdded i mewn i gyfweliad heb feddwl am beth rwyt ti eisiau ei ddweud ymlaen llaw.
	(Contd)

◆ CD2, TR 5, 02:51

Matthew	Does dim llawer y galla i ei wneud. Dw i wedi astudio manylion y swyddi'n ofalus iawn.
Jayne	Ond mae rhaid i ti wneud mwy na hynny. Mae iaith y corff yn bwysig iawn mewn cyfweliad. Sut rwyt ti'n eistedd a beth rwyt ti'n ei wneud gyda dy ddwylo.
Elen	Dw i'n gwybod am lyfr da iawn, does dim copi 'da fi a dw i ddim yn cofio'r teitl chwaith, ond Michael Bird yw'r awdur.
Tom	*How to Survive an Interview* yw'r teitl. Mae'n llyfr da iawn, cer i'r siop lyfrau y peth cyntaf bore yfory. Sut mae'r madarch Elen? Maen nhw'n edrych yn flasus iawn.
Elen	Maen nhw'n flasus dros ben a dyw'r garlleg ddim yn rhy gryf chwaith.

1 What has Matthew studied carefully?
2 Has Elen got the book Matthew needs?
3 What does Elen say about her mushrooms?

paratoi (parato-) *to prepare*
ymlaen llaw *beforehand*
dros ben *extremely*

Exercise 4

Matthew has made a list of everything he wants to do before the interview. Match the verbs to the items on the list and then write sentences as if Matthew were telling Tom what he is going to do. The first one has been done for you. **tocyn trên → prynu. Pryna i docyn trên.**

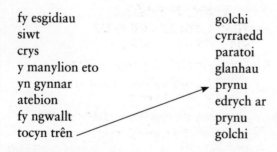

fy esgidiau   golchi
siwt   cyrraedd
crys   paratoi
y manylion eto   glanhau
yn gynnar   prynu
atebion   edrych ar
fy ngwallt   prynu
tocyn trên   golchi

Exercise 5

Have a look at the menu for the main course below. After reading through the menu, answer the questions that follow. You don't have to understand everything.

Which Welsh phrases correspond to the following words and phrases?

1 cooked
2 smoked salmon
3 filled with garlic sauce
4 grilled tomato
5 and covered with breadcrumbs
6 soaked in mint

Deialog 4

Having enjoyed their starter, the group discuss what they will have for their main course.

Gweinydd	Dych chi'n barod i archebu?
Tom	Dw i'n credu ein bod ni.
Elen	Wel dw i'n gwybod beth dw i'n mynd i'w gael – eog y tarth, dw i'n hoff o unrhywfath o bysgod. Pa lysiau sy'n dod gyda'r eog?
Gweinydd	Moron, brocoli, blodfresych, pys a thatws rhost a thatws wedi'u berwi.

◀ CD2, TR 5, 03:51

Y BRIF SAIG
PRYDAU WEDI EU GRIDYLLU
STÊC FFOLEN 10 owns:
gyda madarch ffres, cylchoedd winwnsyn a thomatos wedi eu gridyllu
GAMWN 10 owns:
gyda madarch ffres, cylchoedd winwnsyn, wy wedi ei ffrio, pînafal a thomatos wedi'u gridyllu

(Contd)

2 OLWYTHEN CIG EIDION:
gyda madarch ffres, cylchoedd winwnsyn, tomato wedi ei gridyllu a saws mintys

GLODDEST YR HAFOD:
Cyfuniad o gamwn, stêc syrlwyn, golwythen cig mochyn, selsig, wy wedi ei ffrïo, madarch, tomato a chylchoedd winwnsyn wedi eu ffrïo

GOLWYTH CIG OEN MINTYS:
2 olwythen wedi eu mwydo mewn mintys gyda madarch, cylchoedd winwnsyn a thomato wedi ei gridyllu

PRYDAU CYW IÂR
CYRRI CYW IÂR:
Darnau o gyw iâr wedi eu coginio mewn saws cyrri cartref gyda reis neu ddewis o datws

'KIEV' CYW IÂR:
Brest cyw iâr wedi ei lanw â saws garlleg a'i orchuddio â briwsion bara

'CHASSEUR' CYW IÂR:
Darnau o gyw iâr wedi eu coginio mewn saws madarch, tomato, winwns a gwin gwyn

PRYDAU PYSGOD
LLEDEN:
wedi ei gridyllu a'i gorchuddio â briwsion bara

FFILED O HADOG:
wedi ei ridyllu a'i orchuddio â briwsion bara a phupur

EOG Y TARTH:
eog wedi ei gochi

PENFRAS:
wedi ei ridyllu a'i orchuddio â briwsion bara

SGAMPI:
wedi eu ffrïo a'u gorchuddio â briwsion bara
Gweinir y prydau pysgod gyda saws tartar a lemwn

PASTAI GIG EIDION AC AREN:
Darnau o gig eidion ac aren mewn grefi wedi eu gorchuddio â 'puff pastry'

LASAGNE:
Cig eidion briw rhwng haenau o basta a saws caws

Matthew	Mae'n anodd penderfynu, mae cymaint o ddewis. Hoffwn i gael pryd wedi ei ridyllu ond dw i ddim yn siŵr p'un ohonyn nhw.
Gweinydd	Mae stêc syrlwyn gyda ni hefyd, ac mae brest o gyw iâr rhost.
Matthew	Mae Gloddest yr Hafod yn swnio'n hyfryd – paradwys ar blât. Dw i ddim wedi cael cig moch ers tro.
Elen	Sut gallwch chi feddwl am fwyta yr holl fwyd 'na ar ôl y powlennaid enfawr o gawl dych chi newydd ei fwyta?
Matthew	Dw i'n hoffi fy mwyd Elen, ond dw i ddim mor hoff o winwns. Alla i gael y gloddest heb yr winwns?
Gweinydd	Wrth gwrs. Os dych chi'n hoffi cig mochyn, mae'n bosib gael dwy olwythen a saws afal, madarch a thomato.
Matthew	Dych chi'n fy nhemtio nawr, dw i'n credu y caf i'r golwyth yn lle y gloddest.

1 How does the waiter ask if they are ready to order?
2 Why is Matthew unable to decide what to order at first?
3 Which bit of his meal does Matthew not want and why?

gweinydd (m.) -ion *waiter*
eog (m.) -iaid *salmon*
moronen (f.) moron *carrots*
gridyllu (gridyll-) *to grill*
gloddest (m.) -au *feast*
paradwys (f.) -au *paradise*
cig mochyn (m.) cigoedd mochyn *ham*
golwythen (f.) golwythion *chop*
yn lle *instead of*

Deialog 5

The waiter turns to Jayne and Tom. Jayne has made up her mind but Tom needs to look at another menu before deciding what he will order.

Jayne	Ydy'r cig oen yn dod o Gymru?
Gweinydd	Ydy, mae'n cig ni i gyd yn gynnyrch Cymreig.
Jayne	Wel gaf i'r cig oen 'te, dw i eisiau cefnogi'r ffermwyr. Alla i gael y pryd heb y tatws rhost?
Gweinydd	Gallwch.
Tom	Dw i ddim yn bwyta llawer o gig, oes prydau llysieuol ar gael?
Gweinydd	Oes, mae'r rhestr ar y tudalen nesaf, uwchben y melysfwyd.
Tom	Dw i'n gweld. Gaf i'r omlet os gwelwch yn dda.
Gweinydd	Beth hoffech chi yn yr omlet?
Tom	Caws a thomato, os gwelwch yn dda.

1 What doesn't Jayne want with her meal?
2 What does Tom order?
3 Does either Tom or Jayne order ham?

QUICK VOCAB

cig oen (m.) *lamb*
cynnyrch (m.) **cynhyrchion** *produce*
cefnogi (cefnog-) *to support*
cig (m.) **-oedd** *meat*
llysieuol *vegetarian*
tudalen (m.) **-nau** *page*
uwchben *above*
melysfwyd (m.) *dessert*

Exercise 6

Connect the correct replies from the right column to the question on the left.

Beth hoffech chi i'w yfed?	Does dim corgimychiaid ar ôl, hoffech chi fadarch yn eu lle?
Pa bwdinau sy 'da chi?	Moron a phanas os gwelwch yn dda.
Gaf i gorgimychiaid i ddechrau?	Pastai gig eidion ac aren dw i'n meddwl.
Beth hoffech chi am y brif saig?	Dof i â'r fwydlen i chi.
Pa lysiau hoffech chi?	Dim ond sudd, os gwelwch yn dda.

pastai (f.) **pasteiod** *pie*
cig eidion (m.) *beef*
aren (f.) **-nau** *kidney*
panasen (f.) **panas** *parsnip*

MELYSFWYD

PAFLOFA:

*Meringue wedi ei lanw â mafon a hufen iâ
a'i orchuddio â hufen ffres*

BLAS YR HAUL:

*Cyfuniad o eirin gwlanog, hufen iâ blas mefus, saws mefus,
cnau, hufen ffres a waffer*

HUD YR HWYR:

*Cyfuniad o geirios, hufen iâ blas mefus a siocled, saws mefus,
cnau, hufen ffres, waffer a mints siocled*

ENFYS YR HAFOD:

*Cyfuniad o binafal, banana, 3 math o hufen iâ, saws mafon,
cnau, hufen ffres a waffer*

SALAD FFRWYTHAU FFRES:

Gyda hufen iâ neu hufen ffres

CACEN GAWS:

Mefus, mwyar neu flas lemwn

TARTEN YR HAFOD:

Afal, rhiwbob neu gwsberen

Exercise 7

All the members of Elen's group chose different desserts. Decide
what each member ate by reading the menu and the clues given
in the passage.

Matthew didn't feel like ice cream and was quite full after his large
starter and main course. He loves strawberries. Jayne felt like treating

herself and her dessert was very colourful and had two different kinds of fruit in it. Elen's dessert consisted of both ice cream and fresh cream. It also had nuts. Elen hates cherries. Tom is allergic to nuts and his dessert had one scoop of vanilla ice cream and fresh cream.

QUICK VOCAB

mafonen (f.) **mafon** *raspberry*
blas (m.) **-au** *taste, flavour*
cyfuniad (m.) **-au** *combination*
eirinen wlanog (f.) **eirin gwlanog** *peach*
mefusen (f.) **mefus** *strawberry*
cneuen (f.) **cnau** *nut*
hud (m.) *magic*
ceiriosen (f.) **ceirios** *cherry*
enfys (f.) **-au** *rainbow*
mwyaren (f.) **mwyar** *blackberry*
tarten (f.) **-nau** *pie (sweet), tart*

Deialog 6

While eating dessert, Elen gives her group an invitation and Matthew makes a promise.

CD2, TR 5, 06:00

Jayne	Dw i ddim yn credu y bydda i'n bwyta eto am amser hir. Roedd y bwyd yn fendigedig, roedd y cig oen yn dyner iawn. Bydd rhaid i fi nofio am hanner awr ychwanegol yfory ar ôl bwyta'r pwdin 'na. Sut roedd eich bwyd chi Elen?
Elen	Yn flasus iawn, roedd yr eog yn ffres iawn ac wedi cael ei goginio'n dda iawn. Bydd rhaid i fi ddod â Rob a'r merched yma rywbryd.
Tom	Mwynheais i'r bwyd yn fawr iawn, ond mae'n drueni nad oedd mwy o ddewis llysieuol. Wedi dweud hynny, roedd yr omlet yn flasus iawn.
Elen	Beth am ddod draw i weld fy fflat newydd cyn mynd i weld y ddrama nos yfory?
Matthew	Syniad da.

1 Why does Jayne think she should swim for an extra half hour tomorrow?
2 What does Tom regret about the meal?
3 What does Matthew promise to do?

1 Describing a meal

Roedd y gacen gaws yn felys iawn.	*The cheesecake was very sweet.*
Roedd y cyrri'n boeth a sbeisi iawn.	*The curry was very hot and spicy.*
Doedd y pysgod ddim yn ffres.	*The fish was not fresh.*
Roedd blas gwael arno fe.	*It had a nasty taste.*
Roedd e wedi cael ei goginio gormod.	*It had been overcooked.*
Roedd y llysiau'n feddal iawn.	*The vegetables were very soft.*
Doedd dim llawer o flas ar y cig eidion.	*The beef did not have a lot of flavour.*

Exercise 8

◂) CD2, TR 5, 07:12

Listen to the recording and answer the following questions. Megan and her friend Bleddyn are on their way to visit friends and decide to stop for a meal.

1 What does Bleddyn suggest they do for lunch?
2 What type of eating establishment do they choose in the end?
3 Where is it?
4 What do they drink with their meal?
5 Do they both order the same thing?
6 Who pays?
7 How much is the bill?
8 Will they go again?

Deialog 7

True to his word, Matthew visits a local bookshop to find a book to help him with his interview. Listen to the recording before answering the questions that follow.

◈ CD2, TR 5, 08:36

Siopwr	Gaf i'ch helpu chi?
Matthew	Mae cyfweliad 'da fi ddydd Llun a dw i'n chwilio am lyfr am sgiliau cyfweld.
Siopwr	Oes llyfr arbennig 'da chi mewn golwg?
Matthew	Oes, mae fy ffrindiau wedi awgrymu *How to Survive an Interview* gan Michael Bird. Oes copi 'da chi?
Siopwr	Nac oes, yn anffodus. Hoffech chi i fi archebu copi o'r llyfr? Bydd e 'ma mewn dau ddiwrnod. Ffonia i chi pan gyrhaeddiff e; beth yw'ch rhif ffôn chi?
Matthew	Does dim ffôn 'da fi. Dw i'n aros yn yr ardal dros dro. Galwa i i mewn ddydd Mercher. Faint yw'r llyfr?
Siopwr	Naw punt naw deg naw ceiniog.
Matthew	Iawn, tala i pan ddaw'r llyfr.

1 Who wrote the book?
2 How long will Matthew have to wait for the book?
3 What is Matthew's phone number?
4 When will Matthew pay?
5 How much change will Matthew get from £10.00?

sgil (f.) **-iau** *skill*
cyfweld *to interview*
awgrymu (awgrym-) *to suggest*
gan (SM) *by*
dros dro *temporary, temporarily*

2 Speaking on the phone

Asking for someone

Hoffwn i siarad â Megan os gwelwch yn dda.	*I would like to speak to Megan please.*
Helo, John sy'n siarad, ydy Ian i mewn?	*Hello, John speaking, is Ian in?*
David sydd 'ma, gaf i siarad â Lisa?	*David here, may I speak to Lisa?*
Ydy Gethin ar gael?	*Is Gethin available?*
Allwch chi fy rhoi i drwyddo i Mr Davies?	*Can you put me through to Mr Davies?*

Responding to a request to speak to someone

Does neb i mewn ar hyn o bryd.	*There is no one in at the moment.*
Rhoa i chi drwyddo.	*I'll put you through.*
Daliwch y lein.	*Hold the line.*
Does dim ateb.	*There is no answer.*
Mae ei ffôn yn brysur.	*His/her phone is engaged.*
Gaf i gymryd neges? Mae hi ar y lein arall.	*May I take a message? She is on the other line.*
Wnewch chi ddweud hynny eto?	*Will you say that again?*

Telling someone they have a caller

Mae galwad i chi.	*There is a call for you.*
Mae Mr Huws ar y lein.	*Mr Huws is on the line.*

Exercise 9

Matthew phones the college where he will be going for an interview. He needs to explain that he won't be able to arrive before 10 o'clock. Fill in the receptionist's side of the conversation.

Derbynnydd	*Good afternoon, can I help you?*
Matthew	Matthew Williams sy'n siarad. Allwch chi fy rhoi i drwyddo i swyddfa Mr Evans os gwelwch yn dda?
Derbynnydd	*Hold the line for a minute, please. I'll put you through.*
Matthew	Diolch.
Derbynnydd	*His line is busy at the moment, do you want to wait?*
Matthew	Alla i ddim, dw i'n galw o focs ffôn.
Derbynnydd	*Do you want to leave him a message?*
Matthew	Dyna'r peth gorau.

Traditional Welsh foods

Cawl is one of a host of traditional Welsh dishes. Many use ingredients such as leeks, fish, ham, lamb, oatmeal and cheese. Several, such as pikelets, which are small thick pancakes, are cooked on a griddle or bakestone. Other specialities include **cawl cennin** (leek soup) and **bara lawr** (laver bread), an edible seaweed which comes mainly from the Gower Peninsula. It is usually eaten hot mixed with oatmeal and bacon. **Pice ar y maen** (Welsh cakes) are small currant cakes cooked, like pikelets, on a bakestone or griddle. **Bara brith**, which literally means speckled bread, is a spicy currant loaf served with butter. **Lobscows**, a thick broth, is a traditional North Walian dish and is thought to be the reason why Liverpudlians are nicknamed 'Scousers'. **Teisen lap**, a moist sponge cake, was taken down the mines as part of a miner's lunch pack because it does not crumble easily.

There are many initiatives nowadays, such as **Blas ar Gymru** (*Taste of Wales*), which emphasize the quality of food produced in Wales and encourage eating establishments to include traditional recipes and dishes in their menus.

Test yourself

How would you do the following:

1 Ask, 'May we have a glass of red wine?'
2 Say, 'I have decided to have Welsh cheese'
3 Ask which vegetables come with the ham
4 Ask, 'May I have mushrooms in garlic to start?'
5 Say that the salmon was very tender
6 Say, 'They had a nasty taste'
7 Say that she will be here in two days
8 Say that she will phone us when he arrives
9 Ask to be put through to Mr Williams
10 Offer to take a message

17

Disgrifio'ch tŷ a'ch ardal
Describing your house and your area

In this unit you will learn how to
- *describe your home and ask about a house you wish to buy*
- *describe the area in which you live and ask about another area*
- *understand the main details in an advertisement for a house*

Deialog 1

Matthew, Jayne and Tom have reached Elen's flat in Cardiff and are invited in.

◄ CD2, TR 6

Elen   Dewch i mewn, mae'r tegell newydd ferwi. Awn ni i'r gegin.

Jayne   Melyn! Mae'r lliw'n ofnadwy, ych a fi! Byddai'r lliw 'ma'n rhoi pen tost i fi. Mae'n llawer rhy lachar.

Elen   Mae'r lliw tipyn bach yn llachar i gegin mor fach, mae rhaid i fi ddweud. Ond mae lliwiau llachar yn ffasiynol iawn nawr, cofiwch. A dim ond dros dro byddwn ni yma.

Tom   Ond mae'r fflat yn ganolog iawn, dyw hi ddim yn bell o ganol y ddinas.

Elen   Mae'n gyfleus iawn i ni, mae'n ddigon agos i'r siopau heb fod yn rhy bell allan. Mae'n well 'da fi fyw ar gyrion y ddinas. Beth am ddod i weld gweddill y fflat?

1 What colour is Elen's kitchen?
2 Does Jayne like the colour?
3 Is the kitchen large?
4 Is Elen's flat far from the city centre?

tegell (m.) **-au** *kettle*
berwi (berw-) *to boil*
cegin (f.) **-au** *kitchen*
byddai *would*
llachar *bright*
canolog *central*
cyfleus *convenient*
ar gyrion *on the outskirts of*
milltir (f.) **-oedd** *mile*

---

1 Describing the location of your house

Mae fy fflat ynghanol y dref.	*My flat is in the middle of town.*
Mae e ar gyrion tref brysur.	*It is on the outskirts of a busy town.*
Mae e mewn ardal wledig.	*It is in a rural area.*
Mae e ar lan y môr.	*It is by the seaside.*
Mae e ger y siopau.	*It is near the shops.*
Mae e mewn pentref glan y môr tawel.	*It is in a quiet seaside village.*

Exercise 1

Eifion, Alys, Owain and Siwan are describing their homes. After reading each description, say whether the four statements that follow are true or false.

Eifion Dw i'n byw mewn hen fwthyn. Does dim trydan 'da fi.
Alys Dw i'n byw dwy filltir o ganol dinas fawr mewn tŷ teras Fictoraidd. Mae'r stryd yn brysur iawn ac mae llawer o draffig.

(Contd)

1 Eifion lives in a large modern house in the country.
2 Alys lives in a terrace house on the outskirts of a large city.
3 Owain lives in a house by the seaside.
4 Siwan lives in a cottage in a rural area, not far from the village.

Author insight

Dwlu ar means *to love*, but you wouldn't use it to describe
how you feel about a loved one. It is normally used where you
would say *I love chips* or *I love swimming*. When used about a
person, it means *to infatuate*.

Deialog 2

After coffee Elen takes her friends on a guided tour of her flat.

CD2, TR 6, 00:57

Elen   Mae dwy ystafell wely 'da ni. Dyma ystafell wely'r
         merched. Bydd rhaid i chi gau eich llygaid i'r llanast.
         Mae'r plant yn anniben iawn. Dyn nhw byth yn rhoi
         pethau i gadw. A dyma'n hystafell wely ni. Mae'n llawn
         o focsys ar hyn o bryd fel y gallwch chi ei weld.
Matthew Mae golygfa hyfryd 'da chi.
Elen   A dyma'r ystafell fyw a rhagor o focsys. Ac yn olaf – yr
         ystafell ymolchi. Does dim cawod 'da ni yn anffodus,
         dim ond bath.
Tom   Mae'n dwym iawn yn y fflat.
Elen   Mae'r gwres canolog wedi bod ymlaen drwy'r dydd.

1 How many bedrooms are there in Elen's flat?
2 What are there a lot of in Elen's bedroom?
3 What does Tom notice about the flat?

llanast (m.) *mess*
anniben *untidy*
rhoi i gadw *to tidy up, to put away*
gwres canolog (m.) *central heating*

Exercise 2

Here are some details of houses which have been placed in a
papur bro or local community newspaper. After reading the
advertisements answer the questions that follow. Don't worry
if you don't understand everything.

a
> **Ar werth**. Tŷ teras yng nghanol Aberteifi. Tair ystafell wely, lolfa
> a chegin fawr. Ffenestri dwbl a gwres canolog olew. Gardd
> fach a iard. Grant ar gael i lagio'r nenfwd. £78,000.
>
> *Ffôn 01239 672348*

b
> **Tŷ pâr** ar werth. Ynghanol pentref. Gwag ers dwy flynedd ar ôl
> marwolaeth y perchennog. Dwy ystafell wely, cegin, lolfa. Dim
> gwres canolog. Trydan. Garej. Grant ar gael i'w foderneiddio.

c
> **Bwthyn** ar werth mewn ardal dawel. Gwres canolog a ffenestri
> dwbl Ian llofft. Caniatâd cynllunio i estyn y tŷ. Gardd fawr.
> Garej a gweithdy. 14 erw hefyd ar werth ar wahân.

d
> **Ar werth**. Tŷ ar ei ben ei hun ynghanol tref. Gardd. Garej. Gwres
> canolog. Siopau, canolfan hamdden ac ysgolion gerllaw.

e
> **Ar werth**. Hen ficerdy. Yn cael ei ddefnyddio fel cartref hen bobl
> ar hyn o bryd. Un deg chwech o ystafelloedd gwely. Yn sefyll
> mewn 3 erw. 3 garej. Tŷ gwydr.

f | **Fflat ar werth**. Ar lan y môr. Cegin. Tair ystafell. Gwres canolog. Parcio tu allan i'r tŷ. Gardd fach o flaen y tŷ.

Which house would suit you if you:

1 wanted to live by the sea?
2 wanted to live in a rural area?
3 wanted a house to modernize?
4 wanted to buy a business?
5 wanted to buy land?
6 wanted an empty house?
7 wanted a house in the middle of a village?

QUICK VOCAB

ar werth *for sale*
lolfa (f.) **lolfeydd** *lounge*
olew (m.) *oil*
nenfwd (m.) **nenfydau** *ceiling*
tŷ pâr (m.) **tai pâr** *semi-detached house*
gwag *empty*
marwolaeth (m.) **-au** *death*
perchennog (m.) **perchnogion** *owner*
lan llofft *upstairs* (in North Wales you will hear **i fyny'r grisiau**)
caniatâd cynllunio *planning permission*
estyn (estynn-) *to extend*
gweithdy (m.) **gweithdai** *workshop*
erw (f.) **-au** *acre*
ar wahân *separate*
tu allan *outside*

Which of the following statements, based on these advertisements, are true, and which are false?

1 Mae tŷ (d) yn y dref.
2 Mae eisiau llawer o waith ar dŷ (b).
3 Mae mwy o ystafelloedd gwely 'da tŷ (e) na thŷ (f).
4 Mae gwres canolog trydan 'da tŷ (a).
5 Mae mwy o dir 'da tŷ (e) na thŷ (c).

2 Asking about the area where someone lives

Pa fath o le yw Llanddewi?	*What sort of place is Llanddewi?*
Dych chi'n byw mewn ardal wledig?	*Do you live in a rural area?*

3 Describing the area in which you live

Dw i'n byw mewn ardal fynyddig.	*I live in a mountainous area.*
Dw i'n byw mewn ardal ddinesig.	*I live in an urban area.*
Mae hi'n faestref dawel.	*It is a quiet suburb.*
Mae hi'n dref hanesyddol.	*It is a historic town.*
Mae hi'n dref brifysgol.	*It is a university town.*
Mae hi'n dref farchnad.	*It is a market town.*
Mae hi'n ardal boblog iawn.	*It is a very populated area.*

Exercise 3

◀) **CD2, TR 6, 01:41**

Listen to Elfed describing his house and the area where he lives. After you have listened to the recording several times and are sure that you understand everything, answer the following questions.

1 Where does Elfed live?
2 Near which building does Elfed live?
3 How old is his home?
4 On what floor does he live?
5 How many rooms does he have?
6 Does he have a garden to himself?
7 Does Elfed like his home?
8 In what type of house did he live before moving?

Deialog 3

Mr Evans has gone to an estate agent (**asiant tai**) to look for a suitable house.

CD2, TR 6, 02:51

Mr Evans	Dw i'n chwilio am dŷ ym mhentref Llanddewi, neu yn yr ardal gyfagos.
Asiant tai	Hyd at faint o arian roeddech chi'n meddwl ei wario?
Mr Evans	Dw i ddim eisiau mynd dros wyth deg mil.
Asiant tai	Sawl ystafell wely dych chi ei heisiau?
Mr Evans	O leiaf tair, ond yn ddelfrydol hoffwn i gael hen ysgubor bydda i'n gallu ei hadnewyddu.
Asiant tai	Mae tri thŷ ar werth yn y pentref. Beth am hwn? Mae e'n wag ac mae eisiau llawer o waith arno fe. Tŷ carreg yw e ac mae e dros gan mlwydd oed.
Mr Evans	Faint o ystafelloedd sydd yno?
Asiant tai	Pum ystafell wely ac ystafell ymolchi lan llofft. Lawr staer mae cegin, pantri, ystafell fwyta, lolfa, a stydi. Hen ficerdy yw e, ac mae gardd fawr iawn 'da fe. Mae garej dwbl a siediau yn yr ardd. Mae'r perchennog wedi ymfudo ac mae'r allweddi 'da ni. Hoffech chi fynd i weld y tŷ?
Mr Evans	Hoffwn, mae'n swnio'n addawol iawn.

1 How many bedrooms does Mr Evans want?
2 How much money is he willing to spend on a house?
3 Does the house the estate agent offers him have a garden?

delfrydol ideal
ysgubor (f.) **-iau** barn
adnewyddu (adnewydd-) to renovate
carreg (f.) **cerrig** stone
lawr staer downstairs
ymfudo (ymfud-) to emigrate
allwedd (f.) **-i** key

Exercise 5

You have phoned an estate agent to ask about details of houses in the area. The estate agent has given you the details of some houses but none has been suitable. He is about to give you the details of another house. Fill in your side of the conversation.

Asiant tai	Mae tŷ arall 'da ni yn yr ardal. Mae e ar werth am chwe deg pum mil o bunnau.
Chi	*How many bedrooms are in the house?*
Asiant tai	Tair, ac mae stydi lan llofft hefyd. Bydd modd i chi ei droi'n ystafell wely arall.
Chi	*Is there central heating in the house?*
Asiant tai	Oes, mae gwres canolog nwy: mae tanc propane tu allan i'r tŷ.
Chi	*Is there double glazing in the house?*
Asiant tai	Dim ond lawr staer. Mae'r tŷ wedi cael ei foderneiddio yn ddiweddar: mae cegin newydd yno ac mae'r tŷ mewn cyflwr da.
Chi	*Is there a garden and a garage?*
Asiant tai	Mae gardd fach yn y cefn ond does dim garej 'da'r tŷ. Mae digon o le i barcio car o flaen y tŷ.
Chi	*Is there someone living there?*
Asiant tai	Oes, mae'r perchennog a'i deulu'n byw yno. Hoffech chi i fi drefnu i chi weld y tŷ?
Chi	*Yes, I would like to see the house tomorrow. I'll be free all day.*

modd (m.) **-au** *way, means*
yn ddiweddar *recently*
cyflwr (m.) **cyflyrau** *condition*

Papurau bro

Papurau bro are Welsh-language community newspapers. The first **papur bro**, **Y Dinesydd** (*The Citizen*), was launched in Cardiff in 1973 and since then more and more regions have begun to publish their own paper. In the early 1970s not many regional newspapers included items in Welsh and one of the reasons for establishing **papurau bro** was to present news and other features in Welsh. Another aim was to increase the number of people reading Welsh material. The **papurau bro** soon achieved a wide readership and are now read by over 100,000 people. There are over 50 **papurau bro** in regions throughout Wales and there are even areas in England which boast a Welsh-language community newspaper – *Yr Angor* (*The Anchor*) serves the Welsh-speaking community in Liverpool. The titles of the papers often reflect the dialect of the area they cover, for example **Papur Fama** (**fama = y fan yma**) in Mold. Most of the papers concentrate on local news and community issues and are organized by committees of local people who usually write most of the articles. Most of the titles are published monthly and are given financial aid by the Welsh Language Board.

Test yourself

How would you do the following:

1 Say, 'My flat is by the seaside'
2 Ask if the house is in a rural area
3 Say, 'The house has got three bedrooms'
4 Say that they live in an urban area
5 Ask what type of town Llandudno is
6 Say, 'Wrexham is a university town'
7 Say we used to live in a mountainous area
8 Ask whether there is central heating in the house
9 Say that the house doesn't have a garage
10 Say, 'The house needs a lot of work'

18

Beth byddech chi'n ei wneud?
What would you do?

In this unit you will learn how to
- *say someone would do something*
- *use 'if' in the conditional tense*
- *express desire to do something*
- *say what someone could do*
- *express obligation*

Deialog 1

William, a friend of Tom's, has recently won over a million pounds
on the lottery. Elen and Tom and his classmates discuss what they
would do with such a large sum of money.

Tom	Ffoniodd fy ngwraig Glenys neithiwr gyda newyddion diddorol. Mae William, un o'n ffrindiau, wedi ennill dros filiwn o bunnau ar y loteri.	● CD2, TR 7
Elen	Miliwn o bunnau! Dyna braf! Dw i'n gwybod beth byddwn i'n ei wneud â miliwn o bunnau.	
Jayne	Beth byddech chi'n ei wneud?	
Elen	Byddwn i'n prynu tŷ mawr yn y wlad, gyda phwll nofio a digon o dir i gadw o leiaf dau geffyl. Byddwn i'n prynu car newydd i fi ac un i Rob hefyd. Btyddwn i'n trefnu	
	(Contd)	

gwyliau drud i'r teulu i gyd – mordaith efallai. Dyw fy rhieni erioed wedi teithio dros y dŵr. Bydden ni'n mwynhau pob ceiniog o'r arian!

Tom Byddai mordaith yn apelio at Glenys hefyd dw i'n credu. Mae'n apelio'n fawr ata i.

Jayne Dw i ddim yn gwybod beth byddwn i'n ei wneud â swm mawr o arian fel hynny; byddai rhaid i fi feddwl yn hir ac yn galed cyn penderfynu. Byddwn i'n buddsoddi tipyn ac yn rhoi tipyn i Haf wrth gwrs, a phrynu tŷ yng Nghymru efallai. Beth amdanat ti Matthew; beth byddet ti'n ei wneud taset ti'n ennill arian mawr?

Matthew Wel dw i ddim yn siŵr, ond fyddwn i ddim mor awyddus i gael swydd ag ydw i nawr. Wedi dweud hynny, dw i erioed wedi prynu tocyn loteri, felly does dim llawer o obaith 'da fi!

1 Would Elen buy any animals if she were lucky enough to win a lot of money?
2 What would Jayne do with her winnings?
3 Does Matthew buy a lottery ticket regularly?

â *with*
tir (m.) **-oedd** *land*
mordaith (f.) **mordeithiau** *cruise*
buddsoddi (buddsodd-) *to invest*
awyddus *eager*

....

Author insight

Deialog 1 contains several examples of the conditional tense (*would*) of the verb **bod**. The forms in full are:

byddwn i *I would*	**bydden ni** *we would*
byddet ti *you would*	**byddech chi** *you would*
byddai fe *he would*	**bydden nhw** *they would*
byddai hi *she would*	**byddai'r teulu** *the family would*

Byddai fe wrth ei fodd.   *He would be in his element.*
Bydden nhw'n   *They would be very*
  siomedig iawn.   *disappointed.*

Once again, note the soft mutation in the negative and question forms:

Fyddet ti ddim yn gallu mynd. *You wouldn't be able to go.*
Fydden nhw'n fodlon i chi *Would they be willing for*
  ddod? *you to come?*

Questions are answered with the appropriate form of the person without the accompanying pronoun.

Fyddai hi ar gael? *Would she be available?*
Byddai. *Yes (she would).*
Fydden ni'n hwyr? *Would we be late?*
Na fydden. *No (we wouldn't).*

---

1 Taset ti'n ennill arian mawr *If you won a lot of money*

As you have already seen, **os** is used with the present, future and past tenses:

os ydy e'n gwybod *if he knows*
os roedd e'n gwybod *if he knew*
os bydd e'n gwybod *if he knows/if he will know*

However, in the conditional the following forms are used:

taswn i	*if I were*	**tasen ni**	*if we were*
taset ti	*if you were*	**tasech chi**	*if you were*
tasai fe	*if he were*	**tasen nhw**	*if they were*
tasai hi	*if she were*	**tasai'r plant**	*if the children were*

os dw i'n mynd *if I go*
taswn i'n mynd *if I were to go*
os dyn nhw'n gwybod y cyfeiriad *if they know the address*
tasen nhw'n gwybod y *if they were to know the*
  cyfeiriad *address*

Exercise 1

Link the statements on the left with the comments on the right.

a Byddwn i'n gwisgo menig tasai rhywun yn ysmygu.

b Byddet ti'n chwaraewr rygbi da tasai fe'n ennill llawer o arian.

c Byddech chi'n chwerthin tasai peswch arna i.

d Byddwn i'n mynd at y meddyg taset ti'n gwybod faint o galorïau oedd yn y pwdin.

e Byddet ti'n rhedeg milltir taset ti'n ymarfer bob wythnos.

f Bydden nhw wedi cyrraedd erbyn hyn tasech chi'n gwybod y gwir.

g Byddai fe wedi gadael ei swydd tasen nhw'n gwybod y ffordd.

h Byddwn i'n agor y ffenest tasai hi'n oer iawn.

Exercise 2

◀))) **CD2, TR 7, 01:41**

Listen to the recording as other members of Elen's class say what they would do with a million pounds. Fill in the grid.

	Teithio	Buddsoddi	Gwario	Elusen
John				
Pat				
Lee				

elusen (f.) **-nau** charity

2 Useful expressions using the conditional tense

Fyddech chi mor garedig ag agor y drws?
Would you be so kind as to open the door?

Fyddech chi gystal â chau'r ffenest?
Would you be so good as to shut the window?

Exercise 3

Complete the following sentences according to the example.
Chi / ymweld â / Caernarfon / y castell. **Tasech chi'n ymweld â Chaernarfon byddech chi'n gweld y castell.**

a Fe / mynd i / Caerffili / y castell
b Hi / ymweld â / Tyddewi / yr Eglwys Gadeiriol
c Fi / mynd i / Caerdydd / Stadiwm y Mileniwm
d Nhw / ymweld â / Patagonia / siaradwyr Cymraeg
e Ti / mynd i / gogledd Cymru / mynyddoedd mawr
f Ni / ymweld â / Llundain / Palas Buckingham

Author insight

Apart from **hoffi** and **gallu,** which are conjugated later on, most conditional verbs are formed using **byddwn i** and its related forms followed by the link-word **yn** and the relevant verb–noun. I would say: **Byddwn i'n siarad.**

Deialog 2

Tom visits his friend William to celebrate his lottery win.

Tom	Llongyfarchiadau William, hoffwn i fod yn dy esgidiau di!
William	Diolch Tom, mae rhaid i fi ddweud dw i wedi bod yn lwcus iawn. Mae'n braf meddwl nad oes rhaid i fi fynd yn ôl i'r gwaith yr wythnos nesaf.

(Contd)

CD2, TR 7, 02:30

Tom	Fyddwn i ddim yn dychwelyd i'r swyddfa ar ôl y cwrs Cymraeg tasai ddim rhaid i fi. Beth rwyt ti'n bwriadu ei wneud nawr 'te William?
William	Hoffai Luned fynd i Ganada i weld ei chwaer. Bydden ni'n siŵr o gael amser gwych a byddai'n braf ei gweld hi a'i gŵr eto ond mae ofn hedfan arna i.
Tom	Fyddai'n bosib i chi gwrdd â nhw rhywle yn Ewrop? Gallech chi fynd â'r car wedyn.
William	Gallen. Bydd rhaid i ni ystyried y posibiliadau i gyd cyn penderfynu beth fyddai orau. Dw i eisiau prynu car newydd beth bynnag. A dweud y gwir dw i wedi gweld BMW hyfryd yn y garej yn Heol y Dderwen. Hoffet ti ei weld e? Gallen ni fynd nawr i gael cip arno fe taset ti'n dymuno.
Tom	Hoffwn i, ond mae Glenys wedi gwahodd ein cymdogion draw i swper heno, felly mae'n well i fi fynd. Gallwn i alw heibio i'r garej yfory efallai cyn i fi fynd yn ôl i Lambed. Dw i eisiau prynu un neu ddau o lyfrau i ffrind ar y cwrs o'r siop lyfrau Cymraeg yn Heol y Dderwen.

1 Why is William not keen to go to Canada?
2 Why does Tom suggest William meets his wife's family in Europe?
3 What reason does Tom give for being unable to go to see the car that afternoon?
4 Tom intends stopping in Heol y Dderwen tomorrow anyway – what does he intend buying?

dychwelyd (dychwel-) *to return*
Ewrop (f.) *Europe*
ystyried (ystyri-) *to consider*
posibiliad (m.) **-au** *possibility*
cael cip *to have a quick look*
dymuno (dymun-) *to wish*
gwahodd (gwahodd-) *to invite*
cymydog (m.) **cymdogion** *neighbour*
cyn i fi fynd *before I go*

You have already seen *I/you would like* and *I/you could* in
earlier units. Here are the complete conditional tense forms
of the two verbs **hoffi** and **gallu**:

hoffwn i	*I would like*	**hoffen ni**	*we would like*
hoffet ti	*you would like*	**hoffech chi**	*you would like*
hoffai fe/hi	*he/she would like*	**hoffen nhw**	*they would like*

Hoffen ni fynd yno un diwrnod.	*We would like to go there some day.*

gallwn i	*I could*	**gallen ni**	*we could*
gallet ti	*you could*	**gallech chi**	*you could*
gallai fe/hi	*he/she could*	**gallen nhw**	*they could*

Allech chi ddim gofyn eto.	*You could not ask again.*

As you have seen with other tenses, questions are answered
with the appropriate form of the person without the
accompanying pronoun.

Hoffai fe ddod?	*Would he like to come?*
Na hoffai.	*No, he would not like to.*
Allen nhw ddod?	*Could they come?*
Gallen.	*Yes, they could.*

Exercise 4

Complete the sentences in accordance with the example. Tasai
digon o arian 'da fi (gallu mynd i Awstralia) **Tasai digon o arian
'da fi gallwn i fynd i Awstralia.**

1 Tasai'r amser 'da fe (hoffi gwneud y gwaith)
2 Tasai ein rhieni ddim yno (gallu cael amser da)
3 Tasai'r arian 'da hi (hoffi dod nos yfory)
4 Tasai eu mam yn cytuno (gallu aros y nos)
5 Tasai dy athrawes yn fodlon (gallu mynd i'r Eistedddfod)

Exercise 5

A friend of Jayne's who has learned Welsh is coming to Wales. Jayne invites her to visit her on the Welsh course. Read Jayne's letter and answer the questions that follow in Welsh in full sentences.

Annwyl Sandy

Dw i'n anfon gair byr atat ti i dy wahodd di i aros gyda fi ar y cwrs yn Llambed ddiwedd mis Awst. Byddwn i'n falch iawn taset ti'n gallu dod yma am rai dyddiau. Byddai'n gyfle hefyd i ti ymarfer dy Gymraeg!

Wyt ti wedi bod yn yr ardal hon erioed? Mae digon o bethau i'w gwneud yma. Gallen ni fynd i Aberystwyth i siopa am y dydd, neu folaheulo ar y traeth yng Nghei Newydd. (Mae'r tywydd yn gallu bod yn braf yma weithiau!) Hoffwn i fynd i'r Amgueddfa Wlân yn Drefach Felindre hefyd ac efallai gallen ni fynd i'r Amgueddfa yn Sain Ffagan un prynhawn. Dw i'n dy gofio di'n dweud pa mor ddiddorol oedd y lle. Dw i ddim eisiau colli gormod o wersi, ond efallai y byddai hi'n bosib i fi golli diwrnod neu ddau, taswn i'n dweud wrth Elen ein tiwtor fy mod i'n mynd i siarad Cymraeg â thi drwy'r amser!

Dere! Byddai'n hyfryd dy weld di a bydden ni'n cael llawer o hwyl!

Cofion gorau

Jayne

1 Pam mae Jayne yn ysgrifennu at Sandy?
2 Pryd hoffai Jayne weld Sandy yn dod i Lambed?
3 Beth gallen nhw ei wneud (a) yn Aberystwyth (b) yng Nghei Newydd?
4 Ydy Jayne wedi bod yn Sain Ffagan erioed?
5 Fyddai Jayne yn colli gwersi yn ystod ymweliad Sandy?

amgueddfa wlân (f.) **amgueddfeydd gwlân** *wool museum*
bolaheulo (**bolaheul-**) *to sunbathe*

236

Deialog 3

Tom gives Jayne the books he got her in the bookshop in Heol y Dderwen.

CD2, TR 7, 03:59

Jayne	Diolch am y llyfrau Tom. Faint sy arna i i ti?
Tom	Tri deg punt os gweli di'n dda. Yn anffodus dw i ddim yn filiwnydd fel William…
Jayne	Dyna ti a diolch eto. Dylet ti ddarllen y llyfr coch 'ma Tom, mae'n esbonio hanes y Mabinogi.
Tom	Diolch am y cynnig ond bydda i'n mynd yn ôl i'r gwaith cyn hir a fydd dim amser 'da fi i ddarllen am bleser wedyn. Cofia pa mor hir bues i'n darllen y llyfr am hanes Cymru. Nawr te taswn i'n filiwnydd…
Jayne	Ddylet ti ddim bod wedi mynd i weld William Tom. Does dim diben bod yn genfigennus. Dylet ti drïo cael hyd i fwy o amser. Dylen ni i gyd ymlacio'n fwy a dweud y gwir.
Tom	Haws dweud na gwneud!
Elen	Beth am ddarllen llyfr i ddysgwyr yn eich amser rhydd? Mae llawer o ddewis erbyn hyn.
Matthew	Dylwn i ddarllen mwy o lyfrau Cymraeg dw i'n gwybod. Dw i'n darllen nofel ffugwyddonol i ddysgwyr ar hyn o bryd. Mae'n eithaf da. Hoffwn i weld mwy o lyfrau arswyd yn y Gymraeg.
Elen	Dylet ti ystyried ysgrifennu un rywbryd.
Matthew	Dylwn efallai – yn seiliedig ar y cwrs 'ma!

1 How much did Jayne's books cost?
2 What does Elen suggest and why?
3 What sort of novel is Matthew reading at the moment?

miliynydd (m.) **-ion** *millionaire*
esbonio (esboni-) *to explain*
cynnig (m.) **cynigion** *offer*
diben (m.) *point, purpose*

QV

mcenfigennus *jealous*
haws dweud na gwneud! *easier said than done!*
seiliedig *based*

Author insight

Ought/should is expressed in Welsh using the verb **dylai**. The forms in full are:

dylwn i	*I ought to/ should*	**dylen ni**	*we ought to/ should*
dylet ti	*you ought to/ should*	**dylech chi**	*you ought to/ should*
dylai fe/hi	*he/she ought to/should*	**dylen nhw**	*they ought to/ should*

Dylwn i fynd nawr efallai.   *I ought to go now, maybe.*
Dylech chi ofyn iddi hi.   *You should ask her.*

As you can see from Deialog 3, 'should have' is expressed by adding **bod wedi**: **Dylet ti fod wedi dweud wrthon ni.** *You should have told us.*

Once again note the soft mutation in the negative and question forms:

Ddylen ni ddim bod wedi chwerthin.   *We shouldn't have laughed.*
Ddylwn i ddweud rhywbeth?   *Should I say something?*

Questions are answered with the appropriate personal form without the accompanying pronouns:

Ddylen ni ofyn am help?   *Should we ask for help?*
Dylen.   *Yes, we should.*
Ddylech chi orffen heno?   *Should you finish tonight?*
Dylwn.   *Yes, I should.*

Welsh literature

The earliest Welsh poem is believed to have been composed in the seventh century, but, unfortunately, only the work of two poets **Aneirin** and **Taliesin** has survived the centuries. One of the best known Welsh poets, **Dafydd ap Gwilym**, who composed in the fourteenth century, is remembered mainly for his love and nature poetry. Present-day poets such as **Menna Elfyn** and **Myrddin ap Dafydd** write on a wide variety of themes in both free and strict metre verse.

Like most Celtic nations, the Welsh delight in storytelling. By the eleventh century, the tradition of storytelling was well established as a means of entertainment. The *Mabinogion* is seen by many as perhaps Wales' greatest contribution to European literature. The title was first used by Lady Charlotte Guest in her 1849 translation of 12 medieval Welsh tales. Its appealing stories and carefully defined characters have been a source of inspiration for Welsh poets and artists ever since. The nineteenth century saw a great literary boom and many dictionaries, grammar books, newspapers and journals, as well as hundreds of books, were published, including the pioneering novels of **Daniel Owen**. The twentieth century was a period of development in all fields of literature. Among the best known present-day writers are **Mihangel Morgan**, **Caryl Lewis** and **Sonia Edwards**.

Test yourself

How would you do the following:

1 Say, 'We know what we would do with a million pounds'
2 Say he would go if he knew the address
3 Ask your friend, 'Would you go to the doctor if you had a cold?'
4 Ask someone, 'Would you be so kind as to open the window?'

5 Say, 'I would like to go to Canada but I'm afraid of flying'
6 Give the appropriate yes/no response to the following question: Hoffen nhw fod wedi dychwelyd?
7 Say he should ask her
8 Give the appropriate yes/no response to the following question: Ddylai hi brynu car newydd?
9 Say that we should have read more books about it before deciding
10 Say the children should read more Welsh books

19

Faint o'r gloch mae'r trên nesaf?
What time is the next train?

In this unit you will learn how to
- *tell the time in Welsh*
- *ask the time something will take place*
- *understand the main details of a job advertisement*

Deialog 1

Matthew phones the local railway station to order his ticket.

Matthew	Bore da. Allwch chi ddweud wrtha i pryd mae'r trên cyntaf i Gaerdydd os gwelwch yn dda?
Tocynnwr	Galla, dych chi'n mynd yn ystod yr wythnos neu dros y Sul?
Matthew	Dydd Llun nesaf bydda i'n mynd. Mae rhaid i fi fod yng Nghaerdydd erbyn hanner awr wedi un ar ddeg o'r gloch ond yn ddelfrydol, hoffwn i fod yno rhyw awr ynghynt.
Tocynnwr	Mae trên bob pum deg munud o hanner awr wedi saith ymlaen.
Matthew	Mae hanner awr wedi saith braidd yn gynnar; faint o'r gloch mae'r trên ugain munud wedi wyth yn cyrraedd Caerdydd?
	(Contd)

◆ CD2, TR 8

Tocynnwr	Am hanner awr wedi deg; mae'n aros yn Abertawe am ddeg o'r gloch i gwrdd â thrên arall.
Matthew	Gaf i archebu tocyn dwy ffordd am y trên 'na, os gwelwch yn dda?
Tocynnwr	Cewch. £8.00 yw pris y tocyn; sut dych chi eisiau talu?
Matthew	Dych chi'n derbyn Switch?
Tocynnwr	Ydyn. Beth yw'r rhif, a phryd mae'r cerdyn yn dod i ben?
Matthew	5648414931720185962, ac mae'n dod i ben ddiwedd mis Chwefror.
Tocynnwr	Beth yw'ch enw chi?
Matthew	Matthew Williams.
Tocynnwr	Gallwch chi gasglu'r tocyn ar y dydd.
Matthew	Diolch.

dros y Sul *over the weekend*
hanner awr wedi *half past*
ynghynt *earlier*
braidd *rather*

ugain *twenty*
tocyn dwy ffordd (m.) **tocynnau dwyffordd** *return ticket*
derbyn (derbyni-) *to accept*

Answer the questions in Welsh. There is no need to write in full sentences.

1 I ble mae Matthew yn mynd?
2 Pa mor aml mae'r trenau'n mynd?
3 Pam dyw Matthew ddim eisiau mynd ar y trên 7.30?
4 Sut mae e'n talu?
5 Ydy'r tocyn yn rhatach na deg punt?
6 Fydd rhaid i Matthew brynu tocyn i ddod yn ôl?

Author insight

The Welsh word for o'clock is **o'r gloch**. When telling the time on the hour, the traditional numbers are used for 11 (**un ar ddeg**) and 12 (**deuddeg**).

Mae'n un ar ddeg o'r gloch.	*It is 11 o'clock.*
Mae'n ddeuddeg o'r gloch.	*It is 12 o'clock.*

Like the weather, time is feminine and therefore **hi** is used in sentences such as 'It is three o'clock' – **Mae hi'n dri o'r gloch.** In everyday conversation, this is contracted to **Mae'n dri o'r gloch.**

The Welsh word for 'past' in relation to time is **wedi. Mae'n ddeg munud wedi tri,** *It is ten past three.*

Am is also used with expressions of time to mean 'at':

Am faint o'r gloch?	*At what time?*
Cyrhaeddais i am hanner awr wedi deuddeg.	*I arrived at half past twelve.*

---

1 Faint o'r gloch yw hi? *What time is it?* (past the hour)

Mae'n dri o'r gloch.	*It is three o'clock.*
Mae'n bum munud wedi tri.	*It is five past three.*
Mae'n ddeg munud wedi tri.	*It is ten past three.*
Mae'n chwarter wedi tri.	*It is a quarter past three.*
Mae'n ugain munud wedi tri.	*It is twenty past three.*
Mae'n bum munud ar hugain wedi tri.	*It is twenty-five past three.*
Mae'n hanner awr wedi tri.	*It is half past three.*

---

2 Faint o'r gloch yw hi? *What time is it?* (to the hour)

Mae'n bum munud ar hugain i bedwar.	*It is twenty-five (minutes) to four.*
Mae'n ugain munud i bedwar.	*It is twenty to four.*
Mae'n chwarter i bedwar.	*It is a quarter to four.*
Mae'n ddeg munud i bedwar.	*It is ten to four.*
Mae'n bum munud i bedwar.	*It is five to four.*
Mae'n hanner nos.	*It is midnight.*
Mae'n hanner dydd.	*It is midday.*

Exercise 1

◀) **CD2, TR 8, 01:40**

Look at the times on the clocks and then listen to the recording. You will hear somebody reading the time on the six clocks. The times are not given in the right order. Decide which clock time is which, then write the correct letter in the spaces provided.

Time	Clock
1	
2	
3	
4	
5	
6	

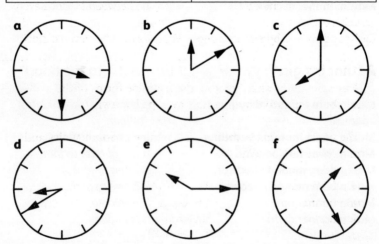

When you've finished the exercise, try saying the times indicated on the clocks. You can check to see if you are right by listening to the recording again.

3 Asking what time something happens

Faint o'r gloch dych chi'n mynd i'r gwaith bob dydd?	*What time do you go to work every day?*
Am faint o'r gloch mae'r drysau'n agor?	*At what time do the doors open?*
Pryd bydd e'n cyrraedd?	*When will he arrive?*

4 Giving an unspecified time

Bydda i yno mewn tair awr a hanner.	*I will be there in three and a half hours.*
Mae hi bron pum munud ar hugain i chwech.	*It is almost twenty five to six.*
Mae hi'n chwarter wedi saith ar ei ben.	*It is quarter past seven exactly.*
Aethon ni rhwng chwech a saith o'r gloch.	*We went between six and seven o'clock.*
Cyrhaeddwn ni erbyn un ar ddeg.	*We will arrive by eleven o'clock.*

Author insight

Awr is feminine and therefore the feminine forms of the numbers are used dwy awr, tair awr, pedair awr.

The word for *minute*, **munud**, is feminine in South Wales and masculine in North Wales:

North Wales	South Wales
un munud	un funud
dau funud	dwy funud
tri munud	tair munud

Deialog 2

Ieuan has arrived at Delyth's house as they are going to a dinner party together. When Delyth answers the door she is far from ready.

CD2, TR 8, 02:19

Ieuan	Dwyt ti ddim yn barod eto! Cofia ein bod ni i fod i gyrraedd tŷ Steffan erbyn hanner awr wedi saith.
Delyth	Mae digon o amser 'da ni, dim ond pum munud wedi chwech yw hi.
Ieuan	Pum munud wedi chwech! Delyth, mae hi bron yn saith, a bydd hi'n cymryd o leiaf ugain munud i gyrraedd tŷ Steffan. Os bydd tagfa byddwn ni'n hwyrach byth.
Delyth	Mae'n bum munud wedi chwech, yn ôl y cloc uwchben y tân beth bynnag. Rhaid bod y cloc ar ôl.
Ieuan	Ar ôl – does dim sŵn yn dod ohono fe. Mae e wedi sefyll. Cer i newid tra ffonia i Steffan i ddweud y byddwn ni'n hwyr.

1 At what time were Ieuan and Delyth supposed to be at Steffan's house?
2 What time does Delyth say it is?
3 What is the actual time?
4 Why does Ieuan phone Steffan?

QV

ar ôl *slow (of a clock or watch)*
tagfa (f.) **tagfeydd** *traffic jam*
hwyrach byth *later than ever*
sefyll (saf-) *to stop (of a clock or watch)*

Author insight

Byddwn ni'n hwyrach byth, *We will be later than ever.* To express phrases like 'colder than ever', 'earlier than ever' in Welsh, **byth** is used with the comparative degree of the adjective. You met the comparative degree in Unit 6:

Bydd hi'n oerach byth pan ddaw'r gaeaf.	*It will be colder than ever when winter comes.*
Mae prisiau tai'n uwch byth yng Nghaerdydd.	*House prices are higher than ever in Cardiff.*

Deialog 3

Teleri has gone to her local railway station (**gorsaf reilffordd**) to buy a train ticket at the ticket office (**swyddfa docynnau**).

Teleri	Alla i gael tocyn unffordd ar y trên nesaf i Fachynlleth, os gwelwch yn dda?
Tocynnwr	Dosbarth cyntaf neu ail ddosbarth?
Teleri	Ail ddosbarth os gwelwch yn dda; oes pris gostyngedig i fyfyrwyr?
Tocynnwr	Oes cerdyn 'da chi?
Teleri	Nac oes.
Tocynnwr	Mae arna i ofyn y bydd rhaid i chi dalu'r pris llawn felly. Pris y tocyn yw un deg chwe phunt saith deg pum ceiniog. Mae'r trên yn aros ar blatfform tri. Bydd e'n gadael yr orsaf am ddeg munud wedi pedwar, ac yn cyrraedd Machynlleth am hanner awr wedi pump.

🔊 CD2, TR 8, 03:13

1 Where does Teleri want to go?
2 Does she buy a first-class ticket?
3 On which platform is the train?
4 At what time will it reach its destination?

tocyn unffordd (m.) **tocynnau unffordd** *one-way ticket*
gostyngedig *reduced*
platfform (m.) **-au** *platform*

QV

Exercise 2

Look at the electronic noticeboard on Carmarthen Railway Station. Read it through and then answer the questions that follow.

Ymadawiadau Pen y daith	
10.00 Hendygwyn	
10.34 Hendygwyn	
10.38 Manceinion	ar amser

(Contd)

```
10.38 Aberdaugleddau
10.55 Doc Penfro
11.34 Portsmouth
Amser nawr 10:14:18
Mae'r trên nesaf ar y platfform hwn yn terfynu yma
```

pen y daith (m.) *destination*
Hendygwyn *Whitland*
Manceinion *Manchester*
Aberdaugleddau *Milford Haven*
ar amser *on time*

1 Which will be the next train into the station?
2 Which train will the following people be catching?
   a Bydd fy nhrên yn gadael yr orsaf ymhen ugain munud.
   b Mae trên arall yn gadael yr orsaf ar yr un pryd, ond mae'n mynd i Loegr.
   c Mae fy nhrên yn gadael yr orsaf ar ôl un ar ddeg o'r gloch.
   d Cyrhaeddais i'r orsaf yn hwyr a gadawodd y trên un deg pedair munud yn ôl. Bydd rhaid i fi aros ugain munud i ddal yr un nesaf.
   e Bydd hi bron yn un ar ddeg pan aiff fy nhrên o'r orsaf.
   f Bydda i'n teithio i'r gogledd.

Exercise 3

◀) CD2, TR 8, 03:57

Listen to the announcement made in a railway station. After listening to the recording, answer the questions.

1 What is the destination of the first train mentioned?
2 Which platform will it be arriving at?
3 Where is the train standing at Platform 2 going?
4 Will the train stop at Aberystwyth?
5 Which travellers will change trains?

Deialog 4

Monday has arrived and Matthew is travelling to Cardiff for his interview. He starts chatting to Pedr, a fellow traveller.

● CD2, TR 8, 04:43

Matthew	Dyn ni wedi bod yn aros yn hir iawn; faint o'r gloch yw hi?
Pedr	Mae'n ugain munud wedi naw; roedd y trên i fod i adael yr orsaf 'ma am 9.00. Byddwn ni'n hwyr yn cyrraedd Caerdydd, a dw i i fod mewn cyfarfod am un ar ddeg.
Matthew	Mae'n bwysig fy mod i'n cyrraedd yn weddol fuan. Mae cyfweliad 'da fi a dw i ddim yn hollol siŵr ble mae'r lle.
Pedr	Dw i wedi bod yn teithio ers hanner awr wedi pump. Byddai hi wedi bod yn well i fi fynd yn y car. Dyw'r trenau 'ma byth yn brydlon. Fyddwn ni ddim yn cyrraedd tan un ar ddeg fel hyn.
(Matthew and Pedr hear an announcement.)	
	Dyn ni'n ymddiheuro am yr oedi, byddwn ni'n cychwyn eto ymhen pum munud.
Matthew	Cawn ni weld.

1 How late is the train?
2 Why is Pedr going to Cardiff?
3 When was he supposed to reach Cardiff?
4 When will the train be starting out again?

yn weddol *fairly*
buan *soon*
prydlon *punctual*
oedi (oed-) *to delay*
cawn ni weld *we'll see*
cychwyn (cychwynn-) *to start*

QUICK VOCAB

Deialog 5

Matthew has eventually reached Cardiff and is sitting down in the interview room for the job of manager of a public house. He is being interviewed by the area manager of the brewery, Mrs Hughes.

CD2, TR 8, 05:41

Mrs Hughes	Bore da Mr Williams, diolch am ddod. Dych chi wedi teithio'n bell. Gawsoch chi daith bleserus i Gaerdydd?
Matthew	Wel do a naddo, roedd y trên yn hwyr yn cyrraedd y brifddinas ond roedd dros hanner awr 'da fi cyn dod yma.
Mrs Hughes	Faint o brofiad sy 'da chi mewn gweithio tu ôl i bar?
Matthew	Bues i'n gweithio mewn tafarn fawr yn Llundain am ddwy flynedd; fi oedd yn gyfrifol am y bar pan anafodd y rheolwr ei gefn.
Mrs Hughes	Pam gadawoch chi'r dafarn?
Matthew	Gwerthwyd y dafarn i fragdy mawr a daethon nhw â'u staff eu hunain.
Mrs Hughes	Beth dych chi'n ei hoffi am swydd rheolwr?
Matthew	Cwrdd â phobl, cymdeithasu, a threfnu digwyddiadau.
Mrs Hughes	Cyn i ni fynd ymlaen, af i â chi o gwmpas y dafarn.

1 For how long was Matthew waiting before the interview?
2 For how long did he work in the pub in London?
3 What happened to the manager of the pub in London?
4 Why did Matthew lose his job?
5 Why would Matthew like to be manager?
6 Where are Mrs Hughes and Matthew going now?

QUICK VOCAB

taith (f.) **teithiau** *journey*
profiad (m.) **-au** *experience*
tu ôl i (SM) *behind*
bragdy (m.) **bragdai** *brewery*
cymdeithasu (cymdeithas-) *to socialize*
cyn i ni fynd *before we go*

Exercise 4

Look at the three job advertisements (don't worry if you don't understand everything) and then answer the questions that follow.

1

Bragdy Cwrw'r Ceffyl Du
Gwahoddir ceisiadau ar gyfer swydd
**YSGRIFENYDD/
YSGRIFENYDDES**
Bydd y sawl a benodir yn gweithio i'r Rheolwr.
Cyflog ar y raddfa:
£10,884–£11,646
Am ragor o fanylion, cysylltwch â'r Rheolwr,
Bragdy Cwrw'r Ceffyl Du
Heol Taf
Caerdydd
CF23 1JB
(Tel. 01222 834821)
Dyddiad cau ar gyfer derbyn ceisiadau: **4 Rhagfyr**

2

DYSGU CYMRAEG YN Y WLADFA
Cynigir cyfle i dri pherson i ymuno â chynllun dysgu'r Gymraeg yn nhalaith Chubut yr Ariannin. Edrychir am athrawon brwdfrydig ac egnïol a fydd yn gallu gweithio wrth eu hunain ac fel aelodau o dîm. Bydd rhaid iddyn nhw fod wedi dysgu Cymraeg fel ail iaith i oedolion am o leiaf dwy flynedd. Bydd yr athrawon hefyd yn cyfrannu i'r bywyd cymdeithasol a diwyllannol Cymreig yn ogystal â chynnal dosbarthiadau.

Manylion pellach oddi wrth
Dafydd Williams,
Cymdeithas Cymru-Patagonia
23, Ffordd y Tabernacl
Y Bala

3

LLYFRAU MENAI
Gwahoddir ceisiadau am y tair swydd isod gyda Llyfrau Menai
GOLYGYDD
i weithio ar lyfrau Cymraeg i oedolion. Mae'r gallu i drin iaith yn gywir yn hanfodol. Cyflog i'w drafod yn ôl profiad.

(Contd)

1 What type of job is being advertised in 1?
2 By which date must applications be in for this job?
3 What type of person is required in 2?
4 Is any previous experience required for this job?
5 Where can you get further details about the jobs in the third advertisement?
6 How many jobs are available in advertisement 3?
7 As well as teaching classes, what else will applicants be expected to do according to advertisement 2?
8 Where is Bragdy'r Ceffyl Du?

Welsh language radio

The first radio station set up in Cardiff in February 1923 broadcast very few programmes in Welsh. By the end of the 1920s there was a demand for more hours of broadcasting in Welsh and the situation improved somewhat in 1935 with the setting up of a studio in Bangor. By 1937, with the opening of the Penmon transmitter, Wales was considered a separate region by the BBC, which meant that Wales possessed the beginnings of a national broadcasting system. There was now far greater opportunity for Welsh-medium broadcasting. During the 1940s and 1950s, before the development of Welsh television programmes, Welsh radio was extremely popular. The next expansion came about in 1979 with the introduction of VHF, when **Radio Cymru** and **Radio Wales** became two separate stations, one Welsh-medium, the other English. **Radio Cymru** now broadcasts in Welsh for 20 hours every day and many of the programmes are available as podcasts. Some commercial radio stations also produce Welsh-medium programmes and many radio stations produce Welsh programmes specifically aimed at Welsh learners.

Test yourself

How would you do the following

1 Ask, 'Can you tell me when the next train to Rhiwabon is?'
2 Say, 'There is a train every 40 minutes'
3 Say, 'I arrived at 1.20'
4 Ask at what time the train leaves the station
5 Say, 'She went between eleven and twelve o'clock'
6 Tell two of your friends, 'Your clock must be slow'
7 Say, 'I have been travelling since 8.25 in the morning'
8 Say that the train was very late leaving the platform
9 Ask, 'Did they have a pleasurable trip to Cardiff?'
10 Say, 'It is almost ten to six'

20

Achos fy mod i'n oer
Because I'm cold

In this unit you will learn how to
* *give a reason why you are doing something*
* *decline the preposition* rhwng
* *use the nominative clause after conjunctions*

Deialog 1

CD2, TR 9

Jayne	Rwyt ti'n ôl! Sut aeth y cyfweliad? Wyt ti'n credu y cei di'r swydd?
Matthew	Nac ydw, dw i ddim yn credu fy mod i wedi gwneud cystal ag y gallwn i.
Tom	Paid â phoeni, cofia fod dau gyfweliad arall 'da ti.
Elen	Erbyn pryd dych chi'n meddwl y byddwch chi'n clywed?
Matthew	Dw i ddim yn credu y bydda i'n clywed cyn dydd Iau. Dw i eisiau anghofio am y cyfweliad nawr a chanolbwyntio ar fy nghyfweliad nesaf.
Jayne	Mae rhaid bod siawns 'da ti o gael un o'r swyddi.
Matthew	Cawn ni weld.

1 Does Matthew think that he will get the job?
2 What does Tom remind Matthew?
3 Does Matthew think he will have found out whether he was successful by Friday?

cystal ag y gallwn i *as well as I could*
canolbwyntio (canolbwynti-) *to concentrate*

....

Author insight

You have already seen the nominative, or 'that' clause,
expressed using **bod** in the present and imperfect tense and
y in the future and conditional tense in Unit 9:

Clywais i ei fod e'n gwella. *I heard that he is getting better.*
Clywais i ei fod e wedi gwella. *I heard that he had got better.*
Clywais i y bydd e'n gwella. *I heard that he will get better.*
Clywais i y byddai fe'n gwella. *I heard that he would get better.*

Mae rhaid bod siawns 'da ti o gael un o'r swyddi, *You must
have a chance of getting one of the jobs.* In Welsh, a sentence
like 'You must have a chance', 'He must be very proud',
'Someone must know' is expressed using **mae rhaid** + a
nominative clause: **Mae rhaid ei fod e'n falch iawn, Mae rhaid
bod rhywun yn gwybod.**

....

Exercise 1

Tom, Elen, Matthew, Marc and Jayne all saw different films over
the weekend. Compose sentences based on the information given
in the grid. The first one has been done for you.

**Gwelodd Tom *Pulp Fiction* dros y penwythnos; roedd e'n meddwl
ei bod hi'n dreisgar iawn.**

Tom	*Pulp Fiction*	Treisgar
Elen	*Titanic*	Rhamantus
Matthew and Marc	*The Bird Cage*	Doniol iawn
Jayne	*Star Wars*	Plentynnaidd

treisgar *violent*
rhamantus *romantic*
doniol *funny*
plentynnaidd *childish*

Exercise 2

Can you now say the following in Welsh?

1 I think that you will be fluent before long.
2 He said that he had learned French in an evening class.
3 I hear that you were hoping to move to another area.
4 Do you think that she should retire?
5 We thought that her children were in nursery school.
6 Who said that our car had broken down?
7 I said that they should go to see the optician.
8 They think that it will be stormy tomorrow.
9 Does he think that he will arrive before twenty to eight?
10 They said that they would prefer to stay in a hotel in the country.

Deialog 2

Glyn is 80 years old and has just done a bungee jump. He is being interviewed by a reporter from the Welsh television channel, S4C.

CD2, TR 9, 00:47

Gohebydd	Wel Glyn, y cwestiwn amlwg yw Pam?
Glyn	Achos fy mod i'n hoffi gwneud pethau tipyn yn wahanol i'r arfer, ac er fy mod i wedi neidio o awyren gyda pharasiwt, dw i erioed wedi gwneud naid bynji. Dw i hefyd yn hoffi trïo codi arian i achosion da, felly roeddwn i'n gweld bod hyn yn gyfle da i wneud hynny.
Gohebydd	Sut roedd y profiad felly?
Glyn	Dw i ddim yn cofio llawer amdano fe a dweud y gwir. Doedd dim amser 'da fi i deimlo'n nerfus gan fod popeth drosodd mor gyflym. Roedd hi'n waeth i fy ngwraig achos ei bod hi ar y ddaear ac yn gallu gwylio popeth. Roedd pob munud yn teimlo fel awr iddi hi.
Gohebydd	Dych chi wedi codi llawer o arian?
Glyn	Ydw – dw i'n meddwl fy mod i a fy ffrind wedi codi saith cant o bunnau rhyngddon ni. Roedd hi'n drueni nad oedd mwy o bobl wedi dod i'n gweld ni ar y dydd ond dyna fe.
Gohebydd	Hoffech chi wneud naid arall?

Glyn	Hoffwn, yn bendant. Dw i'n gobeithio y bydda i'n ddigon iach y flwyddyn nesaf i'w gwneud hi ond, wedi dweud hynny, mae Elsie fy ngwraig wedi dweud na ddaw hi byth eto i fy ngweld i yn neidio. Roedd unwaith yn ddigon iddi hi. Mae hi wedi cael llond bol ohono i a fy syniadau gwirion. Mae hi'n credu ei bod hi'n amser i fi roi'r gorau i bethau fel hyn. Efallai ei bod hi'n iawn.
Gohebydd	Wel yn bersonol, dw i'n gobeithio y bydda i yn ôl yma y flwyddyn nesaf Glyn, yn siarad â chi unwaith eto. Diolch yn fawr am y sgwrs a llongyfarchiadau.
Glyn	Diolch yn fawr.

1 Has Glyn ever done a bunjee jump before?
2 Did Glyn's wife enjoy watching him jump?
3 Does Glyn intend to jump again?

gwahanol *different*
arfer (m.) *custom, usual*
neidio (neid-) *to jump*
naid (f.) **neidiau** *jump*
achos (m.) **-ion** *cause*
daear (f.) *ground, earth*
pendant *definite*
iach *healthy*
rhoi'r gorau i (SM) *to give up*
personol *personal*

Author insight

Rhyngddon ni. As you saw in Unit 15, prepositions decline in Welsh. **Rhyngddon ni** is an example of another preposition which declines. The full forms are:

rhyngddo i *between me*   **rhyngddon ni** *between us*
rhyngddot ti *between you*   **rhyngddoch chi** *between you*
rhyngddo fe *between him*   **rhyngddyn nhw** *between them*
rhyngddi hi *between her*

(Contd)

As you can see in Deialog 2, other particles of speech are followed by **bod**:

Achos (*because*): **Achos fy mod i'n hoffi gwneud pethau tipyn yn wahanol i'r arfer.** *Because I like doing things that are slightly different from the norm.*

Er (*although*): **Er fy mod i wedi neidio o awyren gyda pharasiwt.** *Although I have jumped from an aeroplane with a parachute.*

Gan (*since*): **Gan fod popeth drosodd mor gyflym.** *Since everything is/was over so quickly.*

Efallai (*perhaps*): **Efallai ei bod hi'n iawn.** *Perhaps she is right.*

Exercise 3

Give reasons for the following questions, using the example given.
Pam mae'r bachgen yn crïo? (mae e ar goll). **Mae e'n crïo achos ei fod e ar goll.**

1 Pam maen nhw'n mynd ar ddeiet? (maen nhw wedi bwyta gormod dros y Nadolig)
2 Pam dych chi'n cerdded adref? (dw i wedi colli'r bws)
3 Pam mae'r dosbarth yn hapus? (mae'r cwrs yn dod i ben yfory)
4 Pam mae hi'n gwisgo cot fawr? (mae hi'n rhewi tu allan)
5 Pam dych chi'n mynd ar long trwy'r amser? (dyn ni ddim yn hoffi hedfan)
6 Pam mae John yn crynu? (mae ofn arno fe)

Exercise 4

Match the correct halves of the sentences.

Er ei bod hi'n bwrw glaw   es i ddim i weld y gêm.
Er fy mod i'n hoffi rygbi   fydden ni byth yn gwneud naid bynji.
Er bod cefn tost 'da fe   rwyt ti'n dal i ysmygu.

Er bod cyfweliad 'da hi yfory	dyn nhw ddim yn heini iawn.
Er ein bod ni'n hoffi parasiwtio	aiff e ddim at y meddyg.
Er dy fod di'n gwybod ei bod hi'n beryglus	dyw hi ddim wedi paratoi'n dda.
Er eu bod nhw'n chwarae sboncen	dyn nhw ddim yn gwisio cot.

Deialog 3

Eifion Llŷr, the actor, has been invited on to the television programme *Nabod ein Pobl*. The presenter invites questions from the audience. A, B and C represent different members of the audience.

Cyflwynydd Mae Eifion yn barod i ateb eich cwestiynau. Gaf i'r cwestiwn cyntaf os gwelwch yn dda?

A Beth fydd eich prosiect nesaf?

Eifion Bydda i'n dechrau ffilmio cyfres deledu newydd yn y gwanwyn. Cyfres gomedi fydd hi a dw i'n gobeithio y bydd hi'n boblogaidd ymhlith pobl ifainc gan y bydd hi'n ymdrin â bywyd myfyrwyr mewn coleg yng Nghymru.

B Dych chi'n credu y byddwch chi'n mynd yn ôl i gyflwyno rhaglenni plant?

Eifion Nac ydw, er fy mod i wedi mwynhau'r profiad o gyflwyno rhaglenni plant ac wedi dysgu llawer am y busnes, dw i'n credu ei bod hi'n amser i fi symud ymlaen.

C Beth yw'ch hoff ran?

Eifion Ces i lawer o hwyl yn actio draw yn America pan ges i ran yn y ffilm *A Welshman in Washington*. Ar ôl i fi wneud y ffilm 'na ces i lawer o sylw yn y wasg. Gobeithio na fydd rhaid i fi aros yn hir cyn cael rhan debyg.

CD2, TR 9, 02:43

1 When will Eifion be filming the television series?
2 Why won't Eifion be returning to presenting children's programmes?
3 What is Eifion's favourite part?

cyfres (f.) **-i** *series*
poblogaidd *popular*
ymhlith *among*
ymdrin â (AM) *to deal with*
cyflwyno (cyflwyn-) *to present*
gwasg (f.) *press*
tebyg *similar*

Author insight

Gobeithio na fydd rhaid i fi aros yn hir cyn cael rhan debyg, *I hope that I won't have to wait long before getting a similar part.* **Na** introduces a negative 'that' clause. **Na** becomes **nad** in front of a vowel and is followed by the conjugated form of the verb:

Gobeithio nad yw e'n hwyr.	*I hope that he is not late.*
Dwedon nhw nad oedd e'n hwyr.	*They said that he was not late.*
Efallai na fydd e'n cyrraedd tan heno.	*Perhaps he will not arrive until tonight.*
Gan na fydden nhw yno.	*Since they wouldn't be there.*

Often in everyday speech you will hear a 'that' clause negated using **ddim:**

Gobeithio ei fod e ddim yn hwyr.	*I hope that he isn't late.*
Dwedon nhw ei fod e ddim yn hwyr.	*They said that he wasn't late.*

S4C

A few Welsh-language television programmes were shown at non-peak periods in the 1950s and the number rose somewhat after the establishment of **BBC Wales** in 1962. Demand for such programmes increased and when, in 1974, the BBC agreed in principle to the setting up of a fourth channel in Wales, it was agreed that this should be a Welsh channel.

The Conservative government elected in 1979, however, decided that it would be better to improve the existing Welsh-medium provision rather than create a Welsh-language channel. This caused much discontent among protest groups such as **Cymdeithas yr Iaith** (Welsh Language Society). Gwynfor Evans, the President of **Plaid Cymru**, the Welsh political party, said he would go on hunger strike unless the government changed its mind. Fearing this would cause uproar in Wales, it gave way on 17 September, 1980, and on 1 November, 1982, **Sianel Pedwar Cymru** or **S4C** broadcast for the first time.

S4C now produces, on average, about 40 hours of programmes a week in Welsh and most of these are broadcast at peak times. In November 1998 a new digital television station, **S4C Digidol** (*digital*) began broadcasting 12 hours a day in Welsh. S4C is now available throughout Europe by means of satellite. A number of small independent companies produce a variety of programmes for S4C, many of which are enjoyed by non-Welsh speakers through English subtitles; details of how to access English and Welsh subtitles are available at http://www.S4C.co.uk.

Test yourself

How would you do the following:

1 Ask a friend, 'Do you think you'll get the job?'
2 Say that we don't think they'll hear before Friday afternoon
3 Say, 'I think that she likes raising money for good causes'
4 Ask who was sitting between us
5 Say, 'Since its raining I'm going in the car'
6 Say, 'I'm learning Welsh because I live in Wales'
7 Ask a friend, 'Do you think that you will go back to teaching German?'
8 Say, 'I hope that they're not too late'
9 Say, 'Perhaps I'm worrying too much'
10 Say, 'Since it is freezing outside she is wearing a coat'

21

Ti oedd eisiau dod!
You wanted to come!

In this unit you will learn how to
- *express emphasis*
- *say you could have done something*
- *accuse someone of doing something*
- *deny something*
- *accept the blame*
- *say you own something*

Deialog 1

Tom and his wife Glenys are out for a drive in the country when they realize that they are lost.

◀️ CD2, TR 10

Tom	Wel, <u>ti</u> oedd eisiau dod.
Glenys	Doeddwn i ddim yn gwybod dy fod di eisiau mynd mor bell a gweld cymaint o leoedd.
Tom	Dy gar di yw e; dy gyfrifoldeb di yw sicrhau bod digon o betrol ynddo fe.
Glenys	Sut roeddwn i i fod i wybod y bydden ni'n crwydro hanner Ceredigion mewn un prynhawn? <u>Ti</u> anghofiodd y map.
Tom	Does dim diben eistedd fan hyn yn ffraeo. Af i i chwilio am yr orsaf betrol agosaf.

1 In whose car are they?
2 What has Tom forgotten?
3 Where does Tom intend going?

cyfrifoldeb (m.) **-au** *responsibility*
sicrhau (sicrha-) *to make sure*
crwydro (crwydr-) *to wander*
ffraeo (ffrae-) *to argue*

....
Author insight

Ti oedd eisiau dod (*You* wanted to come). You saw the
structure of the basic Welsh sentence in Unit 1:

Verb	Subject	Yn	Verb-noun/adjective
mae	**Gethin**	**yn**	**chwarae/hapus**

You have also seen that the link word **yn** is not used with
prepositions: **Mae Richard o flaen y tŷ.**

It is possible to place any of the parts of a sentence at the
beginning of that sentence for emphasis. Compare the two
sentences: **Mae hi'n canu** and **Canu mae hi.** The first sentence
uses the traditional sentence structure and no emphasis is
implied. The second sentence stresses that she is singing.

Ffraeo roedden nhw.	*They were <u>arguing</u>.*
Ar y llawr maen nhw.	*They are <u>on the floor</u>.*
Yfory dôn nhw.	*They will come <u>tomorrow</u>.*

A sentence in which one of the parts is emphasized is known
as an emphatic sentence.

As you can see from these examples, the link word **yn** is not
used in an emphatic sentence.

If the subject or the object of a sentence is placed first, the
verb of that sentence is always in the third person singular:

(Contd)

Fi aeth i'r cyfarfod.   *I went to the meeting.*

Gwen a Gethin fwytodd y   *Gwen and Gethin ate the*
   siocledi.   *chocolates.*

Nhw dorrodd y ffenest.   *They broke the window.*

As you can see from the preceding examples, when the subject or object of a sentence is placed first, the verb following them is softly mutated.

In the present tense, **sydd (sy)** is used to emphasize the subject.

Tom sy'n briod â Glenys.   *Tom is married to Glenys.*

Titanic sy'n cael ei dangos   *Titanic is being shown*
   heno.   *tonight.*

Exercise 1

Rewrite the sentences, placing the underlined word or words at the beginning of the sentence. Remember that if the subject or object is stressed, the verb will be mutated and in the third person. Two examples have been done for you. Roeddwn i'n mynd <u>bob dydd</u>, **Bob dydd roeddwn i'n mynd.** Roeddwn <u>i</u>'n mynd bob dydd, **Fi oedd yn mynd bob dydd.** (The subject comes first and therefore the third person is used.)

1 Mae hi'n byw <u>ynghanol y dref</u>.
2 Dylen <u>nhw</u> fynd yn syth.
3 Roedden nhw'n <u>ffraeo</u>.
4 Fyddech <u>chi</u>'n dweud wrth y plant?
5 Mae <u>William</u> wedi ennill y loteri.
6 Do'n <u>i</u> ddim yn gallu canu.
7 Maen nhw <u>wedi blino</u>.
8 Cawson nhw eu geni <u>yng ngogledd Cymru</u>.
9 Cafodd <u>e</u> ei eni yn y de.
10 Byddan nhw <u>yn y bar</u>.
11 Prynais i <u>bapur</u>.
12 Mae <u>hi'n</u> byw gyferbyn â'r parc.

Deialog 2

Eirian has arranged to meet Ceri, who eventually arrives late.
Eirian is not happy.

CD2, TR 10, 00:45

Eirian	Ble rwyt ti wedi bod? Chwarter i un dwedon ni on'd ife?
Ceri	Ie, mae'n ddrwg 'da fi. Dw i'n gwybod fy mod i'n hwyr iawn.
Eirian	Gallet ti fod wedi ffonio. Dw i wedi bod yn aros ers dros awr.
Ceri	Wnes i ddim sylweddoli ei bod hi mor hwyr.
Eirian	Dylet ti fod wedi meddwl. Nid dyma'r tro cyntaf i fi aros yn hir amdanat ti.
Ceri	Mae rhaid bod cloc y Castell yn anghywir. Efallai ei fod e ar ôl.
Eirian	Dwyt ti erioed wedi bod yn y Castell eto!
Ceri	Dim ond galw i mewn am hanner awr gwnes i.
Eirian	Galw i mewn wir! Paid â disgwyl i fi gredu hynny! Nid ddoe ces i fy ngeni.

1 At what time had Ceri and Eirian arranged to meet?
2 Has Ceri ever been late before?
3 What is Ceri's excuse?

wir *indeed*

QV

Author insight

The replies to emphatic questions are **ie** (*yes*) and **nage** (*no*):

Chi wnaeth y llanast 'ma?	**Ie, mae'n ddrwg 'da fi.**
Chi ddaeth â'r bwyd?	**Nage, Elen ddaeth â fe.**

On'd ife is a 'tag' which can be added to an emphatic sentence. It translates as 'isn't it', 'wasn't it', 'won't they' etc., depending on the tense of the sentence:

Hi aeth i'r dafarn on'd ife?	*She went to the pub, didn't she?*
Pontypridd enilliff on'd ife?	*Pontypridd will win, won't they?*
Ni ddylai benderfynu on'd ife?	*We should decide, shouldn't we?*

(Contd)

Emphatic sentences are negated using **nid**:

Nid dydd Mawrth mae hi'n dod.   *She's not coming on Tuesday.*
Nid wrth y tân roedden nhw.   *They weren't by the fire.*

In everyday conversation you will also hear **dim: Dim wrth y tân roedden nhw.**

You have already seen 'I should have' in Unit 18. **Bod wedi** is also used with **gallu** and **hoffi** to say 'I could have', 'he would have liked to' etc.:

Gallech chi fod wedi ffonio.   *You could have phoned.*
Hoffwn i fod wedi dysgu   *I would have liked to have*
Eidaleg.   *learned Italian.*

Exercise 2

Connect the correct response to the appropriate sentence on the left.

a Cwympodd e i mewn i'r afon.	Dylet ti fod wedi cloi'r ffenest.
b Does dim rhaid i ti fynd nawr.	Ddylai fe ddim bod wedi dwyn yr arian.
c Arnyn nhw mae'r bai.	Hoffwn i fod wedi mynd gyda ti.
d Es i i Sbaen ar fy ngwyliau diwethaf.	Gallet ti fod wedi dweud wrtha i ynghynt.
e Mae hi wedi rhoi'r gorau i ysmygu.	Gallwn i fod wedi dweud hynny wrthot ti.
f Mae e wedi cael ei arestio.	Dylai hi fod wedi gwneud hynny flynyddoedd yn ôl.
g Mae rhywun wedi torri i mewn i fy nhŷ.	Hoffwn i fod wedi gweld hynny.

Exercise 3

◀) **CD2, TR 10, 01:39**

Owain shares a house with some friends. He returns one day to find that there have been several mishaps during the day. Listen to him explaining on the recording what has happened. There were four incidents, all brought about by different people. What were the incidents and who was responsible for them? After you have decided where the blame lies in each case answer the questions.

1. How does Owain describe the house?
2. Who made the most mess?
3. What will Owain have to do because of Lyn?
4. Has Rhodri ever done the action described before?

---

1 Accusing someone of doing something

Chi wnaeth hyn?	*Did you do this?*
Arno fe mae'r bai.	*He is to blame.*
Chi fwytodd y bwyd i gyd.	*You ate all the food.*
Ti gollodd yr allweddi.	*You lost the keys.*
Fe sy'n gyfrifol am hyn.	*He is responsible for this.*

---

2 Denying something

Nid arna i roedd y bai.	*It wasn't my fault.*
Dw i'n gwybod dim byd amdano fe.	*I know nothing about it.*
Doeddwn i ddim yno ar y pryd.	*I wasn't there at the time.*
Nid fi wnaeth e.	*I didn't do it.*

---

3 Accepting blame for something

Arna i mae'r bai.	*I'm to blame.*
Dylwn i fod wedi dweud wrthoch chi'n syth.	*I should have told you straightaway.*
Dylwn i fod wedi bod yn fwy gofalus.	*I should have been more careful.*

Doeddwn i ddim yn bwriadu ei wneud e.   *I didn't intend to do it.*

Doedd e ddim yn fwriadol.   *It wasn't intentional.*

Exercise 4

Can you now say the following in Welsh? (Put the underlined words at the beginning of the sentence.)

1 You should have been more careful. (fam.)
2 We knew nothing about it.
3 <u>She</u> broke the window didn't she?
4 You should have thought about that before now.
5 <u>They</u> are to blame.
6 It wasn't our fault.
7 I would have liked to have seen her face.
8 Did <u>he</u> do this?

Exercise 5 Byth ac erioed

Remembering that **byth** is used with the present tense, the imperfect tense, the future tense and the conditional tense and that **erioed** is used with the past tense and with **wedi**, fill in the gaps in the sentences.

1 Dw i _____ wedi ystyried symud i ardal arall.
2 Dwyt ti _____ wedi bod yn Ewrop.
3 Wna i _____ priodi eto.
4 Fydda fe _____ yn buddsoddi ei arian yn y cwmni 'na.
5 Doedden ni _____ wedi ystyried y posibiliad.
6 Allwn i _____ mynd yn ôl.
7 Doedden nhw _____ yn hapus.
8 Awn ni _____ yno eto.
9 Enilliff hi _____ mo'r loteri.
10 Welais i _____ mohono fe'n iawn.
11 Fyddwn i _____ yn awgrymu hynny.

Deialog 3

Jayne sees Matthew and Marc returning from the pub. They both seem very happy.

CD2, TR 10, 02:33

Jayne	Matthew! Roeddwn i'n meddwl mai dydd Gwener oedd diwedd y cwrs. Dych chi'ch dau'n edrych fel tasech chi wedi bod yn dathlu'n barod.
Matthew	Dathlu dyn ni wedi bod yn ei wneud. Clywais i y bore 'ma fy mod i wedi cael y swydd gyda'r coleg addysg bellach yn y gogledd. Ches i mo'r swydd yn y dafarn; aeth y swydd i rywun oedd yn gweithio yno 'n barod.
Jayne	Llongyfarchiadau, roeddwn i'n meddwl mai'r swydd 'na y byddet ti'n ei chael.
Marc	Dw i ddim yn gallu dy ddychmygu di fel athro Matthew; fyddai swydd fel 'na ddim yn fy siwtio i, ond os mai dyna beth rwyt ti eisiau ei wneud…
Jayne	Pryd mae'r swydd yn dechrau?
Matthew	Mewn pythefnos, ond fydda i ddim yn dechrau dysgu tan fis Hydref.

1 Why have Matthew and Marc been celebrating?
2 How does Marc say 'if that's what you want to do?'
3 What will Matthew be doing in October?

dychmygu (dychmyg-) *to imagine*

QV

....

Author insight

You should now be familiar with the nominative or 'that' clause. Emphatic sentences use the word **mai** to introduce the nominative clause:

Fe atebodd y ffôn.	*He answered the phone.*
Dw i'n gwybod mai fe atebodd y ffôn.	*I know that he answered the phone.*

(Contd)

Roeddwn i'n credu mai dydd Gwener oedd diwedd y cwrs. *I thought that <u>Friday</u> was the end of the course.*

In South Wales, you will hear the word **taw** instead of **mai**.

Exercise 6

Look at the differences between these two sentences: Roeddwn i'n meddwl **bod** eich brawd yn byw yno (*I thought that your brother lived there*) and Roeddwn i'n meddwl **mai** eich brawd oedd yn byw yno (*I thought that <u>your</u> <u>brother</u> lived there*).

There is no emphasis in the first sentence, whereas the second sentence emphasizes the fact that your brother (and not your sister, for example) lived there.

Fill in the gaps in the sentences with either **bod** or **mai**.

1 Dw i'n gobeithio _____ Matthew gaiff y swydd.
2 Dw i'n credu _____ nhw fyddai'r gorau.
3 Clywais i _____ Eifion wedi cael swydd newydd.
4 Clywais i _____ Eifion oedd wedi cael swydd newydd.
5 Dwedodd e _____ y caws yn yr oergell.
6 Oeddech chi'n gwybod _____ ei thad yn dod yfory?
7 Roeddwn nhw'n meddwl _____ ei modryb hi oedd yn dod yfory.
8 Mae'n bosib _____ Eifion a Jane'n mynd i golli eu swyddi.
9 Dw i'n siŵr _____ pawb yn mynd i fod yno.
10 Roedd hi'n mynnu _____ hi oedd yn iawn.

Deialog 4

Matthew has found a dictionary. It is not his, so he wants to find out who owns it so that he can return it.

Matthew	Oes rhywun yn gwybod pwy sy biau'r geiriadur 'ma? Mae rhaid fy mod i wedi ei roi e yn fy mag gyda fy llyfrau eraill ddoe. Wnes i ddim sylwi arno fe tan y bore 'ma. Nid fi sy biau fe.
Jayne	Oes enw tu mewn iddo fe?
Matthew	Nac oes, dw i wedi edrych yn barod.
Tom	Dw i'n credu mai fy ngeiriadur i yw hwnna. Dw i'n cofio dod â fe i'r dosbarth ddoe, ond doeddwn i ddim yn gallu cael hyd iddo fe yn unman neithiwr. Gaf i ei weld e? … Ie, fi sy biau hwn. Dyma fy nodiadau i gyd yng nghefn y llyfr.
Jayne	Dw i ddim yn deall pobl sy'n ysgrifennu mewn llyfrau.

1 Where did Matthew find the dictionary?
2 Is there a name inside the dictionary?
3 What has Tom done that Jayne doesn't like?

nodyn (m.) **nodiadau** *note*

QV

Author insight

Unman means both *anywhere* and *nowhere* depending on context. Look at the following sentences:

Fues i ddim yn unman: *I wasn't anywhere*
Does unman yn debyg i gartref: *There's nowhere like home.*

Exercise 7

Fi sy biau'r llyfr 'na, *I own that book.* **Piau** is an emphatic way of expressing ownership and is only used in emphatic sentences. **Pwy sy biau'r sbectol 'ma?** *Who owns these glasses?* **Nhw oedd biau'r car 'na,** *They owned that car.*

Ask who owns the following objects and give the appropriate answer. The first one has been done for you.

1 tŷ   nhw   **Pwy sy biau'r tŷ 'na? Nhw sy' biau fe.**
2 arian   y plant

3	ffrog	gwraig Mr Evans
4	allweddi	Steffan
5	llyfr	Jane
6	tabledi	y meddyg
7	bwydlen	y gweinydd
8	car mawr	perchennog y gwesty

Deialog 5

The friends are chatting at the barbecue and make plans to keep in touch.

CD2, TR 10, 04:21

Tom	Wel, byddi di'n dechrau ar y gwaith yn y gogledd yr wythnos nesaf Matthew. Wyt ti'n edrych ymlaen ato fe?
Matthew	Ydw, ond mae can mil o bethau 'da fi i'w gwneud cyn i fi ddechrau.
Jayne	Rhag ofn i fi anghofio yfory, hoffwn i gael cyfeiriadau pawb. Byddai hi'n braf tasen ni'n gallu cadw mewn cysylltiad. Os bydd unrhywun ohonoch chi draw yn America, mae croeso i chi aros gyda fi a Haf.
Tom	Ffonia i ti mewn mis Matthew, cawn ni sgwrs yn Gymraeg. Tybed fydd dy acen wedi newid ar ôl i ti fod yn y gogledd am fis?
Jayne	Fyddwch chi'n dysgu ar y cwrs y flwyddyn nesaf Elen?
Elen	Gobeithio y caf i'r cyfle, chi yw'r grŵp gorau dw i erioed wedi ei ddysgu.
Tom	Hoffwn i gynnig llwncdestun i Elen a diolch iddi hi ar ran y grŵp am ei holl waith caled yn ystod y cwrs.
Pawb	I Elen.

1 What will Matthew be doing next week?
2 What does Jayne invite everyone to do?
3 Will Elen be teaching on the course next year?
4 How does Tom propose a toast to Elen?

rhag ofn *in case*
cysylltiad (m.) **-au** *contact*
tybed *I wonder*
acen (f.) **-ion** *accent*
llwncdestun (m.) **-au** *toast*
ar ran *on behalf of*

Author insight

Ar ôl i ti fod yn y gogledd am fis. **Ar ôl** (*after*), **cyn** (*before*),
erbyn (*by*), **ers** (*since*), **nes** (*until*) and **wrth** (*as*) are all time
conjunctions. A verb–noun can be used directly after them:

Ar ôl archebu bwyd, talais i am fy niod.	*After ordering food, I paid for my drink.*
cyn edrych ar y fwydlen	*before looking at the menu*
erbyn i'r cwch hwylio o'r porthladd	*by the time the boat sailed from the port*
ers adnewyddu'r bwthyn	*since renovating the cottage*

As you can see from the sentence **Erbyn i'r cwch hwylio o'r
porthladd**, if you want to say, after I order food, before he
looks at the menu, before the builder renovates the cottage
etc., the pattern used is time conjunction + **i** + subject:

Ble aiff e ar ôl iddo fe adael?	*Where will he go after he leaves?*
Dere â dy gwpan cyn i'r tegell ferwi.	*Bring your cup before the kettle boils.*
ar ôl i ti roi dy bethau i gadw	*after you put your things away*

Other phrases following this same pattern are **rhag ofn** and
er mwyn:

rhag ofn i fi anghofio	*in case I forget*
er mwyn i bawb weld	*in order for everyone to see*

Exercise 8

Match up the two halves to make complete sentences.

1 Ar ôl i fi fynd am dro   rhag ofn i chi anghofio.
2 Wrth iddyn nhw yrru   roedd y bws wedi mynd.
  drwy'r wlad
3 Agorodd e'r ffenest   cyn i'r ambiwlans gyrraedd.
4 Llenwais i'r tegell   er mwyn i fi gael paned o de.
5 Gwnewch e nawr   gwelon nhw lawer o bethau diddorol.
6 Buodd e farw   nes i ti dalu'r bil.
7 Erbyn iddo fe gyrraedd   nes i ti drafod y peth gyda dy rieni.
  yr orsaf
8 Chei di mohono fe   er mwyn iddo fe weld yn well.
9 Paid â gwneud dim byd   dw i'n cael cinio.

Exercise 9

Change these sentences according to the example given. Aethon nhw am dro (since) **Ers iddyn nhw fynd am dro.**

1 Atebodd e'r llythyr. (after)
2 Datgelwn ni'r gyfrinach. (until)
3 Croesan nhw'r heol. (before)
4 Cafodd hi ei boddi. (in case)
5 Daw'r gwaith i ben. (after)
6 Rhedodd e i ffwrdd. (as)
7 Gohiriodd e'r prawf. (before)
8 Cwrddiff e â'r prifathro. (since)
9 Caf i ddolur. (in case)
10 Penderfynodd e. (after)

··

Author insight

Phrases such as **ar ôl i fi gyrraedd** etc., which follow the
pattern time conjunction + **i** + subject + verb–noun are
known as adverbial clauses. These types of clauses cannot
show tense and rely on the preceding clause e.g.:

| Caewch y drws wrth i chi adael. | *Close the door as you leave.* |
| Caeodd e'r drws wrth iddo fe adael. | *He closed the door as he left.* |

Welsh cultural icons

The harp is considered to be the national instrument of Wales and is used to accompany **penillion** singing (or **cerdd dant**) – the harp plays a melody and the singer sings in counterpoint to it. The national symbol of Wales is a matter of debate. According to some it is the **leek,** but others insist that it is the **daffodil**. Both are worn on St David's Day and at international rugby matches. Another item associated with Wales are the **love spoons** (**llwyau caru**), intricate wooden spoons traditionally carved during the winter months by young farm labourers to give to their sweethearts.

Test yourself

Re-write the following sentences emphasising the element in italics:

1 Roedden *nhw* eisiau dod
2 Mae pawb yn dod *bore dydd Llun*
3 Rwyt *ti*'n datgelu cyfrinachau
4 Dylai *fe* gwyno wrth y rheolwr
5 Brynoch *chi*'r bwyd? Do
6 Aeth *hi* i'r parti neithiwr
7 Mae'r bai *arnon ni*
8 Roeddwn i'n meddwl ei bod hi'n *ddydd Gwener*
9 Roedden ni'n *ffraeo*
10 Benderfynoch *chi*? Naddo

Now turn to the Progress tests unit and try progress test 4.

Progress tests

Progress test 1 (Units 1–5)

1 Imagine that you are the personnel officer of a large busy hotel in Cardiff. You have advertised for a receptionist. Fill in what you say during the interview.

Chi	*Ask for the applicant's name.*
Ymgeisydd	Rachel Jones ydw i.
Chi	*Ask the applicant for her address.*
Ymgeisiydd	99, Stryd y Porthmyn, Abercwm.
Chi	*Ask for her phone number.*
Ymgeisydd	01582 736109
Chi	*Ask the applicant where she works now.*
Ymgeisydd	Dw i'n gweithio yn Llandaf fel ysgrifenyddes. Dw i'n gweithio mewn swyddfa fawr a dw i'n gyfrifol am ateb y ffôn.
Chi	*Ask the applicant if she works full time.*
Ymgeisydd	Nac ydw, swydd ran amser yw hi. Hoffwn i gael swydd lawn amser.
Chi	*Ask the applicant how well can she speak Welsh.*
Ymgeisydd	Dw i'n siarad Cymraeg yn rhugl.
Chi	*Ask the applicant whether she can speak another language.*
Ymgeisydd	Mae fy mam yn dod o Ffrainc yn wreiddiol a dw i'n siarad Ffrangeg yn rhugl. Dw i'n dysgu Almaeneg mewn dosbarth nos.

2 Here is a list of the things Sali does every week. Read through it and then answer the questions:

nos Sul	canu yn y côr
bore dydd Mawrth	nofio
prynhawn dydd Mercher	dosbarth Cymraeg
dydd Iau	chwarae rygbi
dydd Gwener	siopa
nos Wener	gwylio'r teledu
dydd Sadwrn	mynd â'r plant i'r parc
nos Sadwrn	mynd i'r sinema
bore dydd Sul	cyngerdd
prynhawn dydd Sul	gartref

Answer the following questions in Welsh.

1 Ydy Sali'n hoff o ganu?
2 Oes plant 'da hi?
3 Ydy hi'n dysgu Cymraeg?
4 Pryd mae hi'n mynd i'r sinema?
5 Beth mae hi'n ei wneud ar nos Wener?
6 Ydy hi'n hoffi cadw'n heini?
7 Pryd mae hi'n mynd i'r pwll?

3 Imagine you have three children: Adam who is 10, Nia who is 6, and Mabon who is 3. Mabon is at nursery school and the other two are at primary school. You have moved to a new area. Answer your next door neighbour's questions.

Neighbour	Oes plant 'da chi?
Chi	
Neighbour	Beth yw enwau'r plant?
Chi	
Neighbour	Faint yw oedran y plant?
Chi	
Neighbour	Ydyn nhw'n mynd i'r ysgol?

Progress test 2 (Units 6–10)

1 Connect the correct responses to the following sentences.

1 Dw i eisiau canu'r piano'n well.   Mae rhaid iddo fe ysmygu llai.

2 Mae gwallt Tom yn rhy hir.   Mae rhaid i chi newid y sianel.

3 Dyn ni'n mynd i Dyddewi.   Mae rhaid iddyn nhw fwyta hufen iâ.

4 Mae hi eisiau swydd newydd.   Mae rhaid i ti wneud mwy o ymarfer.

5 Does dim bwyd ar ôl yn y tŷ.   Mae rhaid i chi ymarfer bob dydd.

6 Mae'r plant yn rhy dwym.   Mae rhaid iddo fe fynd at y barbwr.

7 Mae'r rhaglen yn ddiflas.   Mae rhaid i chi fynd i siopa.

8 Dw i'n rhy dew.   Mae rhaid iddi hi fynd i'r canolfan gwaith.

9 Mae e eisiau cadw'n heini.   Mae rhaid i chi weld yr eglwys gadeiriol.

2 Connect the correct responses to the questions asked.

1 Pam nad ateboch chi?   Thalais i mo'r bil.

2 Pam nad ateboch chi'r drws?   Fwyton nhw mo'u cinio.

3 Pam na wnaeth hi'r gwaith cartref?   Phasiais i mo'r prawf.

4 Pam mae e'n dost o hyd?   Ddeallais i mo'r cwestiwn.

5 Pam mae eisiau bwyd arnyn nhw?   Ddeallodd hi mohono fe.

6 Pam nad wyt ti'n mynd yn y car?   Chymerodd e mo'r moddion.

7 Pam nad oes trydan 'da ni?   Chlywais i mo'r gloch.

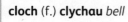

cloch (f.) clychau *bell*

278

3 Below is a list of the things the doctor told various people to do in order to stay healthy. Write out in full what the doctor said. The first one has been done for you.

Chi   'Peidiwch ag yfed cymaint o gwrw'. **Dwedodd y doctor wrthoch chi am beidio ag yfed cymaint o gwrw.**

Ni   'Arhoswch yn y gwely'.

Fe   'Cymerwch foddion dair gwaith y dydd'.

Chi   'Gwnewch fwy o ymarfer corff'.

Fi   'Bwytwch fwy o ffrwythau a llysiau'.

Nhw   'Yfwch lai o goffi'.

Ti   'Peidiwch ag ysmygu'.

Hi   'Cerwch i'r gwely ynghynt'.

Fi   'Yfwch ddwr'.

Progress test 3 (Units 11–15)

1 Jayne has written a letter to her aunt but, unfortunately, she spilt coffee over the letter and some parts of it are illegible. Jayne has scribbled what she wants to say in English. Write down what she should write in Welsh.

Dydd Gwener

Annwyl Anti Beth,

Thanks for your letter, mae cywilydd arna i nad ydw i wedi ysgrifennu to you cyn nawr. Dw i'n ymlacio in a café ar hyn o bryd. I'm homesick am goffi America a'r brechdanau hyfryd. Y peth cyntaf dw i'n mynd i'w wneud when I go home yw yfed glasaid o Coke oer. Dyn nhw ddim yn rhoi digon o iâ yn eu diodydd yma. Ddoe, I went on the bus i Aberaeron i siopa. A man from Aberaeron came i siarad â'r dosbarth dipyn o amser yn ôl. I bought lots of presents in Aberaeron for everyone at home. I will have to post them, neu fydd dim lle 'da fi i roi pethau o Iwerddon. Mae canolfan crefftau da yn Aberaeron. I haven't got a lot of money left now! I didn't do my homework echnos, doedd Elen, fy nhiwtor ddim yn rhy hapus. I will do more work tomorrow, she will be happier then.

Cofion

Jayne

2 Look at the poster advertising a trip to the National Eisteddfod organized by Llanddewi Village Council. Read through the poster (you don't have to understand everything) and then answer the questions that follow.

Unwaith eto eleni trefnir taith i'r Eisteddfod Genedlaethol gan Gyngor Pentref Llanddewi. Eleni byddwn ni'n aros yn y Gogledd am ddwy noson ac felly bydd pawb yn cael y cyfle i weld tipyn o ardal Ynys Môn, yn ogystal ag ymweld â maes yr Eisteddfod. Bydd y pris yn cynnwys gwely a brecwast am dair noson, tocyn maes i'r Eisteddfod, a bws i Ynys Môn ac yn ôl.

Pryd? 6–8 Awst

Faint? £90

Bydd y bws yn cychwyn o sgwâr y pentref am 8.00 bore dydd Mawrth. Codir pobl o bentrefi eraill ar y ffordd.

Os hoffech chi ddod ar y daith hon, rhowch eich enw a blaendâl o £20 i Mrs Marian Jones, Swyddfa'r Post, Llanddewi.

---

1 How does the poster say 'a trip is being arranged'?
2 Where is the eisteddfod being held?
3 Do all the people going on the trip have to meet on the village square?
4 Write out the dates of the trip in full.

cychwyn (cychwyn-) *to set off, to start*

3 Connect the correct answer to the question asked.

1 Beth mae e'n ei feddwl o ffilmiau Steven Spielberg?

2 Beth yw eu barn nhw am syrcasau anifeiliaid?

3 Beth yw ei barn hi am ysmygu?

4 Beth mae hi'n ei feddwl ohonon ni?

5 Beth mae Tom, Matthew a Jayne yn meddwl o Elen?

6 Beth maen nhw'n meddwl ohono i?

Mae hi'n meddwl ei fod e'n afiach.

Maen nhw'n meddwl dy fod di'n ddewr.

Mae e'n meddwl eu bod nhw'n wych.

Maen nhw'n meddwl eu bod nhw'n greulon.

Maen nhw'n meddwl ei bod hi'n gydwybodol.

Mae hi'n meddwl ein bod ni'n llygad ein lle.

Progress test 4 (Units 16–21)

1 Match the appropriate solutions on the right with the problems on the left.

1 Mae'r ci wedi mynd ar goll eto.

2 Mae hi eisiau gwella ei Chymraeg.

3 Mae hiraeth arnyn nhw.

4 Mae hi'n cymysgu â phobl ddrwg.

5 Dyn ni'n gyrru adref ar ôl y parti.

6 Mae cyfweliad 'da nhw.

7 Roedd y cig oen yn ofnadwy.

8 Mae pethau dros y lle i gyd.

Dylech chi ei rhybuddio hi rhagddyn nhw.

Dylet ti fod wedi cael cig eidion.

Dylech chi yfed diod ddi-alcohol.

Dylen nhw baratoi'n ofalus ymlaen llaw.

Dylet ti eu rhoi nhw i gadw.

Dylai hi fynd ar gwrs.

Dylen nhw fynd adref.

Dylet ti fod wedi ei glymu e yn yr ardd.

2 The last time Jayne, Matthew, Elen and Tom went out together as a group was to a café after they went to play ten pin bowling. Here is the conversation that took place after the meal. Fill in Jayne's side of the conversation.

Jayne	My salmon tasted awful, it wasn't fresh and there was too much sauce over it. This is <u>your</u> fault Matthew, <u>you</u> wanted to come to this place. The vegetables were too soft as well.
Matthew	Wel mwynheais i'r stêc. Roedd y cig yn dyner iawn.
Tom	Rhannwn ni'r bil yn bedair.
Jayne	I don't think that is fair. <u>You and Matthew</u> drank the wine, Elen had a glassful but I didn't have any at all. I think that <u>you and Matthew</u> should pay for the wine.
Elen	Beth am dalu am y gwin ar wahân?
Jayne	Good idea. I think that is fair. I'm never coming here again.

QV

rhannu (rhann-) *to share*
teg *fair*

282

Appendix 1: Regional variations

The Welsh language(s)

As is the case with other languages, not everyone who speaks Welsh speaks the language in exactly the same way. Such regional differences add colour and variety, although increased mobility and mass communications during the twentieth century have led to greater standardization of the language. In spite of this the myth that South Walian Welsh is very different from North Walian Welsh still exists. This is a psychological problem rather than a rational inability to understand one another and is based on various reasons.

1 Certain differences in individual words

Here are a few of the most common.

South Wales	North Wales	English
arian	pres	*money*
allwedd	agoriad	*key*
bant	i ffwrdd	*away*
bord	bwrdd	*table*
cer!	dos!	*go!* (fam.)
cadno	llwynog	*fox*
dere!	tyrd!	*come!* (fam.)
fe, e	fo, o	*he, him*
gallu	medru	*to be able*
gyda/'da	efo	*with*
lan	i fyny	*up*
llaeth	llefrith	*milk*
llefain	crïo	*to cry*
mam-gu	nain	*grandmother*

South Wales	North Wales	English
mas	allan	*out*
menyw	dynes	*woman*
merch	geneth	*girl*
moyn	eisiau	*to want*
nawr	rŵan	*now*
pert	del	*pretty*
tad-cu	taid	*grandfather*
taw	mai	*that* (in emphatic sentences)
twym	cynnes	*warm*
winwns	nionod	*onions*

2 The construction with 'gan'

As noted in Unit 3 personal forms of the preposition **gan** are used in North Wales to denote possession rather than **gyda/'da**:

Mae gen i gath ddu.	*I've got a black cat.*
Oes gen ti gi?	*Have you got a dog?*
Mae gynno fo un mab.	*He's got one son.*
Mae gynni hi dair merch.	*She's got three daughters.*
Mae gynnon ni ardd fawr.	*We've got a big garden.*
Oes gynnoch chi lefrith?	*Have you got milk?*
Mae gynnyn nhw ddigon o bres.	*They've got enough money.*

As you can see from these examples, the object possessed comes after **gan** and takes the soft mutation.

Accents

Obviously there isn't a line across Wales where people stop speaking North Walian Welsh and start speaking South Walian Welsh! The language changes gradually in mid-Wales as you move from one area to the next. At the same time there are, of course, certain minor differences between West and East Wales. Here are a few general points to help you recognize the various accents of Wales.

Northwest Wales

The ending -**au** is pronounced -**a**, e.g. **llyfrau** > **llyfra** (*books*).
u is pronounced in the back of the throat, e.g. **du** (*black*).

Northeast Wales

The ending -**au** is pronounced -**e** at the end of words, e.g. **pethau** >
pethe (*things*).

Southeast Wales/northern Powys

The letter -**â** > -**ê** e.g. **tân** > **tên** (*fire*).

Glamorgan/Swansea Valley

The letters **d**, **b** and **g** change to **t**, **p** and **c**, e.g. **cadw** > **catw**
(*to keep*), **stabal** > **stapal** (*stable*), **agor** > **acor** (*to open*).

The ending -**odd** > -**ws** e.g. **collodd** > **collws** (*he lost*).

South/West Wales

The ending -**au** is pronounced -**e** at the end of words e.g. **gorau** >
gore (*best*).

ae > **a** e.g. **cae** > **ca** (*field*).
oe > **o** e.g. **roedd e** > **ro'dd e** (*he was*).

Pembrokeshire

oe > **we** in words of one syllable, e.g. **coed** > **cwed** (*trees*).

These differences should not cause you any great difficulty and you
will find that many Welsh speakers are bilingual within their own
language, using the form or dialect appropriate to the situation.
As your knowledge of the language improves you will learn to do
likewise.

Appendix 2: How to say 'yes' and 'no'

It has been said that one of the most difficult things about Welsh is learning how to say 'yes' and 'no'. If you think about it logically however, you shouldn't have any problems – answering 'yes' to a question simply depends on what word the question started with. In the case of **he/she/they** the verb is repeated in the answer without the pronoun. Note that there is no mutation in the reply.

Ydy e'n dod heno?	*Is he coming tonight?*	**Ydy.**	*Yes (he is).*
Oedd hi'n gallu canu?	*Was she able to sing?*	**Oedd.**	*Yes (she was).*
Fyddan nhw yno?	*Will they be there?*	**Byddan.**	*Yes (they will be).*

Naturally, with **you/I/us**, the reply will contain the appropriate personal form of the verb in the question:

Wyt ti'n hapus?	*Are you happy?*	**Ydw.**	*Yes (I am).*
Gaf i helpu?	*May I help?*	**Cewch.**	*Yes (you may).*
Allen ni fynd?	*Could we go?*	**Gallech.**	*Yes (you could).*

No in reply to questions such as the ones we have just seen is expressed by placing **na** in front of the appropriate 'yes' answer. **Nac** (pronounced **nag**) is placed in front of words beginning with a vowel. Note the soft/aspirate mutation after **na**:

Ddaw e'n ôl yfory?	*Will he come back tomorrow?*	**Na ddaw.**	*No (he won't).*
Dych chi'n hoffi'r cwrs?	*Do you like the course?*	**Nac ydw.**	*No (I don't).*

Oes ceffyl 'da nhw?	*Have they got a horse?*	**Nac oes.**	*No (they haven't).*
Gaf i ofyn iddo fe?	*May I ask him?*	**Na chei.**	*No (you may not).*

There are exceptions, however! All questions in the past tense, including those using **bod**, the verb to be, are replied either with **do** meaning 'yes' or **naddo** meaning 'no', regardless of the person concerned:

Fuon nhw yn y dref neithiwr?	*Were they in town last night?*	**Do.**	*Yes.*
Fuodd e yn	*Was he in Aberystwyth?*	**Naddo.**	*No. Aberystwyth?*
Aethoch chi i'r parc?	*Did you go to the park?*	**Do.**	*Yes.*
Wnest ti lawer o waith?	*Did you do much work?*	**Naddo.**	*No.*

Emphatic questions which identify someone or something do not begin with a verb and use **ie** for yes and **nage** for no in all cases:

Mair wyt ti?	*Are you <u>Mair</u>?*	**Ie.**	*Yes.*
Ar y llawr mae e?	*Is it <u>on the floor</u>?*	**Ie.**	*Yes.*
Athro oeddet ti?	*Were you <u>a teacher</u>?*	**Nage.**	*No.*

Key to the exercises

Unit 1

Deialog 1 1 Tiwtor y cwrs Cymraeg **2** Dysgwr ydw i **3** Nerfus.
Exercise 1 a Bore da **b** Prynhawn da **c** Bore da **d** Noswaith dda
e Prynhawn da **f** Noswaith dda **g** Bore da **h** Noswaith dda
i Prynhawn da. **Exercise 2 a** Sut dych chi? **b** Sut rwyt ti? **c** Sut dych
chi? **d** Sut dych chi? **e** Sut rwyt ti? **f** Sut dych chi? **g** Sut rwyt ti?
h Sut dych chi? **i** Sut dych chi? **j** Sut rwyt ti? **Exercise 3** Matthew
bore (morning) iawn (all right) Jayne bore (morning) eithaf
da (quite good) Tom noswaith (evening) nerfus (nervous) Elen
noswaith (evening) da iawn (very well). **Exercise 4 a** Da iawn
b Dim yn dda **c** Eithaf da **d** Nerfus. **Deialog 2 1** America **2** Wales
3 Aberystwyth. **Exercise 5 1** Bontypridd, Gaerdydd, Ddinbych
2 Rydlewis, Donypandy, Lanelli **3** Went, Fedwas, Fachynlleth.
Deialog 3 1 Dych chi'n hapus? **2** Os gwelwch yn dda **3** No.
Exercise 6 1 Nac ydw **2** Ydy **3** Ydw **4** Ydy **5** Ydy **6** Nac ydw
7 Nac ydy **8** Nac ydy. **Deialog 4 1** Yes **2** Yes. **Deialog 5 1** Gaf i?
Hoffwn i gael **2** A large coffee without sugar **Test yourself 1** Bore
da, prynhawn da, noswaith dda **2** Tiwtor da ydw i **3** Sut rwyt
ti? **4** Eithaf da **5** O ble dych chi'n dod? **6** Dw i'n dod o Rydlewis
7 Ydy/nac ydy **8** Gaf i baned o de heb siwgr **9** Os gwelwch yn dda
10 Nos da

Unit 2

Deialog 1 1 Dw i'n siarad Gwyddeleg yn rhugl **2** He wants to
be able to speak to his mother in Welsh **3** At an evening class.
Exercise 1 1 Dim un dau dau dau saith wyth chwech tri pedwar
pump **2** Dim un dau tri naw chwech tri pedwar naw dau un **3** Dim
un pump saith dim pedwar wyth tri saith dau un **4** Dim un naw
saith dim chwech dau un tri pump pedwar **5** Dim un tri wyth
pedwar dau naw pedwar saith tri wyth. **Exercise 2 1** Dw i'n dysgu
Cymraeg yn y coleg **2** Mae Mr Evans, y trefnydd, yn cael cinio

nawr **3** Hoffwn i ddod ar gwrs yn y canolfan **4** Brenda Smith sy'n siarad **5** Ydy'r manylion yn iawn **Exercise 3 a** Glyn **b** Ifan ac Ann **c** Ifan **d** Morys **e** Gwenda. **Exercise 4** You have won the top line. **Deialog 2 1** In Cardiff **2** Yes, he thinks it is very interesting but they are very busy at the moment **3** 16, Walter Road **4** Move from London. **Exercise 5 1** e **2** c **3** d **4** g **5** b **6** f **7** a. **Exercise 6** Statements 1, 3, 5, 7 and **8** are untrue **Test yourself 1** Dim un naw saith wyth dau naw tri chwech pedwar pump **2** Beth yw'ch rhif ffôn chi? Gaf i'ch rhif ffôn chi? **3** Andrew Morgan sy'n siarad **4** Dw i'n siarad Almaeneg yn rhugl **5** Hoffwn i ddysgu Cymraeg **6** Beth yw'ch cyfeiriad chi? **7** Pedwar deg pump, wyth deg naw, dau ddeg pedwar, un deg tri, chwech deg saith **8** Ble dych chi'n gweithio? **9** Meddyg yw hi **10** Dw i'n gweithio mewn swyddfa

Unit 3

Deialog 1 1 4 and 7 **2** She comes from a big family herself **3** It doesn't pay very well **4** No, he is an only child. **Exercise 1** Mae ci 'da fi Mae cath 'da ti Mae car 'da fe Mae tŷ 'da hi Mae ffôn 'da ni Mae arian 'da chi Mae beic 'da nhw. **Exercise 2** Oes ci 'da fi? Oes cath 'da ti? Oes car 'da fe? Oes tŷ 'da hi? Oes ffôn 'da ni? Oes arian 'da chi? Oes beic 'da nhw? **Exercise 3 1** Oes, mae car 'da nhw **2** Nac oes, does dim ci 'da fi **3** Oes, mae arian 'da ni **4** Oes, mae cath 'da John **5** Nac oes, does dim plant 'da fi or Nac oes, does dim plant 'da ni **6** Nac oes, does dim llyfr 'da hi. **Exercise 4 1** True **2** False **3** True **4** False **5** False **6** True **7** False **8** True **9** False **10** True. **Deialog 2 1** His son got engaged over the weekend **2** Yes **3** 28. **Exercise 5** Mae Sally'n bedwar deg dwy oed Mae Bob yn un deg tair oed. Mae Gwyn yn dair oed Mae Gwenda'n naw deg wyth oed Mae Tony'n chwe deg pedair oed Mae Alan yn saith deg tair oed Mae Lisa'n ddau deg saith oed Mae Sam yn bum deg naw oed. **Exercise 6 1** Gwyn **2** Bethan **3** Angela **4** Jane **5** Lisa **6** David **7** David **8** Lisa **9** Oes, Jane **10** Nac oes **11** Oes, Angela **12** Oes, Gethin a Rhys **13** Nac oes, un mab ac un ferch **14** Nac oes **15** Oes, Gethin a Rhys. **Exercise 7** Gethin single Megan divorced, 2 sons and a daughter Gareth widowed, two daughters Mair married, no children. **Deialog 3 1** Dragons, over 20 **2** No **3** He thinks it is silly. **Exercise 8 1** Mae pedwar deg pump o lyfrau 'da Clare

2 Mae naw deg naw o stampiau 'da John **3** Mae dau ddeg un o recordiau 'da Tina **4** Mae tri deg un o longau 'da Gwyn **5** Mae wyth deg saith o stampiau 'da Clare **6** Mae naw deg o lyfrau 'da Tina. **Exercise 9** Sawl ci sy 'da Sarah? Mae tri chi 'da hi Sawl cwningen sy 'da Megan? Mae pedair cwningen 'da hi Sawl ceffyl sy 'da Linda? Mae un ceffyl 'da hi **Test yourself 1** Oes plant 'da chi? **2** Mae tri o blant 'da fi, un mab a dwy ferch **3** Does dim ci 'da hi **4** Mae'n ddrwg 'da fi **5** Beth yw dy oedran di? **6** Dw i'n bedwar deg tair **7** Ci Gwennie **8** Pwy yw gwraig Ian? **9** Faint o sglodion sydd ar y plât? **10** Sawl cath sy 'da Alison?

Unit 4

Deialog 1 1 Every week **2** The children **3** No, but they ask for one every day. **Exercise 1 1** Dw i'n hoffi siwgr a choffi du cryf **2** Mae e'n ddiddorol iawn **3** Dyn nhw ddim yn brysur **4** Dyn ni'n chwarae pêl-droed yfory? **5** Dyn nhw'n dysgu Cymraeg mewn dosbarth nos? **6** Ydy e'n nerfus? **7** Dwyt ti ddim yn mynd i'r sinema eto! **8** Dyn ni'n hoffi chwaraeon **9** Dyw e ddim yn casglu llongau **10** Dyn nhw'n mwynhau'r nofio? **Exercise 2 1** Michael – rhedeg – ddwywaith yr wythnos **2** Owen – chwarae tennis – bob penwythnos **3** Catrin – merlota – yn aml **4** Gwen – darllen – bob dydd. **Deialog 2 1** A little **2** Cricket **3** His local rugby team. **Exercise 3 1** raglenni cwis **2** raglenni cwis **3** raglenni chwaraeon **4** Dyw Sonia ddim yn hoffi'r newyddion na rhaglenni chwaraeon **5** raglenni cwis **6** Mae Byron yn eithaf hoff o'r newyddion, ond mae'n well 'da fe raglenni chwaraeon ac operâu sebon **7** Dyw Catrin ddim yn hoffi'r newyddion o gwbl, mae'n well 'da hi raglenni chwaraeon ac operâu sebon. **Deialog 3 1** No, every Wednesday night **2** No, they don't win very often **3** No, but she is interested in history. **Exercise 4 1** Yes **2** Yes **3** Matthew **4** Elen **5** Melyn **6** No. **Test yourself 1** Maen nhw'n hoffi mynd i chwarae pêl-droed **2** Mae'r plant yn hoffi merlota nawr ac yn y man **3** Pa mor aml rwyt ti'n nofio? **4** Pa fath o raglenni teledu dych chi'n eu hoffi? **5** Mae'n gas 'da fi raglenni natur **6** Oes diddordeb 'da ti/chi mewn coginio? **7** Dw i'n mynd mewn tacsi ddydd Gwener **8** Fy hoff fwyd yw sglodion **9** Mae gwallt du a llygaid gwyrdd 'da hi **10** Dych chi'n gallu gyrru car?

Unit 5

Deialog 1 1 No, he doesn't like looking at children performing
2 Three **3** In a pub in the town. **Exercise 1 1** False **2** False **3** False
4 False **5** True **6** True **7** False. **Exercise 2 1** A play **2** He has
promised to have dinner with his parents **3** Three – John, Thomas
and Sali. **Exercise 3 1** Nac ydy **2** Ydw (or Ydyn) **3** Hoffwn **4** Nac
ydyn (or nac ydych) **5** Nac oes **6** Ydych (or wyt) **7** Na hoffwn
8 Cewch **9** Oes **10** Na chewch. **Exercise 4 1** No **2** Nine degrees
Celsius, 49 degrees Fahrenheit **3** No, it will be raining in North
Wales **4** Heavy rain and strong winds **5** Yes. **Exercise 5** Mae
Tyddewi yn y de-orllewin Mae Aberystwyth yn y gorllewin Mae
Harlech yn y gogledd-orllewin Mae Caerdydd yn y de-ddwyrain
Mae Wrecsam yn y gogledd-ddwyrain Mae Abertawe yn y de Mae
Conwy yn y gogledd **Test yourself 1** Hoffech chi/hoffet ti ddod i
gyngerdd? **2** Hoffwn i ymuno â nhw heno **3** Alla i ddim, dw i'n rhy
brysur **4** Mae'n rhaid i fi edrych ar ôl y plant **5** Beth rwyt ti/dych
chi'n ei wneud nos yfory **6** Ydy/nac ydy **7** Mae hi'n heulog yn y
gogledd-ddwyrain **8** Mae hi'n rhewi yn y gaeaf **9** Bydd hi'n oer yn
Nolgellau yfory **10** Mae hi'n mynd i fwrw glaw

Unit 6

Deialog 1 1 Five **2** Next Saturday night **3** Blue. **Exercise 1 a** Dw
i'n chwilio am biano Dw i'n chwilio am frechdanau Dw i'n chwilio
am lyfr Dw i'n chwilio am gar Dw i'n chwilio am deledu **b** Alla
i gael piano? Alla i gael brechdanau? Alla i gael llyfr? Alla i gael
car? Alla i gael teledu? **Exercise 2 a** drowsus du **b** llygaid glas
c gwahoddiadau priodas **d** brechdan gaws **e** sudd oren ffres **f** siwt
frown. **Exercise 3** Ydw, dw i eisiau siwt dywyll i briodas Nac ydw,
oes rhagor o siwtiau 'da chi? Dydd Sadwrn nesaf Ydw, diolch yn
fawr. **Deialog 2 1** On the left **2** It is too tight and it doesn't suit her
3 Black. **Exercise 4 1** Maen nhw'n costio tri deg pum punt **2** Mae
hi'n costio pum deg chwe phunt naw deg naw ceiniog **3** Mae e'n
costio chwe mil pum cant wyth deg o bunnau **4** Mae hi'n costio
dau gant pum deg wyth punt wyth deg dwy geiniog **5** Mae hi'n
costio un deg chwe phunt dau ddeg pum ceiniog **6** Mae e'n costio
chwe deg pum mil pedwar cant pum deg wyth o bunnau **7** Mae

e'n dri deg dwy geiniog **8** Mae e'n costio un fil pedwar deg tair
o bunnau. **Deialog 3 1** Dw i ddim eisiau talu cymaint â hynny
2 £40.00 **3** Yes, she's got plenty of change. **Exercise 5 1** Beic
coch £158 rhesymol iawn **2** Cyfrifiadur £3,743 rhatach yn siop
Mr Evans **3** Pedwar tocyn i'r opera £232 eithaf rhesymol **4** Tŷ yn
Llundain £238,000 drud iawn. **Deialog 4 1** They are local potatoes
2 Yes **3** No, there is none left. **Exercise 6 1** Punt, wyth deg pedair
ceiniog y dwsin **2** Un deg pum ceiniog yr un **3** Dwy bunt, chwe
deg wyth ceiniog y bag **4** Tair punt, wyth deg naw ceiniog y botel
5 Chwe deg tair ceiniog y cilo. **Exercise 7** dwsin o wyau clos
£1.95 dau gilo o datws £1.25 pum can gram o gaws £2.50 pum
can gram o winwns 56c. **Exercise 8 1** False **2** True **3** False **4** True.
Deialog 5 1 One (Jayne) **2** After court cases **3** They are going to
St Davids **4** Prime Minister **Test yourself 1** Gaf i'ch helpu chi?
2 Ble mae'r ystafell newid? **3** llwyd, coch, glas golau **4** Dw i'n
chwilio am drowsus tywyll **5** Pa fath o gaws sy 'da chi? **6** Faint
yw'r gwin 'ma? **7** Beth yw pris y car 'ma? **8** Tair punt naw deg
wyth ceiniog y botel **9** Mae Blaenau Ffestiniog yn wlypach na
Chaerdydd **10** Maen nhw wedi gweld camera gwell

Unit 7

Deialog 1 1 He doesn't come from the area **2** No **3** No, you walk
down lots of steps to reach it. **Exercise 1 1** gyferbyn â **2** ynghanol
3 drws nesaf i **4** rhwng **5** ar gornel **6** gyferbyn â **7** ar y dde, ar y
chwith. **Exercise 2 1** Gorsaf yr Heddlu **2** Canolfan Siopa Dewi
Sant **3** Y Garej **4** Y Siop Chwaraeon. **Exercise 3 1** Mae'r ganolfan
siopa yn y Stryd Fawr **2** Mae'r ganolfan hamdden drws nesaf i'r
siop chwaraeon **3** Mae'r eglwys tu ôl i'r ysgol gynradd **4** Mae'r
ysgol uwchradd drws nesaf i'r ysgol gynradd **5** Mae'r coleg ar
y dde **6** Mae'r cylchfan ynghanol y dref. **Exercise 4 a** Trïwch y
rhain **b** Gwisgwch eich cot **c** Darllenwch **Complete Welsh d** Ewch
i'r siop fwyd **e** Ewch i'r banc **f** Peidiwch â gyrru **g** Cerddwch i'r
gwaith **h** Edrychwch ar y manylion **i** Dewch i mewn. **Exercise 5**
1 Wnewch chi ganu os gwelwch yn dda? **2** Wnewch chi gasglu'r
plant os gwelwch yn dda? **3** Wnewch chi newid y tâp os gwelwch
yn dda? **4** Wnewch chi dalu'r bil os gwelwch yn dda? **5** Wnewch
chi beidio â chroesi'r stryd brysur os gwelwch yn dda? **6** Wnewch

chi ddewis rhywbeth arall os gwelwch yn dda? **7** Wnewch chi ddod gyda'ch tad? **8** Wnewch chi helpu'ch brawd os gwelwch yn dda? **9** Wnewch chi eistedd i lawr os gwelwch yn dda? **10** Wnewch chi fynd i'r siop wyliau os gwelwch yn dda? **Deialog 2 1** At least three hours **2** Buy postcards and presents for her family **3** Five o'clock. **Exercise 6 1** Mae Tom yn fwy rhugl na Matthew. Tom yw'r mwyaf rhugl **2** Mae Caernarfon yn fwy na Blaenau Ffestiniog. Caernarfon yw'r fwyaf **3** Mae Jayne yn fwy nerfus nag Elen. Jayne yw'r fwyaf nerfus **4** Mae Sam yn waeth na Dan. Sam yw'r gwaethaf **5** Mae Mair yn fwy egnïol nag Alis. Mair yw'r fwyaf egnïol **6** Mae ceffyl yn gryfach na chwningen. Ceffyl yw'r cryfaf **7** Mae Dan yn well na Sam. Dan yw'r gorau. **Exercise 7 1** Mae rhaid i chi fod yn dawel **2** Mae rhaid i chi roi'r llyfrau i gyd yn ôl ar y silff **3** Mae rhaid i chi beidio â bwyta yn y llyfrgell **4** Mae rhaid i chi beidio ag yfed yn y llyfrgell **5** Mae rhaid i chi beidio ag ysmygu yn y llyfrgell **Test yourself 1** Ble mae'r banc, os gwelwch yn dda **2** Mae swyddfa'r post rhwng y maes parcio a'r llyfrgell **3** Ewch heibio i'r garej **4** Paid â chwarae ar y stryd **5** Dim cŵn **6** Wnei di gasglu'r plant? **7** Sioned yw'r lleiaf **8** Oes rhaid i fi brynu tocyn? **9** Does dim rhaid iddo fe fynd **10** Rhaid i chi beidio ag agor y ffenest

Unit 8

Deialog 1 1 His wife **2** He thinks it is pretty **3** She was looking at houses. **Exercise 1 Nos Wener Ffion** Helpodd hi'r plant gyda'r gwaith ysgol **Cynon** Coginiodd e swper **Rhodri** Teithiodd e i'r de i weld ei rieni **Dydd Sadwrn Ffion** Siaradodd hi â gohebydd o Radio Cymru **Cynon** Gwyliodd e'r gêm pêl-droed ar y teledu **Rhodri** Ymlaciodd e yn yr ardd **Dydd Sul Ffion** Peintiodd hi'r tŷ **Cynon** Gorffennodd e lyfr **Rhodri** Teithiodd e yn ôl o'r de **Exercise 2 a** Do, atebais i fe'r bore 'ma **b** Do, ffoniais i nhw'r bore 'ma **c** Do, anfonais i nhw'r bore 'ma **d** Do, dechreuais i ar y gwaith y bore 'ma **e** Do, cyrhaeddais i'n gynnar. **Exercise 3 a** Golchodd hi'r ci **b** Siopodd hi ddim yn yr archfarchnad **c** Gorffennodd hi ei llyfr ar lenyddiaeth Cymru **d** Phrynodd hi ddim anrheg i John **e** Darllenodd hi'r cylchgrawn **f** Ffoniodd hi ei ffrindiau **g** Weithiodd hi ddim ar y cyfrifiadur **h** Ymwelodd hi â'i chwaer. **Exercise 4 1** Naddo, edrychodd Elen ar lawer o dai **2** Naddo, nofiodd Jayne bob bore

3 Naddo, gwelodd Matthew Gastell Caernarfon **4** Do, gweithiodd Tom yn galed yn y llyfrgell **5** Naddo, gyrrodd Matthew i Gaernarfon **6** Do, ffoniodd Jayne ei ffrindiau **7** Naddo, cerddodd Matthew ar hyd yr arfordir. **Deialog 2 1** He was speaking Welsh with his mother for the first time **2** He thought Tom's mother was unpleasant **3** He had too much to drink last night. **Exercise 5 1** f **2** e **3** a **4** g **5** c **6** d **7** b. **Exercise 6 a** Agorais i mo'r ffenest **b** Enillon nhw mo'r gêm **c** Newidioch chi mo'r ffrog **d** Symudodd hi mo'r car **e** Thalaist ti mo'r bil **f** Welais i mo Caerdydd **g** Ysmygodd e mo'r sigarét **h** Ddilynon ni mohoni hi. **Exercise 7 a** Ydw, dwedais i wrtho fe ddoe **b** Ydw, dwedais i wrthi hi ddoe **c** Ydw, dwedais i wrthyn nhw ddoe **d** Ydw, dwedais i wrthyn nhw ddoe **e** Ydw, dwedais i wrthyn nhw ddoe **f** Ydw, dwedais i wrtho fe ddoe **g** Ydw, dwedais i wrthoch chi ddoe. **Exercise 8** Mae Ifan yn byw ym Mangor ers deg mlynedd Mae Huw yn byw ym Nhreffynnon ers saith mlynedd Mae Elin yn byw ym Mhontypridd ers tri deg o flynyddoedd Mae Llinos yn byw yng Ngorseinon ers naw mlynedd Mae Jack yn byw yn Nrefach ers un deg pedair blynedd **Test yourself 1** Beth wnaethoch chi ddoe? **2** Dysgais i Gymraeg yn yr ysgol **3** Weloch chi'r castell/welaist ti'r castell? **4** Do/naddo **5** Welon ni ddim ffilm **6** Phrynodd Matthew mo'r llyfr **7** Welodd e ddim ohonyn nhw **8** Wyt ti wedi dweud wrthi hi? **9** Dw i'n mynd y flwyddyn nesaf **10** Dw i'n byw ym Mhontypridd ers wyth mlynedd

Unit 9

Deialog 1 1 He had a problem with his car **2** The driver flashed the car lights **3** He had to have two new tyres as well. **Exercise 1 1** b **2** b **3** c. **Exercise 2** Mae rhywbeth yn bod ar fy nghar Dyw'r brêcs ddim yn gweithio'n iawn, ac mae sŵn rhyfedd yn dod o'r injin Mae llawer o ddŵr ar y llawr Dyw'r car ddim yn mynd yn gyflym iawn hyd yn oed gyda'r sbardun ar y llawr Faint gymeriff hi? **Deialog 2 1** Three – Elen, Jayne and Tom **2** There was too much traffic **3** No. **Exercise 3 a** Mae e'n meddwl ei bod hi'n ddiflas **b** Clywais i ddoe eich bod chi'n mynd i Ffrainc **c** Maen nhw'n dweud ei fod e yn yr ysbyty **d** Dwedodd ei fam eu bod nhw'n rhy egnïol **e** Mae hi'n meddwl bod y postmon wedi bod **f** Roeddwn i'n gwybod bod y trên yn hwyr **g** Dyn ni'n siŵr ein bod ni'n mynd i gyrraedd yn gynnar **h** Mae e'n credu bod rhywbeth yn bod ar y car. **Exercise 4 Person 1**: A lot of money for nothing, the town doesn't need a clock tower **Person 2**: It's a brilliant idea – something needs doing **Person 3**: It is better to spend the money on a big party for everyone in the town **Person 4**: The town needs something for the young people to do, not a silly thing like a clock tower. **Exercise 5 Ann**: the chip shop, Megan, her best friend, a big plateful of chips and egg **Steffan**: the expensive new restaurant which has just opened in town, his girlfriend Rhian, lasagne and wine **Aled**: Y Draig Goch, his aunt and uncle, potatoes, meat and peas and ice cream for pudding, 2 glasses of white wine. **Exercise 6 1** Mae e'n meddwl eu bod nhw'n ddiddorol **2** Mae e'n meddwl ei fod e'n fendigedig **3** Mae e'n meddwl ei fod e'n egnïol iawn **4** Mae e'n meddwl ei bod hi'n lle bendigedig **Test yourself 1** Aethon ni yn y car **2** Chafodd hi ddim twll **3** Dewch yn ôl mewn awr **4** Dw i ddim wedi gyrru yn Ewrop **5** Sylweddolais fod eira ar yr heol **6** Maen nhw'n gobeithio ein bod ni'n colli **7** Beth dych chi'n ei feddwl o operâu sebon? **8** Gyda phwy est ti? **9** Es i i'r bwyty pan gyrhaeddon nhw **10** Pryd mae cinio?

Unit 10

Deialog 1 1 He looks awful **2** No, he prefers to go to the class. He doesn't want to be late **3** Straightaway. **Exercise 1 1** Does dim gwddw tost 'da fi **2** Mae traed tost 'da nhw **3** Oes bol tost 'da chi (ti)? **4** Mae braich dost 'da fe **5** Oes clust dost 'da hi? **Exercise 2 1** Oes, mae annwyd arni hi **2** Nac oes, does dim byd yn bod arnyn nhw **3** Ydw, mae'r ffliw arna i **4** Ydy, mae'r ddannodd arno fe **5** Ydyn, mae'r frech goch arnyn nhw. **Exercise 3** Dyw James ddim yn teimlo'n dda Mae gwddw tost 'da Mr Williams Mae cefn tost 'da Mrs Johns Mae'r ddannodd ar Mr Evans. **Deialog 2 1** He has had an accident and fallen off his horse **2** He had some pills from the doctor **3** No. **Exercise 4 John Williams** has fallen at work and twisted his ankle and broken his arm. He is in a lot of pain. **Nansi Rodgers** has injured her foot, she can't walk and it is very painful. The doctor said she must not walk on it. **Elinor Dafydd** still suffering with backache.

Done damage to it and is going to doctor tomorrow. **Owain ap Steffan** is phoning from the hospital. His son John has cut his leg. **Exercise 5 1** Picture 8 **2** Picture 4 **3** Picture 2 **4** Picture 5 **5** Picture 7 **6** Picture 9 **7** Picture 1 **8** Picture 6 **9** Picture 3. **Deialog 3 1** No, he had difficulty sleeping **2** Three times a day **3** At least three. **Exercise 6 a** arnoch **b** arno **c** arna **d** ar **e** arnoch **f** arni **g** arnyn **h** ar **i** arnon **Test yourself 1** Mae pen tost 'da fi **2** Beth sy'n bod arnoch chi? **3** Mae gwddw tost 'da nhw **4** Mae ofn arnon ni **5** Does dim byd yn bod arno fe **6** Dw i wedi cael dolur **7** Maen nhw'n mynd at y meddyg yn aml **8** Dw i'n dibynnu arnat ti **9** Dw i wedi ei thalu hi **10** Gwnes i fe fy hunan

Unit 11

Deialog 1 1 Rhywbeth mwy cyffrous na dysgu Cymraeg **2** No, he was working too hard on a complicated legal case **3** She walked every day in the mountains. **Exercise 1 a** adref **b** gartref **c** nghartref **d** adref **e** gartref **f** cartref. **Exercise 2 1** Nac ydyn, maen nhw'n mynd wrth eu hunain **2** Nac ydyn, dyn nhw ddim yn hoff o eira **3** Nac ydy, mae ofn lleoedd uchel arno fe **4** Ydw, bues i yno rai blynyddoedd yn ôl **5** Ydw, bues i ar raglen gwis yr wythnos diwethaf **6** Nac ydy, mae'n gas 'da hi raglenni ffugwyddonol. **Exercise 3 Person 1** Yes, every year, her best ever holiday was a fortnight in Barbados in 1988 **Person 2** No, she takes her holidays in Wales; she went to Anglesey last year **Person 3** Yes, he went to Australia in October 1995 **Person 4** No, she prefers to travel around Britain and stay with her children. **Exercise 4** Ym Mhatagonia, roedd y tywydd yn dwym, ond yng Nghymru, mae hi'n oer. Ym Mhatagonia, roedd hi'n yfed maté a gwin; yng Nghymru, mae hi'n yfed te a bwyta pysgod a sglodion. Ym Mhatagonia roedd hi'n nabod pawb, ond yng Nghymru dyw hi ddim yn nabod neb. Ym Mhatagonia, roedd hi'n mynd o le i le ar geffyl bob dydd, ond yng Nghymru mae hi'n mynd ar y bws. Ym Mhatagonia, roedd hi'n clywed Sbaeneg bob dydd, ond yng Nghymru dyw hi ddim yn clywed Sbaeneg. **Exercise 5** Es i i Bwllheli Arhosais i mewn gwesty pedair seren Doedd hi ddim mor ddrud â fy ngwyliau yn Barbados Roedd e'n flasus iawn, llawer gwell na'r flwyddyn gynt Roedd hi'n fendigedig Roedden nhw'n hapus iawn, roedd llawer o bethau iddyn nhw eu gwneud, roedden nhw'n gadael y gwesty bob bore ar ôl brecwast a doedden nhw ddim yn dod yn ôl tan yn hwyr iawn. **Exercise 6 1** Portugal, Spain, France Italy, Switzerland **2** The people were lovely **3** She went to Disneyland **4** Her room was very cold and the food was not very tasty **5** Switzerland **6** On the ship on her way back to Wales **7** He was reading a magazine. **Deialog 2 1** Yes, he did his work conscientiously **2** Sut roedd eich dyddiau ysgol chi? **3** The teachers did not like him **4** Chi yw swot mwyaf y cwrs. **Exercise 7 a** Oedd, roedd hi'n fwyn ddoe **b** Nac oedden, doedden nhw ddim yn amyneddgar **c** Nac oeddwn, doeddwn i ddim yn hwyr i'r gwaith y bore 'ma **d** Oedden, roedden nhw'n cystadlu mewn eisteddfodau pan oedden nhw'n fach **e** Nac oedd, doedd fy modryb ddim yn edrych ymlaen at ei gwyliau **f** Oeddwn, roeddwn i'n mynd dair gwaith yr wythnos **g** Nac oedd, doedd y caws ddim yn ffres **h** Oedd, roedd dreigiau Jayne dros ei thŷ i gyd. **Deialog 3 1** That Matthew had sent away for the details of the jobs **2** Cardiff **3** At the end of the week. **4** False **5** True **6** False **7** True **8** False **9** False **Test yourself 1** Aethon ni adref gyda'n gilydd **2** Wyt ti erioed wedi aros mewn gwesty ym Mangor **3** Roeddwn i'n bwyta fy nghinio pan oedden nhw'n gwylio'r teledu **4** Gawsoch chi wyliau eleni **5** Roedd y bwyd yn flasus iawn **6** Am faint est ti? **7** Roedd hi'n gydwybodol pan oedd hi yn yr ysgol **8** Roedd yn gas 'da fe'r ysgol **9** Oedden/nac oedden **10** Dw i erioed wedi cael cyfweliad

Unit 12

Deialog 1 1 Yes, in Pembroke (Sir Benfro) **2** Five years ago **3** After she had her daughter, Haf. She is a lone parent and wanted to be nearer her parents. **Exercise 1 1** In East Wales **2** In Patagonia **3** In Patagonia **4** Spanish. **Exercise 2 1** Cest ti dy eni yng Nghaergybi **2** Cafodd y plant eu geni yn Nhyddewi **3** Cafodd hi ei geni ym Mhontypridd **4** Cawsoch chi eich geni yng Nghastell-Nedd **5** Cawson nhw eu geni ym Mangor **6** Ces i fy ngeni yn Nolgellau **7** Cafodd Steffan ac Eleri eu geni yn Nhalybont **8** Cafodd e ei eni yng Ngorseinon **9** Cawson ni ein geni ym Mhenfro **10** Cafodd Megan ei geni yng Nglynebwy. **Deialog 2 1** Dwedodd y frân wen wrtha i **2** Pwy ddwedodd wrthoch chi? **3** Lots of post (**llawer o bost**).

Exercise 3 a 1 Yes, she has one son **2** Geraint **3** Strab **b 1** No, it has been a bad year (**blwyddyn wael**) **2** The weather was very bad **3** She hates wearing hats **4** Geraint started school **5** The hours are very good and she does not have to ask anyone to look after Geraint as she works in his school **6** It was her first Christmas after the divorce **7** May. **Exercise 4 a** mil dau wyth dau **b** mil pump wyth wyth **c** mil naw dau saith **d** mil un tri pump **e** pump wyth wyth **f** mil wyth wyth wyth **g** mil chwech chwech dim **h** mil dim pedwar chwech. **Exercise 5 a** Cawson ni ein geni ym mis Medi mil naw pedwar pump **b** Cawson nhw eu geni ym mis Ionawr mil naw naw dim **c** Cafodd Marc ei eni ym mis Gorffennaf mil naw chwe saith **d** Cafodd y plant eu geni ym mis Rhagfyr mil naw wyth dau **e** Cafodd hi ei geni ym mis Awst mil naw pump wyth **f** Cafodd Mr Williams ei eni ym mis Chwefror mil naw tri pedwar. **Deialog 3 1** Outside the town where Jayne lives in Ohio **2** Over 50 **3** Lots of money. **Exercise 6 a** … cafodd y ffenest ei thorri **b** … cafodd y ffatri ei chau **c** … cawson nhw eu golchi **d** … cafodd cant o bobl eu boddi **e** … cawson nhw eu harestio **f** … cafodd yr heddlu eu ffonio **g** … cafodd ei thŷ ei werthu **h** … cawson ni ein siomi **i** … gest ti dy dalu? **j** … gawsoch chi eich synnu? **Exercise 7** There are five examples of the passive. **Exercise 8 1** False **2** True **3** False **4** True **5** True **6** True **7** False **8** True. **Exercise 9 1** c **2** e **3** a **4** b **5** d **6** f. **Test yourself 1** Ble cawsoch chi eich geni? **2** Ces i fy ngeni ym Mhrestatyn **3** Cafodd hi ei geni yn Ne Cymru **4** Gwnaethon ni'r bwyd ar ein pen ein hunain **5** Dyw hi byth yn ymlacio **6** Cafodd e ei eni ym mis Awst 2001 **7** Doedd neb yn gwybod lle cafodd Dr Jones ei eni **8** Dw i'n nabod rhywun sy'n byw yn yr adeilad 'na **9** Mae e'n nabod rhywun a gafodd ei arestio **10** Lladdwyd y ffermwr

Unit 13

Deialog 1 1 Sut mae'n teimlo i fod yn bum deg? **2** All the attention and presents **3** April. **Exercise 1** Mae'n waeth nag roeddwn i'n meddwl, dw i'n teimlo'n hen iawn, a dw i ddim yn hoffi'r sylw i gyd Rwyt ti'n garedig iawn i ddweud fy mod i'n edrych yn ifanc, ond dw i'n teimlo'n hen iawn. **Exercise 2 1** c **2** b **3** a **4** a **5** c. **Exercise 3** May 12 is not mentioned. **Exercise 4** y trydydd

ar ddeg o fis Ionawr y seithfed ar hugain o fis Ebrill y chweched
o fis Gorffennaf yr ail ar hugain o fis Medi y cyntaf o fis Mai
y pedwerydd ar bymtheg o fis Awst. **Deialog 2 1** He wants to
spend the day with his son and his son's girlfriend **2** He has been
playing squash, working hard at his Welsh and drinking with Marc
3 He says he is too old. **Exercise 5 1** dydd/nos **2** noson/diwrnod
3 diwrnod **4** noson **5** noson **6** nos/dydd **7** nos. **Exercise 6 1** True
2 False **3** True **4** True **5** False **Test yourself 1** Dw i'n dal i weithio
yn y banc **2** Pryd mae pen-blwydd y plant? **3** Y chweched o fis
Awst mil naw pump tri **4** Mae hi ar y nawfed ar hugain o fis
Hydref **5** Beth oedd y dyddiad ddoe? **6** Blwyddyn Newydd Dda
7 Brysia wella **8** Dyw Ifan ddim mor gall â Megan **9** Maen nhw
cynddrwg â phawb arall **10** Dyw Aberystwyth ddim cymaint ag
Abertawe

Unit 14

Deialog 1 1 No **2** She hates travelling by sea and is used to flying
3 21 September. **Exercise 1** Dw i'n mynd i Ddulyn Bydda i'n
mynd mewn pythefnos Na fydda, bydda i'n mynd gyda fy ffrind
gorau a dau ffrind arall sy'n gweithio ym Mangor Dyn ni'n mynd
am benwythnos. Byddwn ni'n gadael o Gaergybi nos Wener ac
yn dod yn ôl i Gymru fore dydd Llun Byddwn ni'n aros mewn
hostel tu allan i Ddulyn Ydw, alla i ddim aros am ddydd Gwener.
Deialog 2 1 Two **2** Yes **3** £19.00. **Exercise 2 1** ... arhosa i yn y tŷ
trwy'r dydd **2** ... fydd Tom a Matthew ddim yn mynd **3** ... gwelch
chi swyddfa'r post enwog **4** ... cysgan nhw'n sownd **5** ... bydda
i'n rhugl cyn hir **6** ... dewch am goffi **7** ... bydda i'n mynd i lan y
môr. **Exercise 3 1** False, she is coming on business **2** False, she is
leaving after breakfast **3** True **4** False. **Exercise 4 1** c **2** a **3** b **4** b
5 c **6** a. **Exercise 5** Annwyl Syr/Fadam Diolch am y manylion am
eich <u>gwely a brecwast</u> a ddaeth <u>bore ddoe</u>. Hoffwn i i chi gadw
<u>un ystafell deulu ar gyfer fy ngwraig, fi a'n dwy ferch.</u> Byddwn
ni'n aros <u>pum diwrnod, o 3 Medi – 8 Medi.</u> Hoffwn i i chi drefnu
<u>gwely a brecwast a phryd gyda'r nos.</u> Amgaeaf flaendal o <u>hanner
can punt.</u> Yn gywir. **Deialog 3 1** If the weather is fine he is going
to the party on the beach with Matthew **2** In Ceri's car **3** Yes.
Deialog 4 1 Yes **2** Ask Ceri for a lift **3** Tom's car will be repaired

by the weekend. **Deialog 5 1** To use 'ti' with each other **2** They have asked each other so many questions in class **3** Having a little drink to celebrate **Test yourself 1** Allwn ni fynd? **2** Phrynwn ni ddim tocyn **3** Fyddan nhw'n mynd am benwythnos? **4** Dyn ni'n chwilio am ystafell ddwbl **5** Erbyn pryd bydd rhaid i fi adael yr ystafell **6** Hoffwn i gael manylion am eich gwesty **7** Yn gywir **8** Byddwn ni'n mynd yr wythnos olaf ym mis Ionawr **9** Faint yw'r blaendal? **10** Os bydd hi'n bwrw glaw, dere i fy nhŷ am goffi

Unit 15

Deialog 1 1 It is the biggest in Europe **2** She has been doing lots of work on them with the class **3** No, she asks for an information pack. **Exercise 1 1** amdano **2** amdana **3** amdanoch **4** amdanon **5** amdanyn **6** amdanat **7** amdanon. **Exercise 2** Ydw, dw i wedi ysgrifennu atyn nhw i gyd Ydw, a dw i wedi anfon y llythyr at Mrs Roberts Dw i'n gwybod, mae hi'n poeni amdano fe Mae ei llythyrau eraill yn y cwpwrdd. Af i i chwilio amdanyn nhw yfory. **Exercise 3 1** ynddo fe **2** rhagddyn nhw **3** ato fe **4** ynddi hi **5** atyn nhw **6** wrthyn nhw **7** ynddi hi **8** amdano fe. **Deialog 2 1** She thinks they look interesting **2** This weekend **3** He went with Cymdeithas Edward Llwyd before the Gardens opened properly. He wants to see what has been done there during last year. **Exercise 4 1** Yes, she went on Tuesday **2** No, she forgot **3** Her aunty Sali; she intends to write tomorrow night after the class **4** In the morning. **Exercise 5 1** Na wnân, ân nhw ddydd Mawrth **2** Naddo, buodd e yn y gerddi llynedd **3** Na wnân, ân nhw ar ôl gorffen yn y labordy iaith **4** Na chân, byddan nhw yn ôl erbyn swper **5** Na fydd, bydd hi'n ffonio'r gerddi cyn cinio yfory. **Deialog 3 1** He has flu **2** Yes **3** The role different plants play in looking after our planet **4** Yes, she would love it. **Exercise 6 1** Ddaeth neb i eistedd ar ei phwys hi **2** Fydd e'n barod ar eu cyfer nhw? **3** Roedden nhw'n sefyll ar ein pwys ni **4** Gwnaeth e bopeth ar dy gyfer di **5** Pan gyrhaeddon ni, doedd dim byd ar ein cyfer ni. **Exercise 7 1** Naddo, phrynais i ddim dillad ar ei chyfer hi **2** Oedd, roedd e wedi cyrraedd o'u blaen nhw **3** Do, gwnaeth e bopeth er ei mwyn hi **4** Nac ydy, dyw e ddim yn byw ar ei phwys hi **5** Na fydd, fydd dim lle ar fy nghyfer i **6** Oedd, roedd hi'n rhedeg ar ei ôl e. **Exercise 8** Mae ei thŷ newydd ar bwys llyn mawr. Mae ceffylau 'da hi ac mae digon o gaeau o gwmpas y tŷ ar eu cyfer nhw. Mae hi wedi gwerthu ei char ac wedi prynu Porsche yn ei le. Mae hi'n dweud nad yw'n gwybod beth sydd o'i blaen hi, felly mae hi'n mynd i wario ei harian nawr. **Exercise 9 1** For a fortnight **2** September **3** Prices will be cheaper after the children go back to school **4** Paris **5** Go on a trip down the River Seine, drink lovely coffee, see museums, go to clubs **6** Yes **7** Her brother Michael **8** Y ddinas fwyaf rhamantus yn y byd (the most romantic city in the world) **Test yourself 1** Wnân nhw swper? **2** Down ni gyda'n gilydd **3** Dof/na ddof **4** Dw i wedi bod yn meddwl amdani **5** Mae pawb yn edrych ymlaen at weld yr arddangosfa **6** Roedd hi'n anodd ymddiried ynddon ni **7** Roedd hi'n eistedd ar fy mhwys i **8** Rhedwch ar eu hôl nhw **9** Pwy sy'n eistedd o'n blaen ni? **10** Chwiliais i o fy nghwmpas i

Unit 16

Deialog 1 1 She wants to forget all the things she has to do in her new flat **2** Jayne **3** He has the car. **Exercise 1** peint o chwerw wisgi mawr peint o seidr sych glasaid o sieri peint o lager di-alcohol. **Exercise 2 1** Coctêl melon a grawnwin **2** Cawl **3** Coctêl corgimwch **4** Sudd o'ch dewis. **Deialog 2 1** He doesn't want a big first course because he doesn't want to be too full to eat the main course. He has already had juice **2** The melon and grapefruit **3** White. **Exercise 3** Dw i'n credu y caf i'r sudd oren. Caf i'r coctêl melon a grawnwin. Ydyn, allwn ni gael y madarch mewn garlleg a choctêl melon a grawnwin. Allwn ni gael dau wydraid o ddŵr ac allwn ni weld y rhestr win os gwelwch yn dda? **Deialog 3 1** The details of the jobs **2** No **3** Extremely tasty and the garlic was not too strong. **Exercise 4** glanhea i fy esgidiau pryna i siwt golcha i grys edrycha i ar y manylion eto cyrhaedda i'n gynnar paratoa i atebion golcha i fy ngwallt. **Exercise 5 1** wedi eu coginio **2** eog wedi ei gochi **3** wedi ei lanw â saws garlleg **4** tomato wedi ei grilio **5** a'i orchuddio mewn briwsion bara **6** wedi eu mwydo mewn mintys. **Deialog 4 1** Dych chi'n barod i archebu? **2** There is so much choice **3** He does not want onions because he doesn't like them. **Deialog 5 1** Roast potatoes **2** Cheese and tomato omelette **3** No. **Exercise 6** Beth hoffech chi i'w yfed? – Dim ond sudd, os

gwelwch yn dda Pa bwdinau sy 'da chi? – Dof i â'r fwydlen i
chi Gaf i gorgimychiaid i ddechrau? – Does dim corgimychiaid
ar ôl, hoffech chi fadarch yn eu lle? Beth hoffech chi am y brif
saig? – Pastai gig eidion ac aren dw i'n meddwl Pa lysiau hoffech
chi? – Moron a phanas os gwelwch yn dda. **Exercise 7** Matthew –
Cacen Gaws Jayne – Enfys yr Hafod Elen – Blas yr Haul Tom –
Paflofa. **Deialog 6 1** She has eaten so much **2** That there was
not more choice for vegetarians **3** Go to buy the book first thing
in the morning. **Exercise 8 1** Go to a chip shop and eat in the
car **2** A small café **3** In the next street **4** Coffee **5** No, Bleddyn
has chicken and Megan has a cheese and onion sandwich.
She had wanted soup but the café didn't have any **6** Bleddyn
7 £7.50 **8** No. **Deialog 7 1** Michael Bird **2** Two days **3** He has
no phone **4** When the book comes into the shop **5** One penny.
Exercise 9 Prynhawn da, alla i'ch helpu chi? Daliwch y lein am
funud, os gwelwch yn dda. Rhoa i chi drwyddo. Mae ei lein yn
brysur ar hyn o bryd, dych chi eisiau aros? Dych chi eisiau gadael
neges iddo fe? **Test yourself 1** Gawn ni lasaid o win coch? **2** Dw
i wedi penderfynu cael caws Cymreig **3** Pa lysiau sy'n dod gyda'r
cig mochyn **4** Gaf i fadarch mewn garlleg i ddechrau? **5** Roedd yr
eog yn dyner iawn **6** Roedd blas gwael arnyn nhw **7** Bydd hi yma
mewn dau ddiwrnod **8** Ffoniff hi ni pan gyrhaeddith e **9** Allwch
chi fy rhoi i drwyddo i Mr Williams **10** Gaf i gymryd neges?

Unit 17

Deialog 1 1 Yellow **2** No **3** No **4** No. **Exercise 1 1** False **2** True
3 True **4** False. **Deialog 2 1** Two **2** Boxes **3** It is very warm.
Exercise 2 1 f **2** c **3** b **4** e **5** c **6** b **7** b. **1** True **2** True **3** True **4** False
5 False. **Exercise 3 1** Cardiff **2** The museum **3** Over 100 years
4 The third **5** Four **6** No **7** No, it is too small, can be noisy at
night and the electric central heating is expensive **8** In a detached
house with his parents in North Wales. **Deialog 3 1** At least three
2 £80,000 **3** Yes, a large one. **Exercise 5** Sawl ystafell wely sydd yn
y tŷ/faint o ystafelloedd gwely sydd yn y tŷ? Oes gwres canolog yn
y tŷ? Oes ffenestri dwbl yn y tŷ? Oes gardd a garej? Oes rhywun
yn byw yno? Hoffwn, hoffwn i weld y tŷ yfory. Bydda i'n rhydd

drwy'r dydd **Test yourself 1** Mae fy fflat ar lan y môr **2** Ydy'r
tŷ mewn ardal wledig? **3** Mae tair ystafell wely 'da'r tŷ **4** Maen
nhw'n byw mewn ardal ddinesig **5** Pa fath o dref yw Llandudno?
6 Mae Wrecsam yn dref brifysgol **7** Roedden ni'n byw mewn ardal
fynyddig **8** Oes gwres canolog yn y tŷ? **9** Does dim garej 'da'r tŷ
10 Mae eisiau llawer o waith ar y tŷ

Unit 18

Deialog 1 1 Yes, at least two horses **2** Invest a little and give a
little to Haf and perhaps buy a house in Wales **3** No, he has never
bought one. **Exercise 1 a** … tasai hi'n oer iawn **b** … taset ti'n
ymarfer bob wythnos **c** … tasech ch'n gwybod y gwir **d** … tasai
peswch arna i **e** … taset ti'n gwybod faint o galorïau oedd yn y
pwdin **f** … tasen nhw'n gwybod y ffordd **g** … tasai fe'n ennill
llawer o arian **h** … tasai rhywun yn ysmygu. **Exercise 2** John:
elusen, buddsoddi (ei roi yn y banc) Pat: teithio, buddsoddi (yn
Swyddfa'r Post), gwario Lee: elusen. **Exercise 3 a** Tasai fe'n
mynd i Gaerffili, byddai fe'n gweld y castell **b** Tasai hi'n ymweld
â Thyddewi, byddai hi'n gweld yr Eglwys Gadeiriol **c** Taswn i'n
mynd i Gaerdydd, byddwn i'n gweld Stadiwm y Mileniwm **d** Tasen
nhw'n ymweld â Phatagonia, bydden nhw'n gweld siaradwyr
Cymraeg **e** Taset ti'n mynd i ogledd Cymru, byddet ti'n gweld
mynyddoedd mawr **f** Tasen ni'n ymweld â Llundain, bydden
ni'n gweld Palas Buckingham. **Deialog 2 1** He is afraid of flying
2 Tom could go in the car **3** Glenys has invited their neighbours
round for supper **4** One or two books for a friend on the course.
Exercise 4 1 … hoffai fe wneud y gwaith **2** … gallen ni gael amser
da **3** … hoffai hi ddod nos yfory **4** … gallen nhw aros y nos
5 … gallet ti fynd i'r Eisteddfod. **Exercise 5 1** Mae hi'n gofyn iddi
hi aros gyda hi ar y cwrs **2** Hoffai hi i Sandy ddod ddiwedd mis
Awst **3 a** Gallen nhw siopa **b** Gallen nhw dorheulo **4** Nac ydy,
dyw hi erioed wedi bod yn Sain Ffagan **5** Byddai, byddai hi'n colli
un neu ddau ddiwrnod. **Deialog 3 1** £30.00 **2** That Tom reads a
book for Welsh learners; there is a lot of choice **3** A science fiction
novel for beginners **Test yourself 1** Dyn ni'n gwybod beth bydden
ni'n ei wneud gyda miliwn o bunnau **2** Byddai fe'n mynd tasai fe'n

gwybod y cyfeiriad **3** Faset ti'n mynd at y meddyg tasai annwyd arnat ti? **4** Fyddech chi mor garedig ag agor y ffenest? **5** Hoffwn i fynd i Ganada ond mae ofn hedfan arnaf i **6** Hoffen/na hoffen **7** Dylai fo ofyn iddi hi **8** Dylai/na ddylai? **9** Dylen ni fod wedi darllen mwy o lyfrau amdano cyn penderfynu **10** Dylai'r plant ddarllen mwy o lyfrau Cymraeg

Unit 19

Deialog 1 1 I Gaerdydd **2** Bob pum deg munud o hanner awr wedi saith ymlaen **3** Mae hi'n rhy gynnar **4** Cerdyn Switch **5** Ydy **6** Na fydd. **Exercise 1 1** c **2** d **3** f **4** a **5** e **6** b. **Deialog 2 1** By 7.30 **2** 6.05 **3** Almost 7.00 **4** To tell him that they will be late. **Deialog 3 1** Machynlleth **2** No **3** Three **4** Half past five. **Exercise 2 1** 10:34 to Whitland (Hendygwyn) **2 a** 10:38 Manceinion **b** Aberdaugleddau **c** 11:34 Portsmouth **d** 10:00 Hendygwyn (but the passenger was late and will have to catch the 10:34) **e** 10:55 Doc Penfro **f** 10:38 Manceinion. **Exercise 3 1** Paddington Station **2** Platform 3 **3** Swansea (Abertawe) **4** No **5** Those going to Cardiff. **Deialog 4 1** 20 minutes **2** For a meeting **3** 11.00 **4** Within 5 minutes. **Deialog 5 1** Over half an hour **2** Two years **3** He injured his back **4** The pub was sold to a big brewery that brought its own staff in **5** He likes meeting people and socializing and organizing events **6** Around the pub. **Exercise 4 1** Secretary of a brewery **2** 4 December **3** Energetic and enthusiastic teachers who can work by themselves and as members of a team **4** Yes, applicants must have taught Welsh as a second language for at least two years **5** By contacting Llyfrau Menai, Llanddaron, Ynys Môn **6** Three **7** Contribute to the social and cultural life **8** Cardiff **Test yourself 1** Allwch chi ddweud wrtha i pryd mae'r trên nesaf i Riwabon? **2** Mae trên bob pedwar deg munud **3** Cyrhaeddais i am ugain munud wedi un **4** Am faint o'r gloch mae'r trên yn gadael yr orsaf **5** Aeth hi rhwng un ar ddeg a deuddeg o'r gloch **6** Rhaid bod eich cloc ar ôl **7** Dw i wedi bod yn teithio ers pum munud ar hugain wedi wyth y bore 'ma **8** Roedd y trên yn hwyr iawn yn gadael y platfform **9** Gawson nhw daith bleserus i Gaerdydd? **10** Mae hi bron yn ddeg munud i chwech

Unit 20

Deialog 1 1 No, he doesn't think he has done as well as he could **2** That he has another two interviews **3** Yes. **Exercise 1** Gwelodd Elen **Titanic** dros y penwythnos. Roedd hi'n meddwl ei bod hi'n rhamantus iawn. Gwelodd Matthew a Marc *The Bird Cage* dros y penwythnos. Roedden nhw'n meddwl ei bod hi'n ddoniol iawn. Gwelodd Jayne *Star Wars* dros y penwythnos. Roedd hi'n meddwl ei bod hi'n blentynnaidd iawn. **Exercise 2 1** Dw i'n credu y byddi di'n rhugl cyn hir/Dw i'n credu y byddwch chi'n rhugl cyn hir **2** Dwedodd e ei fod e wedi dysgu Ffrangeg mewn dosbarth nos **3** Dw i'n clywed eich bod chi'n gobeithio symud i ardal arall/Dw i'n clywed dy fod di'n gobeithio symud i ardal arall **4** Dych chi'n credu y dylai hi ymddeol?/Wyt ti'n credu y dylai hi ymddeol? **5** Roedden ni'n meddwl bod ei phlant yn yr ysgol feithrin **6** Pwy ddwedodd fod ein car wedi torri i lawr? **7** Dwedais i y dylen nhw fynd i weld yr optegydd **8** Maen nhw'n meddwl y bydd hi'n heulog yfory **9** Ydy e'n meddwl y bydd e'n cyrraedd cyn ugain munud i wyth? **10** Dwedon nhw y byddai'n well 'da nhw aros mewn gwesty yn y wlad. **Deialog 2 1** No **2** No **3** Yes. **Exercise 3 1** Maen nhw'n mynd ar ddeiet achos eu bod nhw wedi bwyta gormod dros y Nadolig **2** Dw i'n cerdded adref achos fy mod i wedi colli'r bws **3** Mae'r dosbarth yn hapus achos bod y cwrs yn dod i ben yfory **4** Mae hi'n gwisgo cot fawr achos ei bod hi'n rhewi tu allan **5** Dyn ni'n mynd ar long drwy'r amser achos nad ydyn ni'n [bod ni ddim yn] hoffi hedfan **6** Mae John yn crynu achos bod ofn arno fe. **Exercise 4** Er ei bod hi'n bwrw glaw dyn nhw ddim yn gwisgo cot Er fy mod i'n hoffi rygbi es i ddim i weld y gêm Er bod cefn tost 'da fe aiff **e** ddim at y meddyg Er bod cyfweliad 'da hi yfory dyw hi ddim wedi paratoi'n dda Er ein bod ni'n hoffi parasiwtio fydden ni byth yn gwneud naid bynji Er dy fod di'n gwybod ei bod hi'n beryglus rwyt ti'n dal i ysmygu Er eu bod nhw'n chwarae sboncen dyn nhw ddim yn heini iawn. **Deialog 3 1** In the spring **2** He thinks that it is time to move on **3** His part in the film **A Welshman in Washington Test yourself 1** Wyt ti'n credu y cei di'r swydd? **2** Dyn ni ddim yn meddwl y clywan nhw cyn prynhawn dydd Gwener

3 Dw i'n meddwl ei bod hi'n hoffi codi arian at achosion da
4 Pwy oedd yn eistedd rhyngddon ni? **5** Gan ei bod yn bwrw
glaw dw i'n mynd yn y car **6** Dw i'n dysgu Cymraeg achos fy
mod i'n byw yng Nghymru **7** Wyt ti'n meddwl yr ei di yn ôl i
ddysgu Almaeneg? **8** Gobeithio nad ydynt yn rhy hwyr **9** Efallai
fy mod i'n poeni gormod **10** Gan ei bod yn rhewi tu allan mae
hi'n gwisgo cot

Unit 21

Deialog 1 1 Glenys's **2** The map **3** Going to look for the nearest
petrol station. **Exercise 1 1** Ynghanol y dref mae hi'n byw
2 Nhw ddylai fynd yn syth **3** Ffraeo roedden nhw **4** Chi fyddai'n
dweud wrth y plant? **5** William sy wedi ennill y loteri **6** Fi nad
oedd yn gallu canu **7** Wedi blino maen nhw **8** Yng ngogledd
Cymru cawson nhw eu geni **9** Fe gafodd ei eni yn y de **10** Yn y
bar byddan nhw **11** Papur brynais i **12** Hi sy'n byw gyferbyn â'r
parc. **Deialog 2 1** 12.45 **2** Yes **3** The clock in the Castle must be
slow. **Exercise 2 a** Hoffwn i fod wedi gweld hynny **b** Gallet ti fod
wedi dweud wrtha i ynghynt **c** Gallwn i fod wedi dweud hynny
wrthot ti **d** Hoffwn i fod wedi mynd gyda ti **e** Dylai hi fod wedi
gwneud hynny flynyddoedd yn ôl **f** Ddylai fe ddim bod wedi
dwyn yr arian **g** Dylet ti fod wedi cloi'r ffenest. **Exercise 3** Aled
left the taps on in the bathroom, Elinor forgot to close the freezer
door, Lyn broke the living room window and Rhodri burnt the
dinner. **1** In a complete mess (**llanast llwyr**) and in chaos (**traed
moch**) **2** Aled **3** Repair the living room window **4** Yes. **Exercise 4**
1 Dylet ti fod wedi bod yn fwy gofalus **2** Doedden ni'n gwybod
dim byd amdano fe **3** Hi dorrodd y ffenest on'd ife? **4** Dylech
chi fod wedi meddwl am hynny cyn nawr **5** Nhw sydd ar fai
6 Nid arnon ni roedd y bai **7** Hoffwn i fod wedi gweld ei hwyneb
hi **8** Fe wnaeth hyn? **Exercise 5 1** erioed **2** erioed **3** byth **4** byth
5 erioed **6** byth **7** byth **8** byth **9** byth **10** erioed **11** byth. **Deialog 3**
1 Matthew has heard that he has got the job in the College of
Further Education **2** Os mai dyna beth rwyt ti ei eisiau ei wneud
3 Starting teaching. **Exercise 6 1** mai **2** mai **3** fod **4** mai **5** fod
6 bod **7** mai **8** bod **9** bod **10** mai. **Deialog 4 1** In his bag **2** No
3 Written in the dictionary. **Exercise 7 2** Pwy sy biau'r arian 'na?

Y plant sy biau fe **3** Pwy sy biau'r ffrog 'na? Gwraig Mr Evans sy biau hi **4** Pwy sy biau'r allweddi 'na? Steffan sy biau nhw **5** Pwy sy biau'r llyfr 'na? Jayne sy biau fe **6** Pwy sy biau'r tabledi 'na? Y meddyg sy biau nhw **7** Pwy sy biau'r fwydlen 'na? Y gweinydd sy biau hi **8** Pwy sy biau'r car mawr? Perchennog y gwesty sy biau fe. **Deialog 5 1** Starting work in the North **2** Stay with her and Haf if they ever go to America **3** She doesn't know, but she hopes to **4** Hoffwn i gynnig llwncdestun i Elen. **Exercise 8 1** ... dw i'n cael cinio **2** ... gwelon nhw lawer o bethau diddorol **3** ... er mwyn iddo fe weld yn well **4** ... er mwyn i fi gael paned o de **5** ... rhag ofn i chi anghofio **6** ... cyn i'r ambiwlans gyrraedd **7** ... roedd y bws wedi mynd **8** ... nes i ti dalu'r bil **9** ... nes i ti drafod y peth gyda dy rieni. **Exercise 9 1** Ar ôl iddo fe ateb y llythyr **2** Nes i ni ddatgelu'r gyfrinach **3** Cyn iddyn nhw groesi'r heol **4** Rhag ofn iddi hi gael ei boddi **5** Ar ôl i'r gwaith ddod i ben **6** Wrth iddo fe redeg i ffwrdd **7** Cyn iddo fe ohirio'r prawf **8** Ers iddo fe gwrdd â'r prifathro **9** Rhag ofn i fi gael dolur **10** Ar ôl iddo fe benderfynu **Test yourself 1** Nhw oedd eisiau dod **2** Bore dydd Llun mae pawb yn dod **3** Ti sy'n datgelu cyfrinachau **4** Fe ddylai gwyno wrth y rheolwr **5** Chi brynodd y bwyd? Ie **6** Hi aeth i'r parti neithiwr **7** Arnon ni mae'r bai **8** Roeddwn i'n meddwl mai ddydd Gwener oedd hi **9** Ffraeo roedden ni **10** Chi benderfynodd? Nage

Progress test 1

1 Beth yw'ch enw chi? Beth yw'ch cyfeiriad chi? Beth yw'ch rhif ffôn chi? Ble dych chi'n gweithio nawr? Dych chi'n gweithio llawn amser? Pa mor dda dych chi'n siarad Cymraeg? Dych chi'n gallu siarad iaith arall? **2 1** Ydy **2** Oes **3** Ydy **4** Nos Sadwrn **5** Gwylio'r teledu **6** Ydy **7** Bore dydd Mawrth. **3** Oes, mae tri o blant 'da fi Adam, Nia a Mabon Mae Adam yn ddeg, Nia'n chwech ac mae Mabon yn dair blwydd oed Ydyn, mae Adam a Nia'n mynd i'r Ysgol Gynradd. Mae Mabon yn mynd i'r Ysgol Feithrin

Progress test 2

1 1 Mae rhaid i chi ymarfer bob dydd **2** Mae rhaid iddo fe fynd at y barbwr **3** Mae rhaid i chi weld yr eglwys gadeiriol **4** Mae rhaid iddi

hi fynd i'r canolfan gwaith **5** Mae rhaid i chi fynd i siopa **6** Mae
rhaid iddyn nhw fwyta hufen iâ **7** Mae rhaid i chi newid y sianel
8 Mae rhaid i ti wneud mwy o ymarfer **9** Mae rhaid iddo fe
ysmygu llai. **2 1** Ddeallais i mo'r cwestiwn **2** Chlywais i mo'r
gloch **3** Ddeallodd hi mohono fe **4** Chymerodd e mo'r moddion
5 Fwyton nhw mo'u cinio **6** Phasiais i mo'r prawf **7** Thalon
ni mo'r bil. **3** Dwedodd y doctor wrthon ni am beidio ag aros
yn y gwely   Dwedodd y doctor wrtho fe am gymryd moddion
dair gwaith y dydd   Dwedodd y doctor wrthoch chi am wneud
mwy o ymarfer corff   Dwedodd y doctor wrtha i am fwyta
mwy o ffrwythau a llysiau   Dwedodd y doctor wrthyn nhw
am yfed llai o goffi   Dwedodd y doctor wrthot ti am beidio
ag ysmygu   Dwedodd y doctor wrthi hi am fynd i'r gwely
ynghynt   Dwedodd y doctor wrtha i am yfed dŵr

Progress test 3

1 Diolch am eich llythyr   atoch chi   mewn caffi   mae
hiraeth arna i   pan af i adref   es i ar y bws   Daeth dyn o
Aberaeron   Prynais i lawer o anrhegion yn Aberaeron i bawb
gartref   bydd rhaid i fi eu postio nhw   Does dim llawer o arian
'da fi ar ôl nawr!   Wnes i mo fy ngwaith cartref gwnaf i fwy o
waith yfory, bydd hi'n hapusach wedyn. **2 1** Trefnir taith
2 Ynys Môn **3** No **4** Y chweched o fis Awst – yr wythfed o fis
Awst. **3 1** Mae e'n meddwl eu bod nhw'n wych **2** Maen nhw'n
meddwl eu bod nhw'n greulon **3** Mae hi'n meddwl ei fod e'n
afiach **4** Mae hi'n meddwl ein bod ni'n llygad ein lle **5** Maen nhw'n
meddwl ei bod hi'n gydwybodol **6** Maen nhw'n meddwl dy fod
di'n ddewr

Progress test 4

1 1 Dylet ti fod wedi ei glymu e yn yr ardd **2** Dylai hi fynd ar gwrs
3 Dylen nhw fynd adref **4** Dylech chi ei rhybuddio hi rhagddyn
nhw **5** Dylech chi yfed diod ddi-alcohol **6** Dylen nhw baratoi'n
ofalus ymlaen llaw **7** Dylet ti fod wedi cael cig eidion **8** Dylet ti
eu rhoi nhw i gadw. **2** Roedd fy eog yn blasu'n ofnadwy, doedd e
ddim yn ffres ac roedd gormod o saws drosto fe. Arnat ti mae'r bai

Matthew, ti oedd eisiau dod i'r lle 'ma. Roedd y llysiau'n rhy feddal hefyd. Dw i ddim yn credu bod hynny'n deg. Ti a Matthew yfodd y gwin, cafodd Elen lasaid a ches i ddim o gwbl. Dw i'n credu mai ti a Matthew ddylai dalu am y gwin. Syniad da. Dw i'n credu bod hynny'n deg, dw i byth yn dod yma eto

Glossary of grammatical terms

adjectives Adjectives give more information about nouns, e.g. a *naughty* dog, **ci *drwg***; the *interesting* book, **y llyfr *diddorol***; that house is *old*, **mae'r ty 'na'n *hen***.

adverbs Adverbs provide additional information about how, where or when an action takes place. In English they often, but not always, end in *-ly*, e.g. he drove home *slowly*, **gyrrodd adref *yn araf***; they arrive *tomorrow*, **maen nhw'n cyrraedd *yfory***.

clause A unit of speech which is less than a sentence, but usually contains at least a subject and a verb.

comparative When we make comparisons we use the comparative form of the adjective. In English this generally means adding *-er* to the adjective or putting *more* in front of it: this dress is *longer* than the other one. In Welsh, the comparative form is formed by adding *-ach* to the adjective or putting *mwy* in front of it, if it is longer than two syllables. **Mae hi'n oer*ach* heddiw**, It's cold*er* today. A few common adjectives in Welsh such as *good*, **da** and *bad*, **drwg** have irregular comparative forms.

conjugation This term is used to describe the changing formation of a verb according to person, number, tense etc.

conjunctions Conjunctions are words joining two clauses in a sentence e.g. **ond**, *but*; **achos**, *because*; **a**, *and*.

definite article The words in Welsh corresponding to *the* in English, namely **y** (preceding a consonant), **yr** (following a vowel) and **'r** after a vowel. English also has an indefinite article, *a/an*, which has no equivalent in Welsh.

gender In English, gender is usually linked to male and female persons or animals, so, for example, we refer to a man as *he* and to a woman as *she*. Objects and beings of an indeterminate sex are referred to as having *neuter* gender. So, for example, we refer to a chair as *it*. In Welsh, nouns referring to females are feminine and those referring to males are masculine. But all nouns in Welsh are either masculine or feminine and this has nothing to do with sex. **Ffenest**, *window*, and **cadair**, *chair*, are feminine, while **drws**, *door*, and **cwpwrdd**, *cupboard*, are masculine.

imperative The imperative is the form of the verb used to give directions, instructions, orders or commands: *Turn* left at the bottom of the street, ***Trowch* i'r chwith ar waelod y stryd**; *Go* and tell him at once. ***Ewch* a dweud wrtho fe ar unwaith**.

impersonal forms -ir (*present/future*) and **-wyd** (*past*) are formal forms which convey the general action of the verbs to which they are added, without specifying who or what is doing the action, e.g. **cynhel*ir* cyfarfod nos yfory**, *a meeting will be held tomorrow night*; **siarad*wyd* Cymraeg yn y dosbarth**, *Welsh was spoken in the classroom*.

irregular verbs Welsh, like other European languages, has verbs which do not behave according to a set pattern. These are known as irregular verbs.

mutation A change in the initial consonant of a word under particular circumstances, for example, **c>g** after the preposition **o**. **Dw i'n dod o Gymru**, *I come from Wales*.

nouns Nouns are words that refer to a person, a place or an object. Definite nouns refer to a specific thing or person as opposed to a general one, e.g. *the girl*, **y ferch**, *the family*, **y teulu**, *Prince Charles*, **Tywysog Siarl**. An indefinite noun is a noun used in a general sense, which doesn't refer to any individual or specific thing.

number The term is used to indicate whether something is *singular* or *plural*. See **singular**.

object The object in a sentence is the thing or person that is at the 'receiving end' of the action of a verb. For example, in the sentence, the baby drank *milk*, **yfodd y babi** *laeth*, **llaeth** is the direct object of the short form verb **yfed**. The direct object of a short-form verb takes the soft mutation, in this case ll > l.

passive A sentence construction in which the subject is the receiver and not the doer of the action: *She was elected* to the council. **Cafodd hi ei hethol** i'r cyngor.

person A means of identifying the relationship of something to the speaker. The first person is the speaker: *I*, **fi**, *we*, **ni**, the second person is the one spoken to, *you*, **ti**, **chi**, while the third person is the one spoken about *he*, **fe**, *she*, **hi**, *they*, **nhw**.

personal pronouns As their name suggests, personal pronouns refer to persons, e.g. *I* **fi**, *you* **ti**, *he* **fe**, *she* **hi**, etc. See **pronouns**

plural See **singular**.

preposition A word used to relate a noun or a pronoun to some other part of the sentence, e.g. *of*, *at*. Welsh contains a number of compound prepositions that consist of two elements, e.g. **o gwmpas** (*around*).

pronouns Words like *he*, *they*, *we* are often used to replace a noun that has already been mentioned, e.g. My *mother* (noun) has moved house. *She* (pronoun) is very happy in her new home. **Mae fy** *mam* **wedi symud tŷ. Mae** *hi***'n hapus iawn yn ei thŷ newydd.**

singular The terms singular and plural are used to make the contrast between 'one' and 'more than one', e.g. *dog/dogs* **ci/cŵn**, *child/children*, **plentyn/plant**.

stem The part of a noun, verb etc. to which endings are added.

subject The subject of a sentence is that which does the action of the verb. For example, in the sentence the girl sang a song, **canodd y ferch gân**, *the girl*, *y ferch* is the subject as it is she who is doing the singing.

superlative The term 'superlative' is used here for the most extreme version of a comparison. In English, this generally means adding *-est* to the adjective or putting *most* in front of it. This jacket is the *most* comfortable. In Welsh, the superlative is formed by adding the ending *-af* to the adjective or putting *mwyaf* in front of it if it is longer than two syllables in length. **Dyna'r llyfr *mwyaf* diddorol**, That's the *most* interesting book. A few common adjectives in Welsh such as *good*, **da**, and *bad*, **drwg** have irregular superlative forms.

tense An indication within the form of the verb as to when an action happened in relation to the speaker, e.g. *he sang*, **canodd e** (*past*); *they are* going now, **maen nhw'n mynd nawr** (*present*); we *will call* tomorrow, **galwn ni yfory** (*future*); *I was* thinking of leaving, **roeddwn i'n meddwl am adael** (*imperfect*).

verbs Verbs are action or doing words which usually come first in a Welsh sentence, e.g. *he drank*, **yfodd e**; *we sang*, **canon ni**. Verbs can also denote a physical or mental state, e.g. *I knew*, **roeddwn i'n gwybod**. Words which describe actions, but do not tell you who is doing the action or when it occurred are called **verb–nouns** in Welsh, e.g. *to sleep*, **cysgu**, *to live*, **byw**.

Welsh–English vocabulary

Words are listed in alphabetical order following the Welsh alphabet.

a *(AM) and*
a *(SM) whether*
â *(AM) as; with*
Aberdaugleddau *Milford Haven*
ac *and (before vowels)*
achos *(m.)* **-ion** *cause*
achos *because*
achosion llys *court case*
adeg *(f.)* **-au** *period, time*
adeilad *(m.)* **-au** *building*
adloniant *(m.) entertainment*
adnewyddu (adnewydd-)
  to renovate
adref *home(wards)*
addo (addaw-) *to promise*
addysg bellach *further education*
afiach *unhealthy*
aelod *(m.)* **-au** *member*
afal *(m.)* **-au** *apple*
agor (agor-) *to open*
anghofio (anghofi-) *to forget*
anghysbell *remote*
ail *second (2nd)*
Almaeneg *(f.) German*
  (language)
allan *out*
allwedd *(f.)* **-i** *key (South Wales)*
am *(SM) for; about*
am dro *for a spin (in the car);*
  for a walk

am faint? *for how long?*
Americanes *(f.)* **-au** *American*
  woman
amgueddfa *(f.)* **amgueddfeydd**
  museum
amhosib *impossible*
aml *often*
amlwg *obvious*
amser *(m.)* **-oedd** *time*
amyneddgar *patient*
anadlu (anadl-) *to breathe*
anafu (anaf-) *to injure*
anfon (anfon-) *to send*
anffurfiol *informal*
anghywir *wrong, incorrect*
annwyd *(m.)* **-on** *a cold*
annymunol *unpleasant*
anobeithiol *hopeless*
anodd *difficult*
anrheg *(f.)* **-ion** *present*
antur *(f.)* **-iaethau** *adventure*
apelio (apel-) am *(SM) appeal*
  to (to)
apwyntiad *(m.)* **-au** *appointment*
ar *(SM) on*
ar amser *on time*
ar ben *at the top of, on top of*
arddangosfa *(f.)*
  arddangosfeydd *exhibition*
ar gael *available*

ar gau closed
ar goll lost
ar gornel on the corner of
ar gyfer for
ar hyd along
ar hyn o bryd at the moment
ar ôl after; left, remaining
ar ran on behalf of
arall other, else, another
araf slow
arbennig special, particular
archebu (archeb-) to order
archfarchnad (f.) -oedd
  supermarket
ardal (f.) -oedd area
aren (f.) -nau kidney
arfer (m.) -ion custom, habit
arfordir (m.) -oedd coast
ar gyrion on the outskirts of
arholiad (m.) -au exam
arian (m.) money
aros (arhos-) to stay, to wait
arswyd (m.) horror
arwydd (m.) -ion sign
ateb (ateb-) to answer
athro (m.), athrawes (f.) teacher
awgrymu (awgrym-) to suggest
awr (f.) oriau hour
awyddus anxious, eager
awyren (f.) -nau aeroplane
awyrgylch (m.) atmosphere

babi (m.) baby
bach small
bachgen (m.) bechgyn boy
bae (m.) -au bay
bai (m.) blame
balch glad, proud

banc (m.) -iau bank
bara (m.) bread
barbeciw (m.) barbecue
barf (f.) -au beard
beic (m.) -iau bike
bendigedig brilliant, splendid
berwi (berw-) to boil
bedd (f.) -au grave
beth? what?
beth bynnag anyway
bisgeden (f.) bisgedi biscuit
blaendal (m.) -iadau deposit
blas (m.) taste, flavour
blasus tasty
ble? where?
blinedig tired
blino ar (SM) to tire of
blodfresychen (f.) blodfresych
  cauliflower
blwyddyn (f.) blynyddoedd year
bob dydd every day
bod to be
boddi (bodd-) to drown
bol (m.) -iau stomach
bore (m.) -au morning
bore trannoeth the next morning
braf nice, fine
bragdy (m.) bragdai brewery
braich (f.) breichiau arm
braidd rather
brawd (m.) brodyr brother
brechdan (f.) -au sandwich
bresych cabbage
brenin (m.) brenhinoedd king
brifo (brif-) to injure
brithio (brithi-) to go grey
bro (f.) -ydd area
brown brown

brwnt *dirty*
bryn *(m.)* **-iau** *hill*
buddsoddi (buddsodd-) *to invest*
buan *quick*
busnes *(m.)* **-au** *business*
buwch *(f.)* **buchod** *cow*
bwrw cesair *to hail*
bwrw eira *to snow*
bwrw glaw *to rain*
bwthyn *(m.)* **bythynnod** *cottage*
bwyd *(m.)*-**ydd** *food*
bwydlen *(f.)* **-ni** *menu*
bwydo (bwyd-) *to feed*
bwyta (bwyt-) *to eat*
bwyty *(m.)* **bwytai** *restaurant*
bỳg *(m.)* **bygiau** **bug**
byr *short*
bys *(m.)* **-edd** *finger*
byth *never*
byw *to live; live*
bywyd *(m.)* **-au** *life*

cacen *(f.)* **-nau** *cake*
cadw ystafell *to reserve a room*
cadw sŵn *to make a noise*
cadw'n heini *to keep fit*
cael *to get, to have; to be allowed*
cael cip *to have a quick look*
cael dolur *to be hurt*
cael gwaith *to have difficulty*
cael hyd i *(SM) to find*
Caerdydd *Cardiff*
Caerfyrddin *Carmarthen*
caffi *(m.)* **-s** *café*
cais *(m.)* **ceisiadau** *application*
caled *hard*
calon *(f.)* **-nau** *heart*

call *sensible*
cân *(f.)* **caneuon** *song*
canolbwyntio (canolbwynti-) *to concentrate*
canolog *central*
canolfan *(m.)* **-nau** *centre*
canolfan gwaith *(m.)* *job centre*
canolfan siopa *(f.)* *shopping centre*
canrif *(f.)* **-oedd** *century*
cant *(m.)* **cannoedd** *hundred*
canu (can-) *to sing; to ring; to play (an instrument)*
capel *(m.)* **-i** *chapel*
carafán *(m.)* **-au** *caravan*
carcharu (carchar-) *to imprison*
cariad *(m.)* **-on** *sweetheart; love*
carreg *(f.)* **cerrig** *stones*
cartref *(m.)* **cartrefi** *home*
caru (car-) *to love*
cas *nasty*
casáu *to hate*
casgliad *(m.)* **-au** *collection*
casglu (casgl-) *to collect*
castell *(m.)* **cestyll** *castle*
cath *(f.)* **-od** *cat*
cau (cae-) *to close*
cawl *(m.)* *soup*
cawod *(m.)* **-ydd** *shower*
caws *(m.)* *cheese*
cefnogi (cefnog-) *to support*
ceffyl *(m.)* **-au** *horse*
cegin *(f.)* **-au** *kitchen*
ceiniog *(f.)* **-au** *penny*
ceirios *cherries*
celfi *furniture*
Celtaidd *Celtic*
cenfigennus *jealous*

cerdyn *(m.)* **cardiau** *card*
cerdyn post *(m.)* **cardiau** *post postcard*
cerdded (cerdd-) *to walk*
cerddorol *musical*
ci *(m.)* **cŵn** *dog*
cicio (cici-) *to kick*
cig *(m.)* **-oedd** *meat*
cig eidion *beef*
cig mochyn *ham*
cig oen *lamb*
cigydd *(m.)* **-ion** *butcher*
cilo *(m.)* **-s** *kilo*
cinio *(m.)* **ciniawau** *dinner*
claddu (cladd-) *to bury*
clasurol *classical*
clirio (cliri-) *to clear*
clust *(f.)* **-iau** *ear*
clwb *(m.)* **clybiau** *club*
clywed (clyw-) *to hear*
cneuen *(f.)* **cnau** *nuts*
coch *red*
codi (cod-) *to get up*
coes *(f.)* **-au** *leg*
cof *(m.)* **-ion** *memory*
cofion *regards*
coginio (cogini-) *to cook*
coleg *(m.)* **-au** *college*
colli (coll-) *to lose, to miss*
côr *(m.)* **corau** *choir*
corgimwch *(m.)* **corgimychiaid** *prawn*
cornel *(f.)* **-i** *corner*
costio (costi-) *to cost*
cot *(f.)* **-iau** *coat*
credu *to believe*
creulon *cruel*
criced *(m.)* *cricket*

croesffordd *(f.)* **croesffyrdd** *crossroads*
croesi (croes-) *to cross*
croeso *(m.)* *welcome*
crwn *round*
crwydro (crwydr-) *to wander*
cryf *strong*
crynu (cryn-) *to shake*
crys *(m.)* **-au** *shirt*
cuddio (cuddi-) *to hide*
cwbl *everything*
cwestiwn *(m.)* **cwestiynau** *question*
cwmni *(m.)* **cwmnïau** *company*
cwch *(m.)* **cychod** *boat*
cwm *(m.)* **cymoedd** *valley*
cwningen *(f.)* **cwningod** *rabbit*
cwrdd (â) *to meet (with)*
cwrs *(m.)* **cyrsiau** *course*
cwsg *(m.)* *sleep*
cwsmer *(m.)* **-iaid** *customer*
cwympo (cwymp-) *to fall*
cwyno (cwyn-) *to complain*
cydwybodol *conscientious*
cydymdeimlad *(m.)* **-au** *sympathy*
cyfagos *neighbouring*
cyfan *whole*
cyfarfod *(m.)* **-ydd** *meeting*
cyfeillgar *friendly*
cyfle *(m.)* **-on** *opportunity*
cyfleus *convenient*
cyflog *(m.)* **-au** *wage*
cyflwyno (cyflwyn-) *to introduce; to present*
cyflym *fast*
cyfnod *(m.)* **-au** *period*
cyfreithiwr *(m.)* **cyfreithwyr** *solicitor, lawyer*

cyfres (f.) **-i** series
cyfrifiadur (m.) **-on** computer
cyfrifol am (SM) responsible for
cyfrifoldeb (m.) **-au** responsibility
cyfrinach (f.) **-au** secret
cyfweld (cyfwel-) â to interview
cyffrous exciting
cyfuniad (m.) **-au** combination
cyfweliad (m.) **-au** interview
cyngerdd (m.) **cynpherddau** concert
cyhuddiad (m.) **-au** accusation
cyhuddo (cyhudd -) to accuse
cylchfan (m.) **–nau** roundabout
cylchgrawn (m.) **cylchgronau** magazine
cymaint so much, so many
cymar (m.) partner
cymdeithas (f.) **-au** society
cymdeithasu (cymdeithas-) to socialize
cymhleth complicated
Cymraeg Welsh
Cymraes (f.) **-au** Welsh woman
Cymreig Welsh
Cymro (m.) **Cymry** Welshman
Cymru Wales
cymuned (f.) **-au** community
cymryd (cymer-) to take
cymydog (m.) **cymdogion** neighbour
cymylog cloudy
cyn before
cynilo (cynil-) to save (money)
cynddrwg â (AM) as bad as
cyn before
cyn lleied â as small as, as little as

cynnal (cynhali-) to hold (an event)
cynnig (m.) **cynigion** offer
cynnwys to include
cynnyrch (m.) **cynhyrchion** produce
cynt previous
cyntaf first
cynwysiedig included
cyrliog curly
cyrraedd (cyrhaedd-) to arrive
cystadlu (cystadl-) to compete
cystal â (AM) as good as, as well as
cysylltiad (m.) **-au** contact
cywilydd (m.) shame

chwaer (f.) **chwiorydd** sister
chwaith either
chwarae (chwarae-) to play
chwaraeon sports
chwilio am (SM) to search for
chwith left
chwydu (chwyd-) to vomit
chwythu (chwyth-) to blow

da good
da boch goodbye
daear (f.) **-au** ground, (the) earth
dangos (dangos-) to show
dal to catch
dal i (SM) still
dan (SM) under
darllen (darllen-) to read
darn (m.) **-au** part
datgelu (datgel-) to reveal
dathliad (m.) **-au** celebration
dathlu (dathl-) to celebrate
de (m.) south

de *(f.) right*
deall (deall-) *to understand*
dechrau (dechreu-) *to start,*
  to begin
defnyddio (defnyddi-) *to use*
deilen *(f.)* **dail** *leaf*
delfrydol *ideal*
derbyn (derbyni-) *to accept*
derbynnydd *(m.)* **-ion** *receptionist*
dewis *(m.)* **-iadau** *choice*
dewis *to choose*
di-alcohol *non-alcoholic*
diben *(m.) point, purpose*
dibynnu ar *(SM) to depend on*
diddordeb *(m.)* **-au** *interest*
diddorol *interesting*
diflas *miserable*
difrifol *serious*
diffodd (diffodd-) *to turn off,*
  to extinguish
digon *enough*
digwydd (digwydd-) *to happen*
digwyddiad *(m.)* **-au** *event*
dilyn (dilyn-) *to follow*
dillad *clothes*
dim *no*
dim byd *nothing, anything*
dim ond *only*
dinas *(f.)* **-oedd** *city*
dioddef (dioddef-) *to suffer*
diog *lazy*
diogel *safe*
diolch *thank you*
diolch yn fawr *thank you very*
  much
diolch byth *thank goodness*
diota (diot-) *to drink (alcohol)*
disgwyl (disgwyl-) *to expect*

diswyddo (diswydd-) *to make*
  redundant
di-waith *unemployed*
diwedd *(m.) end*
diweddarach *later*
diwethaf *last*
diwrnod *(m.)* **-au** *day*
dod *to come*
dod i ben *to end, to come to an*
  end
dod yn *to become*
dogfen *(f.)* **-nau** *documentary*
doniol *funny*
dosbarth *(m.)* **-iadau** *class*
dosbarth nos *(m.) evening class*
draig *(f.)* **dreigiau** *dragon*
drama *(f.)* **dramâu** *play*
draw *over (adverb)*
dros *(SM) over (preposition)*
dros ben *extremely*
dros dro *temporary, temporarily*
dros fy nghrogi *over my dead*
  body
dros nos *overnight*
dros y Sul *over the weekend*
drosodd *over*
drud *expensive*
drwg *bad, naughty*
drws *(m.)* **drysau** *door*
drws nesa' i *(SM) next door to*
drych *(m.)* **-au** *mirror*
dryll *(m.)* **-iau** *rifle*
du *black*
Dulyn *Dublin*
dwbl *double*
dweud (dwed-) *to say, to tell*
dwlu ar (dwl-) *(SM) to love,*
  to adore

dŵr *(m.) water*
dwsin *(m.)* **-au** *dozen*
dwyn (dyg-) *to steal*
dwywaith *twice*
dwyrain *(m.) east*
dy *(SM) your*
dychmygu (dychmyg-) *to imagine*
dy hunan *yourself*
dychwelyd (dychwel-) *to return*
dydd *(m.)* **-iau** *day*
Dydd Calan *(m.) New Year's Day*
dyddiad *(m.)* **-au** *date*
dyfodol *(m.) future*
dyled *(f.)* **-ion** *debt*
dyma *(SM) this is, here is*
dymuno (dymun-) *to wish*
dyn *(m.)* **-ion** *man*
dyn tân *(m.)* **dynion tân** *fireman*
dyna *(SM) that is*
dysgu (dysg-) *to learn, to teach*
dysgwr *(m.)* **dysgwyr** *learner*
dyweddïo (dyweddi-) *to get engaged*

echdoe *the day before yesterday*
echnos *the night before last*
edrych (edrych-) *to look*
edrych ar *(SM) to look at*
edrych ar ôl *to look after*
edrych ymlaen at *(SM) to look forward to*
efallai *perhaps*
efeilliaid *twins*
Efrog Newydd *New York*
eglwys *(f.)* **-i** *church*
eglwys gadeiriol *(f.)* **eglwysi cadeiriol** *cathedral*
egnïol *energetic*
ei *(AM) her*

ei *(SM) his*
ei hunan *himself, herself*
eich *your*
eich hunan *yourself*
eich hunain *yourselves*
Eidaleg *Italian (language)*
ein *our*
ein hunain *ourselves*
eirin gwlanog *peaches*
eisiau *to want*
eisiau *(m.)* **bwd** *hunger*
eistedd (eistedd-) *to sit*
eithaf *quite*
enfys *(f.)* **-au** *rainbow*
ennill (enill-) *to win*
enw *(m.)* **-au** *name*
enwog *famous*
erbyn *by*
erbyn hyn *by now*
erbyn hynny *by then*
erchyll *atrocious, terrible*
erioed *never, ever*
er mwyn *in order to*
ers *since, for*
ers tro *for some time*
erw *(f.)* **-au** *acre*
esbonio (esboni-) *to explain*
esgid *(f.)* **-iau** *shoe*
estron *foreign*
estyn (estynn-) *to extend*
eto *again; yet*
ewythr *(m.)* **-edd** *uncle*
eu *their*
eu hunain *themselves*
Ewrop *(f.) Europe*

faint o *(SM)? how much, how many?*
fel *as, like*

fel cath i gythraul *like a bat out of hell*
felly *so, therefore*
festri *(f.)* **festrïoedd** *vestry*
ficerdy *(m.)* **ficerdai** *vicarage*
fideo *(m.)* *video*
fy *(NM) my*
fy hunan *myself*

ffatri *(f.)* **-oedd** *factory*
ffenest *(f.)* **ffenestri** *window*
fferm *(f.)* **-ydd** *farm*
ffermwr *(m.)* **ffermwyr** *farmer*
fflachio (fflachi-) *to flash*
ffôn *(m.)* **ffonau** *phone*
ffonio (ffoni-) *to phone*
ffordd *(f.)* **ffyrdd** *way*
ffraeo (ffrae-) *to argue*
Ffrangeg *(f.) French (language)*
ffres *fresh*
ffrind *(m.)* **-iau** *friend*
ffrog *(f.)* **-iau** *dress*
ffug *false*
ffugwyddonol *science fiction*

gadael (gadaw-) *to leave*
gaeaf (y) *(m.)* **-au** *winter*
gallu (gall-) *to be able*
gan *(SM) from; by*
gardd *(f.)* **gerddi** *garden*
garej *(m.)* **-ys** *garage*
garlleg *(m.)* *garlic*
gartref *at home*
geni (gan-) *to be born*
ger *near*
gerllaw *nearby*
glanhau (glanhe-) *to clean*
glas *blue*

glaw *(m.)* *rain*
gloddest *(m.)* *feast*
gobaith *(m.)* **gobeithion** *hope*
gobeithio (gobeithi-) *to hope*
godro (godr-) *to milk*
gofyn (gofynn-) *to ask*
gogledd *(m.)* *north*
gohebydd *(m.)* **gohebwyr** *reporter*
gohirio (gohiri-) *to postpone*
golau *light*
golau *(m.)* **goleuadau** *light*
golwg *(f.)* **golygon** *sight, look*
golwythen *(f.)* **golwyth** *chop*
golygfa *(f.)* **golygfeydd** *view*
golygus *handsome*
gorfod *to have to*
gorffen (gorffenn-) *to finish*
gorffwys *rest; to rest*
gorllewin *(m.)* *west*
gormod o *(SM) too much*
gorsaf *(f.)* **-oedd** *station*
gorsaf dân *(f.) fire station*
gorsaf yr heddlu *(f.) police station*
gostyngedig *reduced*
gradd *(f.)* **-au** *degree*
grawnffrwyth *(m.)* **-au** *grapefruit*
gridyllu (gridyll-) *to grill*
gris *(m.)* **-iau** *step, stair*
gwaed *(m.)* *blood*
gwael *bad, poor*
gwaetha'r modd *worse luck*
gwaethygu (gwaethyg-) *to get worse*
gwag *empty*
gwahanol *different*
gwahanu (gwahan-) *to separate*
gwahardd (gwahardd-) *to forbid, prohibit*

gwahodd (gwahodd-) *to invite*
gwahoddiad *(m.)* **-au** *invitation*
gwaith *(m.) work*
gwaith *(f.) time*
gwaith cartref *homework*
gwallgof *insane*
gwan *weak*
gwanwyn *(m.) spring*
gwarchod (gwarchod-) *to guard,
  to babysit*
gwasanaeth *(m.)* **-au** *service*
gwasg *(f.)* **gweisg** *press*
gwely *(m.)* **-au** *bed*
gwddw *(m.)* **gyddfau** *throat, neck*
gweddill *(m.) rest, remainder*
gweiddi (gwaedd-) *to shout*
gweinydd *(m.)* **-ion** *waiter*
gweithio (gweithi-) *to work*
gweld (gwel-) *to see*
gwely *(m.)* **-au** *bed*
gwell *better*
gwell o lawer *a lot better*
gwella (gwell-) *to improve,
  get better*
gwenu (gwen-) *to smile*
gwers *(f.)* **-i** *lesson*
gwersyll *(m.)* **-oedd** *campsite*
gwerthu (gwerth-) *to sell*
gwestai *(m.)* **gwesteion** *guest*
gwesty *(m.)* **gwestai** *hotel*
gwifren gyswllt *(f.)* **gwifrau
  cyswllt** *jump lead*
gwin *(m.)* **-oedd** *wine*
gwirion *silly*
gwirod *(m.)* **-ydd** *spirit, liquour*
gwisgo (gwisg-) *to wear, to dress*
gwlad *(f.)* **gwledydd** *country,
  countryside*

gwlyb *wet*
gwneud *to do, to make*
gŵr *(m.)* **gwŷr** *husband*
gŵr gweddw *(m.) widower*
gwraig *(f.)* **gwragedd** *wife*
gwraig weddw *(f.) widow*
gwrando (gwrandaw-) *to listen to*
gwrando ar *(SM) to listen to*
gwres *(m.) heat, temperature*
gwres canolog *(m.) central
  heating*
gwrthod (gwrthod-) *to refuse*
gwybod *to know (a fact)*
gwybodaeth *(f.) information*
gwych *excellent, brilliant*
gwydraid *(m.)* **gwydreidiau**
  glassful
Gwyddeleg *(f.) Irish (language)*
gwylio (gwyli-) *to watch*
gwylltio (gwyllti-) *to become
  angry*
gwyn *white*
gwynt *(m.)* **-oedd** *wind*
gwyntog *windy*
gwyrthiol *miraculous*
gŵyl y banc *(f.)* **gwyliau'r banc**
  bank holiday
gwyrdd *green*
gyferbyn â *opposite*
gyrru (gyrr-) *to drive*
gyda *(AM) with*
gyda'r nos *in the evening*
gynnau fach *a little while ago,
  earlier*

haeddu (haedd-) *to deserve*
haf *(m.)* **-au** *summer*
halen *(m.) salt*

hamdden (f.) leisure
hanes (m.) **-ion** history
hanner (m.) **haneri** half
hanner awr wedi half past
  (telling time)
hapus happy
hardd beautiful
hawdd easy
hawlio (hawli-) to claim
haws dweud na gwneud easier
  said than done
heb (SM) without
heddiw today
heddlu (m.) **-oedd** police
hefyd as well, too
heibio i (SM) past
helpu (help-) to help
hen old
hen hen famgu (f.) great great
  grandmother
Hendy-gwyn-ar-Daf Whitland
  (Carmarthenshire)
heno tonight
heulog sunny
hir long
hiraeth (m.) homesickness, longing
hoci (m.) hockey
hoff favourite
hoff o (SM) fond of
hoffi (hoff-) to like
holi (hol-) to question, to inquire
hollol complete, total
hon this
honna that (one)
hud (m.) magic
hunllefus nightmarish
hufen iâ (m.) ice cream
hunan self

hunan-arlwyol self-catering
hwn this
hwnna that one
hwyl (f.) fun; goodbye
hwylio (hwyli-) to sail
hwyr late
hwyrach byth even later
hyd at (SM) as far as
hyd yn oed even
hydref (m.) autumn
hyfryd lovely
hyn this, these
hynny that

i (SM) for, to
i fod i (SM) supposed to
i ffwrdd away
i gyfeiriad in the direction of
i lawr down
i gyd all
i mewn in, inside
i'w gilydd to each other
iach healthy
iaith (f.) **ieithoedd** language
iawn correct
iawn very
ieuenctid (m.) youth
is lower
isel low

lan up
lan llofft upstairs (South Wales)
lawr staer downstairs
lefel (f.) **-au** level
litr (m.) **-au** litre
lolfa (f.) **lolfeydd** lounge
losin sweets
lwc (f.) luck

llachar *bright*
lladd (lladd-) *to kill*
llaeth *(m.) milk*
llai *less; fewer; smaller*
llais *(m.)* lleisiau *voice*
llanast *(m.) mess*
llaw *(f.)* dwylo *hand*
llawdriniaeth *(f.)* -au *surgery*
llawer o *(SM) lots of*
llawer rhy *(SM) much too*
llawn *full*
llawr *(m.)* lloriau *floor*
lle *(m.)* -oedd *place; room*
lle *where*
lleidr *(m.)* lladron *thief*
llenwi (llanw-) *to fill*
llenyddiaeth *(f.)* -au *literature*
lleol *local*
llety llawn *full board*
lliw *(m.)* -iau *colour*
Lloegr *England*
llogi (llog-) *to hire, to book*
llong *(f.)* -au *ship*
llosgi (llosg-) *to burn*
Llundain *London*
llusgo (llusg-) *to drag*
llwyaid *(m.)* llwyeidiau *spoonful*
llwyd *grey*
llwyr *total, complete*
llyfr *(m.)* -au *book*
llyfrgell *(f.)* -oedd *library*
llygad *(f.)* llygaid *eye*
llys *(m.)* -oedd *court*
llys ynadon *(m.) magistrates' court*
Llys y Goron *(m.) Crown Court*
llysiau *vegetables*
llysieuol *vegetarian*

llythyr *(m.)* -on *letter*
llywodraethwr *(m.)*
  llywodraethwyr *governor*

mab *(m.)* meibion *son*
madarch *mushrooms*
maer *(m.)* meiri *mayor*
maes parcio *(m.) car park*
mafon *raspberries*
magu (mag-) *to be brought up*
maint *(m.)* meintiau *size*
mamiaith *(f.) mother tongue*
mam-gu *(f.) grandmother*
Manceinion *Manchester*
manylion *details*
marchnad *(f.)* -oedd *market*
math *(m.) kind, sort*
mawr *big, large*
meddalwedd *(f.) software*
meddwl (meddyli-) *to think*
meddyg *(m.)* -on *doctor*
meddygfa *(f.) surgery*
mefus *strawberries*
melyn *yellow*
melys *sweet*
melysfwyd *(f.) dessert*
menyw *(f.)* -od *woman*
merch *(f.)* -ed *daughter, girl*
merlota (merlot-) *to pony trek*
mewn *in a*
mewn gwirionedd *in fact*
migwrn *(m.)* migyrnau *ankle*
mil *(f.)* -oedd *thousand*
miliwnydd *(m.)* -ion *millionaire*
mis *(m.)* -oedd *month*
modryb *(f.)* -edd *aunt*
moethus *luxurious, luxury*
modfedd *(f.)* -i *inch*

modd (m.) way, means
moddion medicine
mor (SM)... â as... as
mordaith (f.) **mordeithiau** (sea) voyage
moron carrots
munud (f.) **-au** minute
mwgaid (m.) mug
mwstas (m.) moustache
mwy more; bigger
mwyar blackberries
mwyn mild
mwynhau to enjoy
myfyriwr (m.) **myfyrwyr** student
mynd to go
mynd â (AM) to take
mynd at (SM) to go to
mynychu (mynych-) to attend
mynnu (mynn-) to insist

na (**nag** before vowels) (AM) than
na (**nac** before vowels) nor
nabod to know (a person)
Nadolig Christmas
naid (f.) **neidiau** jump
nam (m.) defect
natur (f.) nature
nawr now
nawr ac yn y man now and again
neidio (neidi-) to jump
nerfus nervous
nes until
nesaf next
neu (SM) or
neu'i gilydd or other
Neuadd y Dref Town Hall
newid (m.) change
newid (newidi-) to change

newydd new
newydd (SM) just (done something)
newyddion news
nid not
niwed (m.) damage
niwlog foggy, misty
nodyn (m.) **nodiadau** note
nofio (nofi-) to swim
nos (f.) **nosweithiau** night
Nos Galan (f.) New Year's Eve
noson (f.) **nosweithiau** night
noswaith (f.) **nosweithiau** evening
nwy (m.) **-on** gas

o (SM) from, of
o bosib possibly
o flaen in front of
o gwbl at all
o gwmpas around
o hyd still
o leiaf at least
o ryw fath of some sort
ochr (f.) **-au** side
oddi ar (SM) from
oddi wrth (SM) from (a person)
oedi (oed-) to delay
oedolyn (m.) **oedolion** adult
oedran (m.) **-au** age
oer cold
oergell (f.) fridge
oes (f.) **-oedd** age, lifetime
ofn (m.) **-au** fear
ofnadwy awful
offeryn (m.) **-nau** instruments
ond but
operâu sebon soap operas

optegydd (m.) -ion optician
o'r blaen before
o'r enw called
oren (m.) -au orange
os if
os gweli di'n dda please (familiar)
os gwelwch yn dda please
 (formal)

pa? (SM) which?
pa fath o (SM)? what sort of?
pa mor (SM) how
paced (m.) pacedi packet
pacio (paci-) to pack
pam? why?
pam lai why not
panasen (f.) panas parsnip
paned (m.) a cuppa
papur doctor (m.) prescription
paradwys (f.) paradise
paratoi (parato-) to prepare
parchus respectable
parod ready
parti (m.) partïon party
parti priodas wedding reception
partïa (parti-) to party
Pasg Easter
pastai (f.) pie
pecyn (m.) -nau package
peiriannydd (m.) mechanic
peiriant (m.) peiriannau engine
peiriant golchi (m.) washing
 machine
pêl (f.) peli ball
pêl-droed (f.) football
pell far
pen-blwydd (m.) -i birthday
pencadlys (m.) headquarters

pendant definite
penderfynu (penderfyn-)
 to decide
penelin (m.) -oedd elbow
penfoel bald
pen-glin (m.) -iau knee
pentref (m.) pentrefi village
penwythnos (m.) -au weekend
perffaith perfect
perfformiad (m.) -au performance
perfformio (perfformi-) to
 perform
perlysiau herbs
pert pretty
perchennog (m.) perchnogion
 owner
personol personal
peswch (m.) cough
peth (m.) -au thing
piben fwg (f.) exhaust
pînafal (m.) pineapple
planhigyn (m.) planhigion plant
plât (m.) platiau plate
platfform (m.) -au platform
plentyn (m.) plant children
plentynnaidd childish
pleser (m.) -au pleasure
plismon (m.) plismyn policeman
pob every
poblogaidd popular
pob lwc good luck
pob man everywhere
pobl (f.) people
poen (f.) pain
poeni (poen-) to worry
poeth hot
pont (f.) -ydd bridge
porffor purple

porthladd *(m.)* **-oedd** *port,*
  harbour
posib *possible*
posibiliad *(m.)* **-au** *possibility*
potel *(f.)* **-i** *bottle*
potelaid *bottleful*
prawf *(m.)* **profion** *test*
pren *wood*
presennol *present*
prif *main, chief*
prif weinidog *(m.)* *prime minister*
prifathro *(m.)* **prifathrawon**
  headmaster
prifysgol *(f.)* **-ion** *university*
priod *married*
priodas *(f.)* **-au** *wedding*
pris *(m.)* **-iau** *price*
profiad *(m.)* **-au** *experience*
pryd bwyd *(m.)* *meal*
prydlon *punctual*
prynhawn *(m.)* **-iau** *afternoon*
prynu *(pryn-)* *to buy*
prysur *busy*
punt *(f.)* **punnau** *pound*
pwll *(m.)* **pyllau** *pool*
pwy? *who?*
pwysau *weight*
pwysig *important*
pys *peas*
pysgodyn *(m.)* **pysgod** *fish*
pysgota *(pysgot-)* *to fish*

rhad *cheap*
rhag *from*
rhag ofn *in case*
rhaglen *(f.)* **-ni** *programme*
rhagor o *(SM)* *more*
rhai *ones; some*

rhain (y) *these*
rhamantus *romantic*
rhan *(f.)* **-nau** *part*
y rhan fwyaf *most*
rhedeg *(rhed-)* *to run*
rheiddiadur *(m.)* **-on** *radiator*
rheina (y) *those*
rhentu *(rhent-)* *to rent*
rheolwr *(m.)* **rheolwyr** *manager*
rhestr *(f.)* **-i** *list*
rhesymol *reasonable*
rhew *(m.)* *frost, ice*
rhewi *(rhew-)* *to freeze*
rhieni *parents*
rhif *(m.)* **-au** *number*
rhoi *(rhodd-)* *to give; to put*
rhoi'r gorau i *(SM)* *to give up*
rhoi i gadw *to put away*
rhugl *fluent*
rhwng *between*
rhwydd *easy*
rhy *(SM)* *too*
rhybudd *(m.)* **-ion** *warning*
rhybuddio *(rhybudd-)* *to warn*
rhydd *free*
rhyddhau *(rhyddha-)* *to release*
rhyfedd *strange*
rhyngwladol *international*
rhyw *(SM)* *some*
rhyw fath *some sort*
rhywbeth *something*
rhywbryd *sometime*
rhywffordd *somehow*
rhywle *somewhere*
rhywun *someone*

safle *(m.)* **-oedd** *site*
saig *(f.)* *course (of a meal)*

sawl? *how much, how many?*
sawl gwaith *several times*
Sbaeneg *(f.) Spanish (language)*
sbardun *(m.)* **-au** *accelerator*
sedd *(f.)* **-i** *seat*
sef *namely*
sefydlog *static*
sefyll (saf-) *to stand; to wait; to stop (clock)*
sefyllfa *(f.)* **-oedd** *situation*
sengl *single*
seiliedig *based*
seindorf *(f.)* **seindyrf** *orchestra*
selsig *sausages*
seren *(f.)* **sêr** *star*
sgert *(f.)* **-iau** *skirt*
sgïo (sgi-) *to ski*
sglodion *chips*
sgwâr *(m.)* **sgwariau** *square*
sgwrs *(f.)* **sgyrsiau** *conversation*
si *(m.)* **sïon** *rumour*
siarad (siarad-) (â) *to speak (to)*
sicrhau (sicrha-) *to ensure*
siglo (sigl-) *to swing*
silff *(f.)* **-oedd** *shelf*
sinema *(f.) cinema*
siocled *chocolate*
siomi (siom-) *to disappoint*
siop *(f.)* **-au** *shop*
siopwr *(m.)* **siopwyr** *shopkeeper*
siwgr *(m.) sugar*
siŵr *sure*
siŵr o fod *probably*
siwt *(f.)* **-iau** *suit*
siwtio (siwti-) *to suit*
sôn (soni-) am *(SM) to talk about*
stormus *stormy*

stryd *(f.)* **-oedd** *street*
sudd *(m.) juice*
suddo (sudd-) *to sink*
sut? *how?*
sŵn *(m.)* **synau** *noise, sound*
swnio (swni-) *to sound*
swydd *(f.)* **-i** *job*
swyddfa *(f.)* **swyddfeydd** *office*
swyddfa'r post *(f.) post office*
swyddog *(m.)* **-ion** *officer, official*
swyddog y wasg *(m.) press officer*
swyddogol *official*
sych *dry*
sylw *(m.) attention*
sylweddol *substantial*
sylweddoli (sylweddol-) *to realize*
sylwi (sylw-) ar *(SM) to notice*
symud (symud-) *to move*
symudol *portable, mobile*
syniad *(m.)* **-au** *idea*
synnu (synn-) *to be surprised*
syrthio (syrthi-) *to fall*
syth *straight*

tabled *(f.)* **-i** *pill*
tacluso (taclus-) *to tidy*
tacsi *(m.) taxi*
tad *(m.)* **-au** *father*
tad-cu *(m.)* **teidiau** *grandfather*
tafarn *(f.)* **-au** *pub*
taflu (tafl-) *to throw*
tagfa *(f.) traffic jam*
taith *(f.)* **teithiau** *journey*
tal *tall*
talu (tal-) *to pay*
tan *until*
tarten *(f.) (sweet) pie, tart*
taten *(f.)* **tatws** *potato*

tawel *quiet*
te *(m.) tea*
tebyg *similar*
tegell *(m.)* **-au** *kettle*
teiar *(m.)* **-s** *tyre*
teimlo (teiml-) *to feel*
teithio (teithi-) *to travel*
teledu *(m.) television*
tenau *thin*
teulu *(m.)* **-oedd** *family*
tîm *(m.)* **timau** *team*
tipyn *a bit, a little*
tipyn bach *a little*
tir *(m.)* **-oedd** *land*
tiwtor *(m.)* **-iaid** *tutor*
to *(m.)* **-eau** *roof*
tocyn *(m.)* **-nau** *ticket*
tocyn dwy ffordd *(m.) return ticket*
tocyn unffordd *(m.) one-way ticket*
toriad *(m.)* **-au** *cut*
torri (torr-) *to cut, to break*
tost *sick, ill*
troed *(f.)* **traed** *foot*
tra *while*
traddodiadol *traditional*
traeth *(m.)* **-au** *beach*
trafod (trafod-) *to discuss, to handle*
tref *(f.)* **trefi** *town*
Trefdraeth *Newport (Pembrokeshire)*
trefnu (trefn-) *to arrange, to organize*
trefnydd *(m.)* **-ion** *organizer*
treisgar *violent*
treulio (treuli-) *to spend time, to wear (out)*

trïo (tri-) *to try*
tro *(m.)* **-eon** *turning, turn, time, occasion*
troednoeth *barefoot*
troi (tro-) *to turn*
trowsus *(m.)* **-au** *trousers*
trueni *(m.) pity*
trwchus *thick*
trwm *heavy*
trwy *(SM) through*
trwy'r amser *all the time*
trwyn *(m.)* **-au** *nose*
trydan *(m.) electricity*
trydanol *electrical*
tu allan *outside*
tua *(AM) about, approximately*
tuag at *(SM) towards*
tu chwith allan *inside out*
tu ôl i *(SM) behind*
tudalen *(m.)* **-nau** *page*
twll *(m.)* **tyllau** *hole, puncture*
twp *silly*
twr *(m.)* **tyrau** *tower*
twyll *(m.) deceit, fraud*
twyllo (twyll-) *to deceive*
twym *warm*
tŷ *(m.)* **tai** *house*
Tyddewi *St Davids*
tŷ gwydr *(m.) greenhouse*
tyfu (tyf-) *to grow*
tymheredd *(m.) temperature*
tymor *(m.)* **tymhorau** *term; season*
tynn *tight*
tynnu (tynn-) *to pull*
tyst *(m.)* **-ion** *witness*
tywyll *dark*

uchel *high; loud*
ugain *twenty*
undonog *monotonous*
unig *only; lonely*
unman *anywhere*
unrhyw *any*
unrhywbeth *anything*
unwaith *once*
uwch *higher, louder*
uwchben *above*

wedi ymddeol *retired*
wedi blino'n lân *completely
  exhausted*
wedi'r cwbl *after all*
wedyn *then, afterwards*
weithiau *sometimes*
winwnsyn *(m.)* **winwns** *onion*
wrth *(SM) by; at*
wrth yr awr *by the hour*
wrth gwrs *of course*
wrth ei bodd *in her element*
wy *(m.)* **-au** *egg*
wyau clos *free range eggs*
wyneb *(m.)* **-au** *face*
wynebu (wyneb-) *to face*
wythnos *(f.)* **-au** *week*
wythnosol *weekly*

yr, y, 'r *the*
y fath *(SM) such*
y ddannodd *(f.) toothache*
y frech goch *(f.) measles*
y pryd hynny *at the time*
ych a fi! *yuk!*
ychwanegol *extra*
yfed (yf-) *to drink*
yfory *tomorrow*

ynghanol *in the middle of*
ynghynt *earlier*
yma *here*
ymarfer *to practise*
ymarfer corff *PE*
ymdrin â *(AM) to deal with*
ymddeol *to retire*
ymddiheuro (ymddiheur-)
  to apologize
ymfudo (ymfud-) *to emigrate*
ymhellach *further*
ymhen *within*
ymhlith *among*
ymlaen llaw *beforehand*
ymuno â *(AM)* **(ymun-)** *to join*
ymweld â *(SM) to visit*
ymweliad *(m.)* **-au** *visit*
ymwelwr *(m.)* **ymwelwyr** *visitor,
  tourist*
ymwneud â *(AM) to pertain to*
yn *(NM) in*
yn agos i *(SM) near*
yn barod *already*
yn enwedig *especially*
yn erbyn *against*
yn fawr iawn *very much*
yn gywir *yours sincerely*
yn lle *instead of*
yn ôl *back; ago; according to*
yn union *exactly*
yn ystod *during*
yn weddol *fairly*
yno *there*
ynys *(f.)* **-oedd** *island*
Yr Almaen *Germany*
yr un *each, the same*
yr union *the exact*
Yr Wyddfa *Snowdon*

ysbyty *(m.)* **ysbytai** *hospital*
ysgariad *(m.) divorce*
ysgol *(f.)* **-ion** *school*
ysgol feithrin *nursery school*
ysgol gynradd *primary school*
ysgol uwchradd *secondary school*
ysgrifennu (ysgrifenn-) *to write*
ysgrifenyddes *(f.)* **-au** *secretary*

ysgubor *(f.)* **-iau** *barn*
ysgwydd *(f.)* **-au** *shoulder*
ysmygu (ysmyg-) *to smoke*
ystafell *(f.)* **-oedd** *room*
ystafell fyw *(f.) living room*
ystafell ymolchi *(f.) bathroom*
ystafell newid *(f.) changing room*
ystyried (ystyri-) *to consider*

English–Welsh vocabulary

Words are listed in alphabetical order following the English alphabet.

able (to be) **gallu**
about **am**
above **uwchben**
abroad **tramor**
accelerator **sbardun**
accept (to) **derbyn**
accident **damwain**
according to **yn ôl**
accuse (to) **cyhuddo**
address **cyfeiriad**
adult **oedolyn**
aeroplane **awyren**
after **ar ôl**
afternoon **prynhawn**
afterwards **wedyn**
against **yn erbyn**
age **oedran, oes**
ago **yn ôl**
agree (to) **cytuno**
all **i gyd**
all the time **trwy'r amser**
allowed (to be) **cael**
almost **bron**
along **ar hyd**
already **yn barod**
among **ymhlith**
and **a** (AM), **ac** (before vowels)
animal **anifail**
ankle **migwrn**
another **arall**

answer (to) **ateb**
any **unrhyw**
anyone **rhywun**
anything **dim byd**
anything **unrhywbeth**
anyway **beth bynnag**
anywhere **unman**
apologize (to) **ymddiheuro**
apple **afal**
approximately **tua** (AM)
area **ardal**
argue (to) **ffraeo**
arm **braich**
arrive (to) **cyrraedd**
around **o gwmpas**
arrange (to) **trefnu**
as **â** (AM); **fel**
as bad as **cynddrwg â** (AM)
as far as **hyd at** (SM)
as good as **cystal â** (AM)
as small as **cyn lleied â** (AM)
ask (to) **gofyn**
at **wrth** (SM)
at all **o gwbl**
at home **gartref**
at least **o leiaf**
at the moment **ar hyn o bryd**
at the top of **ar ben**
aunt **modryb**
autumn **yr hydref**

available **ar gael**
away **i ffwrdd**
awful **ofnadwy**

baby **babi**
babysit (to) **gwarchod**
back **yn ôl; cefn**
bad **drwg; gwael**
bald **penfoel**
bank **banc**
bathroom **ystafell ymolchi**
be (to) **bod**
be allowed (to) **cael**
be born (to) **geni**
be brought up (to) **magu**
beach **traeth**
beard **barf**
because **achos**
become (to) **dod yn**
bed **gwely**
beef **cig eidion**
before **cyn; o'r blaen**
beforehand **ymlaen llaw**
behind **tu ôl i** (SM)
believe (to) **credu**
best **gorau**
between **rhwng**
big **mawr**
bigger **mwy**
biggest **mwyaf**
birthday **pen-blwydd**
black **du**
blame **bai**
blue **glas**
boil (to) **berwi**
book **llyfr**
book (to) **llogi**
boring **diflas**

bother (to) **poeni**
bottle **potel**
boy **bachgen**
break (to) **torri**
breathe (to) **anadlu**
bright **llachar**
brilliant **gwych; bendigedig**
brother **brawd**
brown **brown**
building **adeilad**
burn (to) **llosgi**
business **busnes**
busy **prysur**
but **ond**
butcher **cigydd**
buy (to) **prynu**
by **erbyn, ers; wrth** (SM);
  gan (SM)
by now **erbyn hyn**
by then **erbyn hynny**

call (to) **galw**
called **o'r enw**
car park **maes parcio**
Cardiff **Caerdydd**
Carmarthen **Caerfyrddin**
castle **castell**
cat **cath**
catch (to) **dal**
cauliflower **blodfresychen**
careful **gofalus**
celebrate (to) **dathlu**
chance **cyfle**
change **newid**
change (to) **newid**
cheap **rhad**
cheese **caws**
child **plentyn**

childish **plentynnaidd**
chips **sglodion**
chocolates **siocledi**
choice **dewis**
choir **côr**
choose (to) **dewis**
Christmas **y Nadolig**
church **eglwys**

city **dinas**
claim (to) **hawlio**
class **dosbarth**
classical **clasurol**
clean **glân**
climb (to) **dringo**
close (to) **cau**
closed **ar gau**
clothes **dillad**
cloudy **cymylog**
coast **arfordir**
cold **oer; annwyd** (illness)
collection **casgliad**
college **coleg**
colour **lliw**
come (to) **dod**
company **cwmni**
compete (to) **cystadlu**
complete **hollol**
complicated **cymhleth**
computer **cyfrifiadur**
concert **cyngerdd**
congratulations
  llongyfarchiadau
consider **ystyried**
conversation **sgwrs**
cook (to) **coginio**
corner **cornel**
correct **iawn**
cost (to) **costio**

cough **peswch**
course **cwrs**
crossroads **croesffordd**
cry (to) **crïo**
curly **cyrliog**
customer **cwsmer**
cut (to) **torri**

damage **niwed**
dangerous **peryglus**
dark **tywyll**
date **dyddiad**
daughter **merch**
day **diwrnod; dydd**
day before yesterday (the)
  echdoe
debt **dyled**
deceit **twyll**
deceive (to) **twyllo**
decide (to) **penderfynu**
defect **nam**
degree **gradd**
depend on **dibynnu ar** (SM)
deposit **blaendal**
details **manylion**
different **gwahanol**
difficult **anodd**
dinner **cinio**
dirty **brwnt**
disappointed **siomedig**
discuss (to) **trafod**
do (to) **gwneud**
doctor **meddyg**
dog **ci**
door **drws**
double **dwbl**
down **i lawr**
downstairs **lawr staer**

dozen **dwsin**
dream **breuddwyd**
dream (to) **breuddwydio**
dress **ffrog**
drink (to) **yfed**
drive (to) **gyrru**
dry **sych**
during **yn ystod**

each **yr un**
ear **clust**
early **cynnar**
earth **daear**
east **dwyrain**
Easter **y Pasg**
easy **hawdd; rhwydd**
eat (to) **bwyta**
egg **wy**
either **chwaith**
elbow **penelin**
electricity **trydan**
else **arall**
empty **gwag**
end **diwedd**
energetic **egnïol**
engine **peiriant**
England **Lloegr**
enjoy (to) **mwynhau**
enough **digon**
even **hyd yn oed**
evening **noswaith**
evening class **dosbarth nos**
ever **erioed**
every **pob**
everyone **pawb**
everything **cwbl; popeth**
everywhere **pob man**
exam **arholiad**

exciting **cyffrous**
expect (to) **disgwyl**
expensive **drud**
experience **profiad**
explain (to) **esbonio**
extinguish (to) **diffodd**
extend (to) **estyn**
extra **ychwanegol**
eye **llygad**

face **wyneb**
factory **ffatri**
fall (to) **cwympo**
false **ffug**
family **teulu**
famous **enwog**
far **pell**
fast **cyflym**
father **tad**
favourite **hoff**
fear **ofn**
feel (to) **teimlo**
fewer **llai**
fight (to) **ymladd**
fill (to) **llenwi**
financial **ariannol**
find (to) **cael hyd i** (SM)
finger **bys**
finish (to**) gorffen**
fire **tân**
first **cyntaf**
fish **pysgodyn**
flavour **blas**
floor **llawr**
flu **y ffliw**
fluent **rhugl**
foggy **niwlog**
follow (to) **dilyn**

fond of **hoff o** (SM)
food **bwyd**
foot **troed**
football **pêl droed**
for **i** (SM); **am** (SM); **ar gyfer**;
  ers
forget (to) **anghofio**
fraud **twyll**
free **rhydd**
freeze (to) **rhewi**
French **Ffrangeg**
fresh **ffres**
fridge **oergell**
friend **ffrind**
friendly **cyfeillgar**
from **o** (SM), **oddi wrth**
  (a person)
full **llawn**
full board **llety llawn**
fun **hwyl**
funny **doniol**
further **ymhellach**
future **dyfodol**

game **gêm**
garage **garej**
garden **gardd**
garden (to) **garddio**
German **Almaeneg**
get (to) **cael**
get better (to) **gwella**
get on (to) **dod ymlaen**
get worse (to) **gwaethygu**
give (to) **rhoi**
give up (to) **rhoi'r gorau i** (SM)
glassful **gwydraid**
go (to) **mynd**
go to (to) **mynd at** (SM)
good **da**

goodbye **hwyl; da boch**
grandfather **tad-cu**
grandmother **mam-gu**
green **gwyrdd**
grey **llwyd**
ground **daear**
grow (to) **tyfu**

hail (to) **bwrw cesair**
hair **gwallt**
half **hanner**
ham **cig mochyn**
hand **llaw**
handsome **golygus**
happen (to) **digwydd**
happy **hapus**
hard **caled**
hate (to) **casáu**
have (to) **cael**
have difficulty (to)
  cael gwaith
have to (to) **gorfod**
headmaster **prifathro**
hear **clywed**
heat **gwres**
heavy **trwm**
help (to) **helpu**
her **ei** (AM)
here **yma; fan hyn**
high **uchel**
high time **hen bryd**
higher **uwch**
hill **bryn**
hire (to) **llogi**
his **ei** (SM)
hold (to) **dal**
holiday **gwyliau**
home **cartref**
homework **gwaith cartref**

hope **gobaith**
hope (to) **gobeithio**
horse **ceffyl**
hospital **ysbyty**
hotel **gwesty**
hour **awr**
house **tŷ**
how **pa mor** (SM)
how? **sut?**
how many?; how much? **sawl?**
  faint o? (SM)
hundred **cant**
hunger **eisiau bwyd**
hurry (to) **brysio**
hurt (to) **brifo; anafu**
husband **gŵr**

ice **rhew; iâ**
idea **syniad**
ideal **delfrydol**
if **os**
ill **tost**
imagine (to) **dychmygu**
important **pwysig**
impossible **amhosib**
improve (to) **gwella**
in **i mewn, yn** (NM)
in **a mewn**
in case **rhag ofn**
in front of **o flaen**
in order to **er mwyn**
in the direction of **i gyfeiriad**
in the middle of **ynghanol**
include (to) **cynnwys**
indeed **wir**
information **gwybodaeth**
injure (to) **anafu**
inside **i mewn**
inside out **tu chwith allan**

instead **yn lle**
interest **diddordeb**
interesting **diddorol**
international **rhyngwladol**
interview **cyfweliad**
invitation **gwahoddiad**
invite (to) **gwahodd**
Ireland **Iwerddon**
island **ynys**
Italian **Eidaleg**

job **swydd**
jobcentre **canolfan gwaith**
join (to) **ymuno â** (AM)
journey **taith**
juice **sudd**
jump (to) **neidio**
jump leads **gwifrau cyswllt**
just (done something) **newydd**

keep (to) **cadw**
keep fit (to) **cadw'n heini**
kettle **tegell**
key **allwedd**
kill (to) **lladd**
kind **math**
kitchen **cegin**
knee **pen-glin**
know (to) **gwybod** (a fact),
  nabod (a person)

lamb **cig oen**
land **tir**
language **iaith**
large **mawr**
last **diwethaf**
last night **neithiwr**
last year **llynedd**
late **hwyr**

later **diweddarach**	*loud* **uchel**
latest **diweddaraf**	*louder* **uwch**
laugh (to) **chwerthin**	*lounge* **lolfa**
lawyer **cyfreithiwr**	*low* **isel**
lazy **diog**	*lower* **is**
leaf **deilen**	
leak (to) **gollwng**	*magazine* **cylchgrawn**
learn (to) **dysgu**	*magistrates' court* **llys ynadon**
leave (to) **gadael**	*main* **prif**
left **ar ôl, chwith**	*make (to)* **gwneud**
leg **coes**	*make a noise (to)* **cadw sŵn**
less **llai**	*make sure (to)* **sicrhau**
lesson **gwers**	*man* **dyn**
letter **llythyr**	*manager* **rheolwr**
library **llyfrgell**	*married* **priod**
lifetime **oes**	*mayor* **maer**
lift (to) **codi**	*meal* **pryd bwyd**
light **golau**	*meat* **cig**
like **fel**	*medicine* **moddion**
like (to) **hoffi**	*meet (to)* **cwrdd**
list **rhestr**	*meeting* **cyfarfod**
listen (to) **gwrando**	*member* **aelod**
live **byw**	*menu* **bwydlen**
live (to) **byw**	*mess* **llanast**
local **lleol**	*mild* **mwyn**
London **Llundain**	*mile* **milltir**
lonely **unig**	*milk* **llaeth**
long **hir**	*mirror* **drych**
look **golwg**	*miserable* **diflas**
look (to) **edrych**	*miss (to)* **colli**
look after (to) **edrych ar ôl; gofalu am** *(SM)*	*misty* **niwlog**
	money **arian**
look at (SM) **edrych ar** *(SM)*	*monotonous* **undonog**
look for (to) **chwilio am** *(SM)*	*month* **mis**
look forward to (to) **edrych ymlaen at** *(SM)*	*more* **mwy**
	more **rhagor**
lose (to) **colli**	*morning* **bore**
lost **ar goll**	*mountain* **mynydd**
lots of **llawer o** *(SM)*	*mountainous* **mynyddig**

moustache **mwstas**
move (to) **symud**
much too **llawer rhy** (SM)
museum **amgueddfa**
mushrooms **madarch**
music **cerddoriaeth**
my **fy** (NM)
myself **fy hunan**

name **enw**
near **yn agos i** (SM); **ger**
nearby **gerllaw**
neighbour **cymydog**
nervous **nerfus**
never **erioed; byth**
new **newydd**
news **newyddion**
next **nesaf**
next door to **drws nesaf i** (SM)
next morning (the) **bore
    trannoeth**
nice **braf**
night **noson**
night before last (the) **echnos**
no **dim**
noise **sŵn**
north **gogledd**
nose **trwyn**
notice (to) **sylwi (ar)**
not **nid**
not to (to) **peidio â**
nothing **dim byd**
now **nawr**
now and again **nawr ac yn
    y man**
number **rhif**

obvious **amlwg**
occasion **tro**

of **o** (SM)
of course **wrth gwrs**
office **swyddfa**
official **swyddogol**
often **aml**
old **hen**
on **ar** (SM)
on the corner of **ar gornel**
on the outskirts of **ar gyrion**
once **unwaith**
ones **rhai**
onions **winwns**
only **unig; dim ond**
opinion **barn**
opportunity **cyfle**
opposite **gyferbyn â** (AM)
optician **optegydd**
or **neu** (SM)
or other **neu'i gilydd**
orange **oren**
orchestra **seindorf**
order (to) **archebu**
other **arall**
out **allan**
outside **tu allan**
over **dros** (SM), **drosodd,
    draw**
overnight **dros nos**
owner **perchennog**

pack (to) **pacio**
page **tudalen**
pain **poen**
painful **poenus**
parents **rhieni**
part **darn; rhan**
particular **arbennig**
partner **cymar**
past **heibio i** (SM)

patient **amyneddgar**
pay (to) **talu**
peas **pys**
penny **ceiniog**
people **pobl**
perfect **perffaith**
perform **perfformio**
perhaps **efallai**
period **cyfnod**
permit (to) **caniatáu**
personal **personol**
pets **anifeiliaid anwes**
phone **ffôn**
pick (to) **picio**
pity **trueni**
place **lle**
plant **planhigyn**
play **drama**
play (to) **chwarae**
please **os gwelwch yn dda**
point **pwynt**
policeman **plismon**
pool **pwll**
poor **tlawd**
popular **poblogaidd**
portable **symudol**
possible **posib**
possibly **o bosib**
postcard **cerdyn post**
postpone (to) **gohirio**
potatoes **tatws**
pound **punt**
practise (to) **ymarfer**
prepare (to) **paratoi**
present **anrheg; presennol**
present (to) **cyflwyno**
pretty **pert**
price **pris**

primary school **ysgol gynradd**
prime minister **prif weinidog**
probably **siŵr o fod**
programme **rhaglen**
promise (to) **addo**
protect (to) **amddiffyn**
pull (to) **tynnu**
punctual **prydlon**
purple **porffor**
put (to) **rhoi**

question **cwestiwn**
question (to) **holi**
quiet **tawel**
quite **eithaf**

rabbit **cwningen**
radiator **rheiddiadur**
rain **glaw**
rain (to) **bwrw glaw**
raspberries **mafon**
read (to) **darllen**
ready **parod**
real **go iawn**
realize (to) **sylweddoli**
reasonable **rhesymol**
recently **yn ddiweddar**
red **coch**
regards **cofion**
relax (to) **ymlacio**
release (to) **rhyddhau**
remaining **ar ôl**
rent **rhent**
repair (to) **trwsio**
reporter **gohebydd**
reserve (to) **cadw**
respectable **parchus**
responsible **for cyfrifol am** (SM)

rest **gweddill; gorffwys**
restaurant **bwyty**
retire (to) **ymddeol**
retired **wedi ymddeol**
return (to) **dychwelyd**
rifle **dryll**
right **de**
ring (to) **canu**
road **heol**
room **ystafell**
romantic **rhamantus**
round **crwn**
roundabout **cylchfan**
rumour **si**
run (to) **rhedeg**
rural **gwledig**

sad **trist**
safe **diogel**
same (the) **yr un**
sandwich **brechdan**
save (to) **cynilo; achub**
say (to) **dweud** (wrth)
science fiction **ffugwyddonol**
school **ysgol**
seaside (the) **glan y môr**
search for (to) **chwilio am**
second (2nd) **ail**
secondary school **ysgol
  uwchradd**
secret **cyfrinach**
see (to) **gweld**
self **hunan**
sell (to) **gwerthu**
send (to) **anfon**
sensible **call**
separate **ar wahân**
separate (to) **gwahanu**

service **gwasanaeth**
several times **sawl gwaith**
shake (to) **crynu**
shame **cywilydd**
ship **llong**
shirt **crys**
shoe **esgid**
shop (to) **siopa**
shopping centre **canolfan siopa**
short **byr**
shout (to) **gweiddi**
show (to) **dangos**
shower **cawod**
side **ochr**
sign **arwydd**
silly **twp; gwirion**
similar **tebyg**
since **ers**
sing (to) **canu**
single **sengl**
sink (to) **suddo**
sister **chwaer**
sit (to) **eistedd**
site **safle**
size **maint**
ski (to) **sgïo**
sleep **cwsg; cysgu**
slow **araf**
smile (to) **gwenu**
smoke (to) **ysmygu**
snow **eira**
Snowdon **Yr Wyddfa**
so **felly**
society **cymdeithas**
soft **meddal**
solicitor **cyfreithiwr**
so many; so much **cymaint**
some **rhai**

somehow **rhywffordd**	*such* **y fath**
someone **rhywun**	*suffer (to)* **dioddef**
something **rhywbeth**	*sugar* **siwgr**
sometime **rhywbryd**	*suit* **siwt**
sometimes **weithiau**	*summer* **yr haf**
son **mab**	*sunbathe (to)* **bolaheulo**
soon **buan**	*sunny* **heulog**
sort **math**	*supermarket* **archfarchnad**
sound **sŵn**	*supper* **swper**
sound (to) **swnio**	*support (to)* **cefnogi**
soup **cawl**	*supposed to* **i fod i** (SM)
south **de**	*sure* **siŵr**
Spanish **Sbaeneg**	*surgery* **llawdriniaeth;**
speak (to) **siarad**	**meddygfa**
special **arbennig**	*sweat (to)* **chwysu**
spend time (to) **treulio**	*sweet* **melys**
splendid **bendigedig**	*sweetheart* **cariad**
sport **chwaraeon**	*swim (to)* **nofio**
square **sgwâr**	
St Davids **Tyddewi**	*take (to)* **cymryd, mynd â** (AM)
stair **gris**	*tall* **tal**
stand (to) **sefyll**	*taste* **blas**
star **seren**	*tasty* **blasus**
start (to) **dechrau; cychwyn**	*tea* **te**
stay (to) **aros**	*teach (to)* **dysgu**
steal (to) **dwyn**	*teacher* **athro; athrawes**
step **gris**	*tell (to)* **dweud (wrth)**
stick (to) **glynu**	*temperature* **gwres**
still **dal i** (SM); **o hyd**	*temporary* **dros dro**
stomach **bol**	*term* **tymor**
stone **carreg**	*test* **prawf**
stop (to) **sefyll**	*than* **na (nag** before vowels)
straight **syth**	(AM)
strange **rhyfedd**	*thank you* **diolch**
strawberry **mefus**	*that* **hynny**
street **stryd**	*that is* **dyna** (SM)
strong **cryf**	*the* **y, yr, 'r**
suburb **maestref**	*their* **eu**

then **wedyn**
there **yno**
therefore **felly**
these **y rhain**
thick **trwchus**
thief **lleidr**
thin **tenau**
thing **peth**
think (to) **meddwl**
thirst **syched**
this **hon, hwn, hyn**
this (one) **honna**
this is **dyma** (SM)
this one **hwnna**
those **y rheina**
thousand **mil**
throat **gwddw**
through **trwy** (SM)
throw (to) **taflu**
ticket **tocyn**
tidy up (to) **tacluso**
tight **tynn**
time **amser; tro**
tire (to) **blino**
tired **blinedig**
to **i** (SM)
toast **tost**
today **heddiw**
tomorrow **yfory**
tonight **heno**
too **hefyd; rhy** (SM)
too much **gormod o** (SM)
toothache **y ddannodd**
torch **fflachlamp**
train **trên**
traffic jam **tagfa**
travel (to) **teithio**
try (to) **trïo; ceisio**

turn **tro**
turn (to) **troi**
turn off (to) **diffodd**
turning **tro**
twice **dwywaith**
twist (to) **troi**
two (with feminine nouns) **dwy** (SM)

uncle **ewythr**
under **dan**
unemployed **di-waith**
unhealthy **afiach**
university **prifysgol**
unpleasant **annymunol**
untidy **anniben**
until **nes; tan**
up **lan**
upstairs **lan llofft**
use (to) **defnyddio**
usual **arfer**

vegetables **llysiau**
vegetarian **llysieuol**
very **iawn**
very much **yn fawr iawn**
view **golwg; golygfa**
violent **treisgar**
visit **ymweliad**
visit (to) **ymweld â** (AM)
voice **llais**

wage **cyflog**
wait (to) **aros**
Wales **Cymru**
walk (to) **cerdded**
want (to) **eisiau**
warm **twym**

warning **rhybudd**	widow **gwraig weddw**
wash (to) **golchi**	widower **gŵr gweddw**
washing machine **peiriant golchi**	win (to) **ennill**
watch (to) **gwylio**	wind **gwynt**
water **dŵr**	windy **gwyntog**
way **ffordd**	wine **gwin**
weak **gwan**	winter **gaeaf**
wear (to) **gwisgo**	wish (to) **dymuno**
wear out (to) **treulio**	with **gyda** (AM)
weather **tywydd**	within **ymhen**
wedding **priodas**	without **heb** (SM)
week **wythnos**	witness **tyst**
weekend **penwythnos**	woman **menyw**
weekly **wythnosol**	wood **pren**
weight **pwysau**	work **gwaith**
welcome (to) **croesawu**	work (to) **gweithio**
Welsh **Cymraeg**	worry (to) **poeni**
Welshman **Cymro**	worse **gwaeth**
west **gorllewin**	worse luck **gwaetha'r modd**
wet **gwlyb**	worst **gwaethaf**
what? **beth?** (SM)	write (to) **ysgrifennu**
what sort of? **pa fath o?** (SM)	
when? **pryd?**	yard **iard, buarth**
where? **ble?; lle**	year **blwyddyn**
whether **a** (SM)	yesterday **ddoe**
which **pa** (SM)	yet **eto**
while **tra**	you **ti; chi**
white **gwyn**	young **ifanc**
who? **pwy?** (SM)	yourself **dy hunan, eich hunan**
whole **cyfan**	yourselves **eich hunain**
why? **pam?**	youth **ieuenctid**

Taking it further

There is a wealth of resources available to help you become fluent in Welsh. Here is a selection of them:

Courses

If you live in Wales, classes – including Saturday schools and residential courses – can be found for all levels through the six **Teaching Welsh to Adults Centres**. For their contact details see: http://cymraegioedolion.org

Nant Gwrtheyrn, the Welsh Language and Heritage Centre in North Wales, offers residential courses for all standards throughout the year. Website: http://www.nantgwrtheyrn.org

An accredited web-based Welsh course for beginners co-authored by Christine Jones is available via the **School of Welsh and Bilingual Studies, University of Wales, Trinity St David**. The School also offers week- and weekend-long residential language courses. Website: http://www.trinitysaintdavid.ac.uk

The **Open University** offers an Internet language course for beginners along with a course on Welsh history. Descriptions can be found at http://www.open.ac.uk/wales

A free **online introductory course** together with other Welsh related information can be found at http://www.siaradcymraeg.com

The **Madog Center for Welsh Studies** at the University of Rio Grande, Ohio offers Welsh courses, including online courses, and **Cymdeithas Madog**, the Welsh Studies Institute in North America, Inc., holds an annual week-long course. See http://madog.rio.edu and http://www.madog.org

Learning materials and resources

ACEN produces a wide range of learning materials and resources for tutors as well as learners including an online beginners' course and downloadable reading resources including a magazine for beginners and intermediate learners together with files for ipods and mobile phones via the Acen online Language Centre. Website: http://www.acen.co.uk

The **BBC Wales Learn Welsh** site is another excellent site for Welsh learners containing an online dictionary, spellchecker, lessons, activities, audio and video clips and regularly updated links to a variety of other useful sites such as online courses, online language tools and Welsh interest sites. This can be accessed on http://www.bbc.co.uk *Radio Cymru*, which broadcasts over 20 hours a day, can also be accessed via this site.

Golwg 360 is a site for intermediate and advanced learners which can be accessed on http://www.golwg360.com A weekly paper based arts magazine entitled *Golwg* is also produced, together with *Lingo Newydd,* a bi-monthly magazine for beginners and intermediate learners, obtainable by subscription from ymholiadau@golwg.com

The **Welsh Books Council** offers an online ordering service through their site http://www.gwales.com where you can find information and reviews about Welsh-language books including books for Welsh learners and books of Welsh interest.

S4C broadcasts a wide range of Welsh-language TV programmes. The majority of programmes carry English subtitles and simplified Welsh subtitles. Website: http://www.s4c.co.uk

There are several free online Welsh dictionaries; these include http://www.geiriadur.net and http://www.geiriadur.bangor.ac.uk/termiadur